Public
Administration

杨朦　著

本书为湖北省社科基金一般项目(项目编号:HBSK2022YB388)的研究成果

市场型环境规制
推动企业绿色创新的影响机制研究

The Influence Mechanism of
Market-based Environmental Regulations on Green Innovation

WUHAN UNIVERSITY PRESS
武汉大学出版社

图书在版编目(CIP)数据

市场型环境规制推动企业绿色创新的影响机制研究／杨朦著．
武汉：武汉大学出版社，2024．11． -- 中南财经政法大学公共管理
文库． -- ISBN 978-7-307-24617-1

Ⅰ．F279.23
中国国家版本馆 CIP 数据核字第 2024KF9308 号

责任编辑:郭　静　桑莱丝　　　责任校对:汪欣怡　　　版式设计:马　佳

出版发行：**武汉大学出版社**　 （430072　武昌　珞珈山）
（电子邮箱：cbs22@whu.edu.cn　网址：www.wdp.com.cn）
印刷:武汉邮科印务有限公司
开本:720×1000　1/16　印张:14.5　字数:235 千字　插页:1
版次:2024 年 11 月第 1 版　　2024 年 11 月第 1 次印刷
ISBN 978-7-307-24617-1　　定价:79.00 元

前　　言

自改革开放以来，我国经济高速发展并取得了世界瞩目的成绩。然而，我国过去粗放式经济发展模式，缺乏对生态环境的重视和关注，使得我国环境问题日益凸显。党的十九大以来，我国经济由高速增长转向高质量发展，绿色发展成为新发展理念的核心内容之一。这使得"经济发展-环境保护"冲突成为中国企业与世界企业必须面对的一大难题。显然，作为社会经济发展、自然资源消耗和污染排放的主体，企业是缓冲和解决"经济发展-环境保护"冲突的核心，理应大有作为并扮演更重要的角色。无论学术界还是实践界，都逐渐认识到，绿色创新是助力企业破解"经济发展-环境保护"难题、助力发展方式从资源驱动转向创新驱动、助力经济高质量发展的关键性战略行动。因此，政府部门出台了更为严格的环境规制政策，要求企业要么减产限产，要么做出实质性的绿色创新与技术变革，以减少对环境的污染并适应新的环保要求。近年来，为解决绿色创新过程中的市场失灵难题，市场型环境规制已经逐渐成为我国政府部门激励企业进行污染减排和生态环境保护的主要手段。相对于命令控制型环境规制固有的效率低下、绩效不足和管制成本较高等局限，市场型环境规制通过留给企业更大的追求利润的空间、更多的创新方式来激励企业采取有效的污染控制手段，以实现技术变革和绿色创新，同时也能最大限度地解决企业绿色创新过程中的"双重外部性"难题，激励企业在绿色创新方面的持续投入。虽然已有一些文献讨论市场型环境规制对绿色创新的影响，但是大多数研究仅从宏观层面讨论市场型环境规制对绿色创新的直接效应，鲜有文献从微观层面研究企业对市场型环境规制的响应机制。企业对市场型环境规制的响应机制，是市场型环境规制与企业绿色创新之间"黑箱"中的主要内容，然而已有研究对此也缺乏相对系统的理论解释。这些都值得我们进行深入而系统的研究。

　　本书首先基于信号理论和注意力基础观，构建了市场型环境规制影响企业绿色创新的 RSA 作用机制框架。RSA 作用机制框架是探究市场型环境规制如何通过作用于资源配置（R）、信号传递（S）和注意力配置（A）进而影响企业的绿色创新。在 RSA 作用机制框架中，市场环境规制（以绿色补助和排污费为例）对企业绿色创新的微观作用机制的影响存在较大差异：绿色补助主要通过对资源配置、信号传递和注意力配置的补偿效应以及对资源配置的挤出效应与绿色创新之间形成了倒 U 型关系，而排污费主要通过对资源配置和信号传递的挤出效应以及对信号传递和注意力配置的倒逼效应与绿色创新之间形成了正向相关关系。其次，本书借助战略管理的经典理论框架"刺激-响应-结果"，并结合注意力基础观、组织学习理论和资源基础观，构建市场环境规制影响企业绿色创新的 OCA 中介机理模型。在 OCA 中介机理模型中，企业主要通过绿色导向（O）、绿色组织学习能力（C）和绿色战略行动（A）三个中介机制，对环境规制政策做出有效响应，进而影响绿色创新，这在一定程度上破解了市场型环境规制与绿色创新之间的"企业行为过程黑箱"。再次，本书构建了影响"环境规制-绿色创新"关系的内外权变因素影响框架，并主要考虑了企业微观特征（资源冗余、财务约束、企业规模和企业所有制）和具有中国特色的外部情境因素（制度环境、直接规制、市场化水平）对"环境规制-绿色创新"的权变作用。最后，基于 RSA 作用机制、OCA 中介机理和内外权变因素影响框架，本书提出相应的理论假设。

　　本书通过使用中国重污染上市公司 2008—2017 年的面板数据，采用多种回归方法对提出的研究假设进行实证检验，并主要考虑以绿色补助和排污费为例的市场型环境规制对企业绿色创新的直接影响、中介传导作用和权变因素影响。研究结果发现：第一，在直接影响方面，不同的市场型环境规制政策对绿色创新有不同的影响。绿色补助与企业绿色创新之间存在倒 U 型关系，目前我国重污染上市企业获得的绿色补助仍未达到倒 U 型的极值点，因此绿色补助仍主要呈现激励作用；而排污费与企业绿色创新之间存在着显著的正向相关关系，表明排污费征收会倒逼企业进行绿色创新。第二，在中介传导作用方面，绿色导向、绿色组织学习能力和绿色战略行动三个变量在市场型环境规制与企业绿色创新绩效之间呈现显著的中介效应，表明绿色补助和排污费可以通过影响企业的绿色导向、绿色组织学习能力和绿色战略行动，进而影响企业的绿色创新绩效。第三，在权变因素影响方面，企业面临的资源约束越小和拥有的冗余资源越丰富，政府绿色补助对企业绿色创新的激励作用越明显；而企业面临的资源约束越小，排污费征收对企业绿色创新的倒逼作用也越发明显。并且，绿色补助和排污费对中小规模企业、国有企业、高市场水平地区企业和重点监控企业绿色创新的激励和倒逼作用更强；排污费在新《中华人民共和国环境保护法》实施后对企业绿色创新的倒逼作用更加显著。该结果证实了企业微观特征和外部情境的变化会影响市场型环境规制对企业绿色创新的作用机制。

　　本书创新之处主要包括以下三点。第一，通过构建市场型环境规制对企业绿色创新的作用机制框架，丰富和发展了环境规制创新效应的微观理论研究，有助于厘清市场型环境规制与企业绿色创新之间的关系，为理解市场型环境规制与企业绿色创新的关系提供了新的解释。第二，通过构建市场型环境规制影响企业绿色创新的中介机理模型，从企业微观视角揭开了"环境规制-绿色创新"之间的"过程黑箱"，对当前主要以"波特假说"为基本逻辑的研究做出了有益的补充。第三，通过考察和比较，分析了企业特征和具有中国特色的外部情境因素对市场型环境规制与企业绿色创新之间关系的影响，既为了解市场型环境规制实现创新效应的边界条件做出了一定的补充，也为我国优化市场型环境规制的"施策精准性"提供了有力的经验证据。

目　　录

第一章 绪 论

第一节 研究背景与问题

一、研究背景

自改革开放以来，我国经济高速发展并取得了世界瞩目的成绩。然而，我国过去粗放式经济发展模式，缺乏对生态环境的重视和关注，使得我国环境问题日益凸显。2013 年以来，我国雾霾天气、土壤污染、饮水安全等环境问题集中暴露并进入高强度频发阶段。直到 2019 年，我国仍只有不到一半的城市空气质量达标①。此外，我国早在 2006 年的时候就成为全球最大的二氧化碳排放国，如今每年二氧化碳的排放总量基本与同年美国和欧盟的排放总量之和相当。环境污染的问题不仅严重威胁居民生活健康，还严重影响我国经济发展。2015 年我国环境污染造成的损失高达 2 万亿元，约占当年 GDP 的 3%②。

面对我国环境污染日趋严重和生态系统日益退化的严峻形势，党和国家也愈发认识到保护生态环境和改善生态环境的重要性，相关的环境保护政策文件密集出台，快速推动并加强了环境监管和政策管理。十八届三中全会以来，环保相关体制机制改革力度更是空前巨大，以习近平同志为核心的党中央把生态文明建设作为治国理政的重要内容，把污染防治作为三大攻坚战的任务之一，并提出了"人与自然和谐共生"的基本方略；"生态文明"被写入《党章》和《中华人民

---

① 数据来源：中国生态环境状况公报（2019 年）。
② 数据来源：中国经济生态生产总值核算发展报告 2018。

共和国宪法》；生态文明制度体系的核心内容得到明确。2020 年，我国更是向全世界做出"力争 2030 年前实现碳达峰、2060 年前实现碳中和"的庄严承诺。为了适应推进生态文明建设的需要以及加大对环境违法行为的执法力度，国家在"十八大"之后密集出台相关的环境保护政策文件，新《中华人民共和国环境保护法》《大气污染防治法》《环境影响评价法》《环境保护税法》等环保相关的法律法规相继修订实施，环境保护再次被提到了前所未有的高度。

在环境保护被提升到历史最高位的新发展阶段，如何塑造适应时代变革的企业主体，突破"经济利益-环境破坏"困境、有效落实"碳达峰与碳中和"目标并助力经济高质量发展，是当前亟待系统研究的重大理论问题和现实挑战。那么，作为社会经济发展的核心载体，企业应该如何在保障自身经济利益的情况下减少污染排放和自然资源消耗呢？尤其是重污染企业，作为主要的环境污染源，如果通过减产来减少环境污染，不仅会直接影响其经营状况，还会导致大量沉没成本的流失（齐绍洲等，2018；王晓祺等，2020），最终可能陷入"经济利益-环境破坏"的怪圈。

对此，学者们研究认为，绿色创新作为集绿色环保和技术创新的复合概念，是企业突破"经济利益-环境破坏"怪圈的关键，也是企业实现经济效率和环境保护"共赢"的必经之路（Hart，1995；郭英远等，2018；李青原和肖泽华，2020；解学梅和朱琪玮，2021）。绿色创新是指企业以实现绿色发展为核心追求，旨在通过与产品和工艺相关的硬件或软件创新来减少对自然资源的消耗，降低对生态环境的损害（Chen 等，2006）。企业进行绿色创新不仅可以帮助企业减少对环境的污染，还可以帮助企业生产出差异化的绿色产品，满足市场需求，进而提升企业自身竞争力、赢得竞争优势（Porter，1991；Porter & van der Linde，1995；Hart，1995）。因此，企业，尤其是重污染企业，进行绿色创新成为其解决环境问题、实现绿色发展、争取市场地位和赢得竞争优势的重要举措（Porter，1991；Porter & van der Linde，1995；Hart，1995；吴超等，2018）。

然而，企业在绿色创新过程中往往面临着"双重外部性"，这在一定程度上削弱了企业主动进行绿色创新的积极性。双重外部性一方面是指绿色创新过程中知识溢出的正外部性，这可以使其他企业通过"搭便车"而获益，并且绿色创新所创造的经济和环境效益被社会所共有，企业自己无法独占其绿色创新成果的所有收益，因此企业不愿独自承担所有研发成本，导致其进行绿色创新的动力不足。另一方面是指污染排放的负外部性。由于自然环境作为公共物品存在"搭便车"和"公地悲剧"等问题，企业就没有动机去投入大量成本来减少自己的排污量。此外，绿色创新作为一种战略性、组织变革性的创新行为，也具有高成本、高风险、见效慢等特征，不仅不能在短时间内为企业带来可观的利润，反而需要企业大量的资源和资金投入，这些特征也会降低企业绿色创新的动力（卢洪友等，2019a）。因此，如果只依赖于企业自身的积极性，社会绿色创新的总体水平将会严重不足，远低于社会发展所需，最终造成市场失灵。

因此，为了纠正绿色创新的市场失灵现象，就需要政府通过科学合理的环境规制对市场进行干预，引导和推动企业进行绿色创新。近年来随着市场资源配置能力的提升，国家更倡导运用市场环境规制政策来激励企业进行污染减排和生态环境保护，逐步减少直接行政干预和控制手段（张坤民等，2007；王班班和齐绍洲，2016；齐绍洲等，2018；李青原和肖泽华，2020）。相对命令控制型环境规制存在效率低下、绩效不足和管制成本较高等局限，市场型环境规制通过留给企业更多的追求利润的空间和方式，激励企业采取有效的污染控制手段（李伟伟，2014；王班班和齐绍洲，2016；齐绍洲等，2018），已经逐渐成为政府激励企业进行绿色创新的可持续性政策手段。

二、研究问题

根据上文中的背景介绍，为了引导和推动企业进行绿色创新，需要政府制定科学合理的环境规制对市场进行干预。在企业面对环境保护要求而不得不投资于绿色创新的早期阶段，这一来自政府政策的刺激尤其重要。在我国，市场型环境规制与企业进行绿色创新之间的关系到底是怎么样的呢，它们之间有哪些问题需要去探讨和关注呢？

首先，市场型环境规制会如何影响企业的绿色创新？不同的市场型环境规制是否在激励企业绿色创新时发挥不同的作用机制？这些都是政府、企业和社会公众极为关注的议题。虽然目前已有一些文献讨论市场型环境规制对绿色创新的影响，但是大多数研究仅从宏观层面依据波特假说来讨论市场型环境规制对绿色创新的直接效应，只有部分文献依据波特假说、新制度理论和利益相关者理论，从微观层面研究市场型环境规制对企业绿色创新的作用机制。并且，在探讨市场型环境规制对企业绿色创新的作用机制时，大多数研究只考虑市场型环境规制通过直接影响企业资源配置进而影响企业绿色创新，缺乏关于市场型环境规制如何通过间接影响信号传递和注意力配置进而影响企业绿色创新的详细分析。此外，鲜有文献比较不同特征的市场型环境规制是否会对企业绿色创新有不同的作用机制。

其次，作为创新主体的企业在面对市场型环境规制时如何进行有效的响应以确保创新效应的产生？这一议题对于政府、企业和企业的外部利益相关者都非常重要。因为绿色创新作为一项实质性的战略性变革，不同于一般性的技术创新，通常需要企业从全局出发改变其运营方式、产品流程并建立新的结构和系统（Chang，2011；Huang & Li，2017），对多元化的能力和技术知识进行吸收、整合、采用和再创造（Zhang 等，2019；于飞等，2020）并投入大量的人力、物力和财力于实际的战略行动（Xie 等，2019；李青原和肖泽华，2020），因而很难通过投机性的创新策略来"应付"环境规制并产生创新效应。也就是说，如果企业没有能力或无法对政府环境规制进行有效的响应，那么环境规制的实施也就失去了最为根本的作用对象。然而，现有相关研究大多仍停留在探讨市场型环境规制对企业绿色创新影响的这种简单的"刺激-结果"模式，缺少研究战略管理经典框架"刺激-响应-结果"中的"响应"这一关键中间环节（张小军，2012；解学梅等，2020；于飞等，2020）。由于缺乏对中间传导机制的系统研究，现有研究难以透析环境规制政策激发创新效应的微观机制和作用过程，使得政策优化缺乏坚实的理论引导与实践支撑。

再次，市场型环境规制影响企业绿色创新的作用机制是否会受到企业特征和外部环境特征等方面的影响？异质性的市场型环境规制对企业绿色创新的影响是否会有不同的边界条件？探寻市场型环境规制对企业绿色创新影响的条件性具有理论和现实意义。虽然已有一些研究发现，某些特定的市场型环境规制政策的实施或者调整对企业绿色创新的影响受企业因素、产业因素、国家和地区因素等的影响（齐绍洲等，2018；Hu 等，2020）。但是，鲜有研究考虑市场型环境规制如绿色补助和排污费政策对绿色创新影响是否会受到企业内部特征和外部环境特征的影响，尤其是缺乏探究具有中国特色的外部环境异质性特征，如制度环境、直接规制和市场化水平等方面对市场型环境规制与绿色创新之间关系的影响。

因此，针对目前的研究现状，本书将研究如下三个方面的问题：（1）不同的市场型环境规制政策影响企业绿色创新的作用机制；（2）市场型环境规制政策影响企业绿色创新的中介传导机理；（3）企业资源、特征和外部环境因素如何影响市场型环境规制与企业创新之间的关系。本书选取绿色补助和排污费作为重点，主要是因为绿色补助和排污费作为我国现阶段环境规制体系的主要政策工具，两者在性质和特征上都有所不同。绿色补助是通过给企业发放专项补助以激励企业采取绿色生产技术和进行绿色创新来减少排污；而排污费是通过对企业排污收费和超标收费，对企业的排污行为进行惩罚来倒逼企业进行绿色创新以减少排污。由于绿色补助和排污费的性质和特征都有显著的不同，因而他们对企业绿色创新必然会有不同的作用机制。具体而言，本书将围绕以下几个问题进行深入探讨和研究：

（1）绿色补助和排污费都会影响企业绿色创新吗？绿色补助和排污费是否会对企业绿色创新有不同的作用机制？本书将基于信号理论和注意力基础观，通过构建市场型环境规制对企业绿色创新的作用机制来探讨绿色补助和排污费如何通过资源配置、信号传递和注意力配置来影响企业绿色创新，从而对绿色补助和排污费对企业绿色创新的作用机制有更为清晰、深刻和多元化的认识。

（2）绿色补助和排污费对企业绿色创新的影响路径或者中介传导机制是什么？主要会有哪些影响路径或中介传导机制？本书将根据战略管理的经典分析框架"刺激-响应-结果"，并基于注意力基础观、组织学习理论和自然资源基础观，重点构建市场型环境规制影响企业绿色创新的中介机理，探究绿色补助和排污费如何通过影响企业的绿色导向、绿色组织学习能力和绿色战略行动，进而影响企业的绿色创新绩效，以破解市场型环境规制与企业绿色创新之间的"黑箱"。

（3）企业特征和外部情境因素会如何影响绿色补助和排污费对企业绿色创新的作用机制？本书将在理论假设和实证研究中详细剖析企业特征（如企业规模和企业所有制）和具有中国特色的外部情境因素（制度环境、直接规制和市场化水平）如何影响绿色补助和排污费与企业绿色创新之间的关系，从而更深入地了解绿色补助和排污费有效性的边界条件。

第二节　研究内容、方法及框架

一、研究内容

本书将主要结合注意力基础观、信号理论、组织学习理论和资源基础观，深入探讨绿色补助和排污费对企业绿色创新的作用机制，并试图揭示二者之间的传导机制，以及探寻企业特征和具有中国特色的外部情境因素如何影响绿色补助和排污费与企业绿色创新之间的关系。基于此，本书各章节的主要研究内容和安排如下：

第一章是绪论。本章首先介绍本书的研究背景和研究问题，其次详细介绍本书的研究内容、方法和框架，最后介绍本书可能存在的创新点。

第二章是理论研究进展和文献综述。首先，介绍了本书涉及的关键概念界定，包括市场型环境规制、绿色补助、排污费和绿色创新的含义。其次，详细介绍和回顾了相关理论的研究进展，包括波特假说、资源基础观、自然资源基础观和组织学习理论。最后，通过梳理研究绿色补助与绿色创新和排污费与绿色创新的相关文献，了解现有研究存在的不足并为本书找到研究切入点。

第三章是理论分析和研究假设。本章首先基于信号理论和注意力基础观，构建了市场型环境规制影响企业绿色创新的 RSA 作用机制框架。RSA 作用机制框架是探究市场型环境规制如何通过作用于资源配置（R）、信号理论（S）和注意力配置（A）进而影响企业的绿色创新。其次，本章借助战略管理的经典理论框架"刺激-响应-结果"，并结合注意力基础观、组织学习能力和资源基础观构建市场环境规制影响企业绿色创新绩效的 OCA 中介机理模型。OCA 中介机理模型是探讨市场型环境规制政策如何通过对企业绿色导向（O）、绿色组织学习能力（C）和绿色战略行动（A）产生不同的影响，进而影响企业的绿色创新。再次，本章构建了影响市场型环境规制对企业绿色创新作用机制的内外权变因素影响框架。最后，基于 RSA 作用机制、OCA 中介机理和内外权变因素影响框架，本章提出了相应的理论假设。

第四章基于绿色补助视角实证检验市场型环境规制对企业绿色创新的影响和市场型环境规制与企业绿色创新之间的中介传导效应。本章通过分析 A 股重污染上市企业 2008—2017 年的绿色补助数据，运用最小二乘、Tobit 回归、泊松回归和负二项回归对第三章提出的与绿色补助和绿色创新相关的理论假设进行检验。检验内容主要包括验证绿色补助对企业绿色创新的影响以及绿色导向、绿色组织学习能力和绿色战略行动的中介效应。并且，考虑到绿色补助与绿色创新、绿色导向、绿色组织学习能力和绿色战略行动之间可能存在因果关系，因而采用两阶段最小二乘（2SLS）和 IV-Tobit 回归以解决内生性问题。

第五章基于排污费视角实证检验市场型环境规制对企业绿色创新的影响和市场型环境规制与企业绿色创新之间的中介传导效应。本章则是通过分析 A 股重污染上市企业 2008—2017 年的排污费数据，运用最小二乘、Tobit 回归、泊松回归和负二项回归对第三章提出的与排污费和绿色创新相关的理论假设进行检验，包括排污费对绿色创新的影响和中介传导机制。

第六章对内外权变因素如何影响市场型环境规制对企业绿色创新的作用机制进行分析。本章主要采用第四章的绿色补助数据和第五章的排污费数据，运用最小二乘和 Tobit 回归模型研究企业内部资源（财务约束和冗余资源）和特征（企业规模和所有制），着重探索具有中国特色的外部情境因素（制度环境、直接规制和市场化水平）如何影响市场型环境规制与企业绿色创新之间的关系。

第七章是研究结论和展望。本章首先总结上述理论分析和研究假设的内容以及实证研究结果的主要结论，其次根据本书的研究结果为政府和企业提出相应的政策建议和管理启示，最后指出本书的研究不足和未来的研究方向。

二、研究方法

本书主要采用文献分析、理论分析和实证研究相结合的研究方法。

（1）文献分析法

本书通过文献分析法收集与市场型环境规制、绿色补助、排污费和绿色创新等相关文献资料以及可能涉及的相关经典理论，经过系统性地阅读、学习和总结，理清了本书关键概念的定义和内涵，并总结出现有相关研究在理论模型和实证检验等方面存在的不足，为本书的理论分析和理论构建部分，如市场型环境规制对企业绿色创新的作用机制框架和中介机理模型提供坚实的基础。

（2）理论分析法

本书通过对已有相关文献进行梳理和总结，发现大部分文献仍然使用波特假说作为逻辑框架来解释市场型环境规制对企业绿色创新的影响。此外，在研究环境规制压力对绿色创新的作用时，已有研究大多采用新制度理论和利益相关者理论进行分析。但是，无论是使用波特假说这一解释框架，还是采用新制度理论和利益相关者理论，在研究环境规制对企业绿色创新的影响时，既不能深入探讨市场型环境规制对企业绿色创新的作用机制，也难以分析市场型环境规制对企业绿色创新的中介传导作用。因此，本书基于信号理论和注意力基础观，构建市场型环境规制影响企业绿色创新的作用机制框架，并且借助于战略管理的经典理论框架"刺激-响应-结果"，以及结合注意力基础观、组织学习能力和资源基础观，构建市场环境规制影响企业绿色创新绩效的中介机理模型。通过构建市场型环境规制对企业绿色创新的作用机制框架和中介机理模型，有利于深入剖析市场型环境规制与企业绿色创新之间的关系，并有助于打开"环境规制-绿色创新"之间的企业"过程黑箱"。

（3）实证分析法

本书采用的实证研究方法包括变量相关性分析、最小二乘回归分析、Tobit回归分析、泊松回归分析和负二项回归分析。通过上述计量方法，实证检验了绿色补助和排污费对绿色创新的直接影响、企业内部资源对市场型环境规制与绿色创新之间关系的调节作用、企业特征和外部环境因素对市场型环境规制与绿色创新之间关系的异质性影响。为了检验绿色导向、绿色组织学习能力和绿色战略行动的中介效应，本书主要采用 Baron 和 Kenny（1986）提出的三步法和 Sobel 检验方法。此外，本书通过运用两阶段最小二乘（2SLS）和 IV-Tobit 对市场型环境规制与核心被解释变量之间的内生性问题予以控制。

三、研究框架

本书的研究思路主要基于以下步骤展开。

第一阶段为提出问题。基于我国经济由高速增长转向高质量发展，绿色发展成为新发展理念的核心内容之一。这使得"经济发展-环境保护"冲突成为中国企业与世界企业必须面对的一大难题。显然，作为社会经济发展、自然资源消耗和污染排放的主要主体，企业是缓冲和解决"经济发展-环境保护"冲突的核心，理应大有作为并扮演更重要的角色。无论是学术界还是实践界，都逐渐认识到，绿色创新是企业积极响应政府环保政策引导、突破"经济发展-环境保护"怪圈的关键性战略行动。因此，政府部门出台了更为严格的环境规制政策，要求企业要么减产限产，要么做出实质性的绿色创新与技术变革，以减少对环境的污染并适应新的环保要求。近年来，为解决绿色创新过程中的市场失灵难题，市场型环境规制已经逐渐成为我国政府部门激励企业进行污染减排和生态环境保护，并逐步减少直接行政干预和控制的重要手段。相对于命令控制型环境规制固有的效率低下、绩效不足和管制成本较高等局限，市场型环境规制通过留给企业更大的追求利润的空间、更多的创新方式来激励企业采取有效的污染控制手段，以实现技术变革和绿色创新，同时也能最大限度地解决企业绿色创新过程中的"双重外部性"难题，激励企业在绿色创新方面的持续投入。虽然已有一些文献讨论市场型环境规制对绿色创新的影响，但是大多数研究仅从宏观层面讨论市场型环境规制对绿色创新的直接影响，鲜有文献从微观层面研究市场型环境规制影响企业绿色创新的微观作用机制、企业如何回应市场型环境规制并进行绿色创新，以及什么因素会影响市场型环境规制与企业绿色创新之间的微观机制。上述问题都值得本书进行深入而系统的研究。因此，本书提出的主要研究问题就是不同特征和性质的市场型环境规制是否会对企业的绿色创新产生不同的作用机制、企业如何回应不同的市场型环境规制并进行绿色创新（研究中介传导机制），以及企业内部资源、特征以及具有中国特色的外部情境如何影响市场型环境规制对企业绿色创新的作用机制。

第二阶段为分析问题。通过系统地梳理已有相关理论的研究进展和文献综述，了解现有研究的不足以找到本书的研究切入点，并进行理论分析和构建。本书首先基于信号理论和注意力基础观，构建市场型环境规制影响企业绿色创新的作用机制框架。作用机制模型中，市场型环境规制通过作用于资源配置、信号传递和注意力配置进而影响企业的绿色创新。其次，本书借助战略管理的经典理论框架"刺激-响应-结果"，并结合注意力基础观、组织学习能力和资源基础观构建市场环境规制影响企业绿色创新绩效的中介机理模型。在中介机理模型中，市场型环境规制政策通过影响企业绿色导向、绿色组织学习能力和绿色战略行动进而影响企业的绿色创新。最后，本书构建了影响市场型环境规制对绿色创新作用机制的内外权变因素影响框架。在权变因素影响框架中，本书主要考虑了企业内部资源如财务约束和冗余资源、企业特征如企业规模和企业所有制，外部情境因素如制度环境、直接规制和市场化水平对"环境规制-绿色创新"之间关系的影响。

第三阶段为解决问题。本书利用收集的 A 股重污染上市企业 2008—2017 年的数据对构建的理论模型和提出的假设进行详细的实证检验，包括绿色补助和排污费对绿色创新的直接影响；绿色导向、绿色组织学习能力和绿色战略行动的中介传导效应；企业内部资源、特征和外部环境因素对"环境规制-绿色创新"的权变作用。最后根据本书的实证结论，指出本书的不足以及未来研究方向。

本书具体的逻辑思路框架图见图 1-1 所示。

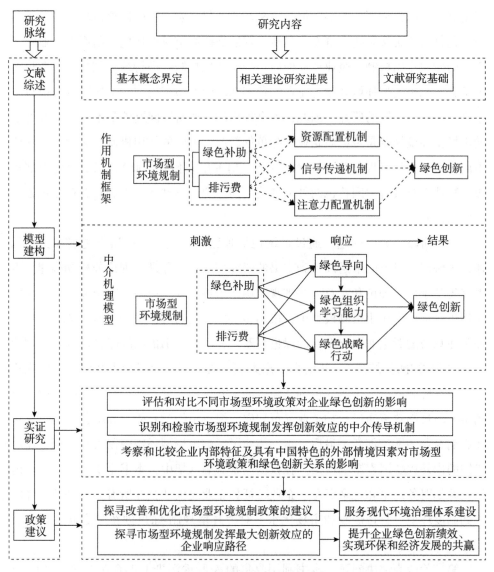

图 1-1　本书研究思路路线图

资料来源：作者绘图整理。

第三节 创 新 点

首先，本书通过构建市场型环境规制对企业绿色创新的作用机制框架，丰富和发展了环境规制创新效应的微观理论研究，有助于厘清市场型环境规制与企业绿色创新之间的关系。一方面，已有研究环境规制创新效应的文献大多"一刀切式"地采用国家和地区层面数据来测量环境规制强度（如采用地区环保执法力度、地区环境监察次数等指标、地区政策目标等），忽略了不同环境规制政策对企业的异质性影响和作用机制（Brunnermeier & Cohen，2003；Berrone 等，2013；王班班和齐绍洲，2016）。另一方面，已有文献在探讨市场型环境规制对企业绿色创新的作用机制时，大多只考虑市场型环境规制如何通过直接影响资源配置进而影响企业绿色创新，缺乏详细分析市场型环境规制如何通过间接影响信号传递和注意力配置进而影响企业绿色创新。因此，本书在探索作用机制时详细考察了市场型环境规制如何通过作用于资源配置、信号传递和注意力配置进而影响企业绿色创新，为理解市场型环境规制与企业绿色创新之间的关系提供了新的解释机制。

其次，本书通过构建市场型环境规制影响企业绿色创新的中介机理模型，从企业微观视角揭开了"环境规制-绿色创新"之间的"过程黑箱"，对当前主要以"波特假说"为基本逻辑的研究作出了有益的补充。一直以来，已有文献大多基于"波特假说"研究市场型环境规制对企业绿色创新的直接影响，忽视了微观企业对市场型环境规制的响应机制，而环境规制能否实现创新效应关键在于企业的响应策略（张琦等，2019；解学梅等，2020；于飞等，2020；解学梅和韩宇航，2022）。因此，本书通过构建中介机理模型，将企业响应机制这个"黑箱"中需要解决的三个问题（企业如何进行战略决策、企业是否会培养自身组织学习能力以及企业是否会有实质性的行动来响应市场型环境规制）进行彻底的剖析，并结合注意力基础观、组织学习理论和资源基础观将企业的响应策略具象化为企业绿色导向的形成、绿色组织学习能力的培养和绿色战略的行动。因此，本书所构建的模型不仅弥补了现有研究对中介传导机制理论研究不足的缺憾，也在一定程度上明晰了企业响应环境规制政策的具体路径。

最后，本书考察和比较分析了企业特征和具有中国特色的外部情境因素对市场型环境规制与企业绿色创新之间关系的影响，为了解市场型环境规制、实现创新效应的边界条件作出了一定的补充。虽然已有研究发现市场型环境规制对企业绿色创新产生不同影响可能源于企业的异质性特征如企业规模、企业所有制、企业所在地区间的差异（齐绍洲等，2018；Bai 等，2019；任胜钢等，2019），但是缺乏探讨具有中国特色的典型外部情境因素如何影响市场型环境规制与企业绿色创新之间的关系。因此，本书对情境权变因素的探索为我国优化市场型环境规制的"施策精准性"提供了有力的经验。

第二章　理论研究进展和文献综述

第一节　基本概念界定

一、市场型环境规制

市场型环境规制作为环境规制①的一种，是指政府根据市场机制设计的环境规制政策，旨在引导企业减少污染排放和改善生态环境（赵玉民等，2009）。市场型的环境规制还可以细分为两种类型：一类是绿色补贴和排污费政策，一类是排污权交易政策（Field 和 Field，2016；王红梅，2016）。两种类型的政策相同点是都由政府制定和实施，并给予企业减排激励和加强绿色技术创新的激励（Field 和 Field，2016；王红梅，2016）。两种类型政策的不同包括两点，一是绿色补贴和排污费政策的实施是政府通过给予企业一定的自由选择权，如允许企业根据自身减排能力而做出最适合和最大化自身利益的选择（举例来说排污企业可以选择减排量以最小化自身的排污费缴纳金额和污染治理金额）；而排污权交易是让排污企业彼此间通过交换、转让和交易污染物排放权来达到污染最小化和保护环境的目的。二是补贴和排污费政策不能控制企业的总体排放量，因此给予企业自由选择减排量；而排污权交易政策是在政府根据科学估量各地区污染物最大允许排放量后，将排污量分割成若干个排放量，由各级政府进行逐级分配，最终分配至各个污染企业。

---

① 环境规制是指"以环境保护为目的，个体或组织为对象，有形制度或无形意识为存在形式的一种约束力量"（赵玉民等，2009）。

　　与市场型环境规制在赋予企业自由选择权上有显著区别的另一种环境规制是命令控制型环境规制。命令控制型环境规制通常是指行政部门通过立法和制定标准来规范污染主体的行为，如通过设定不同的排放标准、技术标准等来规范排污主体的行为，然后借助监督、罚款、法院等手段来执行这些法规（Field 和 Field，2016；王红梅，2016）。由于命令控制型环境规制的强制性剥夺了企业排污行为的随意性，因此命令控制型环境规制政策更会激励企业污染排放的末端处理。但是命令控制型环境规制对于所有排污主体一刀切的规定，没有赋予企业足够的灵活性，不仅会抑制企业的绿色创新动力，还有可能降低企业的生产效率。这是因为企业往往会采取末端处理技术来应对政府的命令型环境规制政策（彭海珍和任荣明，2003；Qiu 等，2020），而末端处理技术只是在企业产生排污后，运用除硫、除硝等设备将已产生的污染气体或液体进行处理，这种处理方式只会降低企业的生产效率和增加企业的生产成本。

　　此外，从政府的角度来看，命令控制型环境规制也存在着效率低下、管制成本较高和创新激励作用不足等局限（彭海珍和任荣明，2003；张坤民等，2007；王红梅，2016）。市场型环境规制的管制成本虽然也比较高，但是市场型环境规制可以通过留给企业更多的追求利润的空间和方式来更加灵活地激励企业采取有效的污染控制手段从根本上减少污染，如可以激励企业进行绿色创新从而在产品生产的整个生命周期中降低污染排放，因此近些年我国政府也越来越重视市场型环境规制，并逐步减少直接行政干预和控制手段（彭海珍和任荣明，2003；张坤民等，2007；王班班和齐绍洲，2016；齐绍洲等，2018；彭佳颖，2019）。

　　目前我国较为普遍的市场型环境规制政策包括绿色补助、排污费、环境保护税、排污权交易和碳排放交易等方面政策。绿色补助和排污费在我国环境规制政策的起步阶段就作为主要的政策而被广泛运用（后面两小节会详细介绍绿色补助和排污费政策）。我国的《环境保护税法》自 2018 年 1 月 1 日起才正式实施，其正式实施代表着排污费彻底被废除。至今政府对企业征收环境保护税还不足两年，因此本书还不能从企业年报和各个数据库中收集到企业缴纳环境保护税的足够样本，无法研究环境税法对重污染企业绿色创新的影响机制。并且，考虑到环境保护税的许多相关规定依旧遵循排污费制度中的大部分规定，并存在许多相似之处（卢洪友等，2018），因此排污费的研究结果也会对政府如何合理地逐步完善环境保护税具有一定的参考意义。

我国的排污权交易在 2002 年开始进行第一批试点工作。2007 年我国进一步调整排污权交易试点政策，不仅扩大了排污权交易试点范围，也通过紧密出台与排污权交易相关的政策文件来督促企业减少污染排放（齐绍洲等，2018）。我国的碳排放交易试点工作从 2011 年启动，目前已接近完善，并预计将在 2021 年年底前，全国碳排放权交易市场启动上线交易。虽然排污权交易和碳排放交易都是我国市场型环境规制政策的重要组成部分，但是由于本书主要从微观层面研究企业如何回应市场型环境规制政策并进行绿色创新，而排污权交易和碳排放交易主要是区域试点政策，无法详细地考虑不同企业所面对的政策标准的不同，因此本书并没有将这两个政策纳入研究范畴。综上，出于对研究内容、角度的考虑和研究数据的限制，本书主要探究排污费征收和绿色补助这两种市场型环境规制对企业绿色创新的不同影响机制。

二、绿色补助

绿色补助作为政府补助①的一部分，也作为市场型环境规制的一种，是政府通过无偿提供给企业资金，解决企业在进行绿色环保项目时研发资金不足的问题，以激励企业进行与环保领域相关的项目（刘霄，2019）。由于绿色补助是补助的一部分，因而绿色补助也具有补助的特征，如只有企业的研发项目符合相关补助政策的规定，企业才有申请补助的资格。并且，政府各部门和企业需要按照各个补助的相关规定对补助进行合乎规范的使用，如绿色补助的使用需要参照遵循《关于加强环境保护补助资金管理的若干规定》（以下简称《环保补助资金规定》）。对于各级政府部门，一方面应根据《环保补助资金规定》将补助资金用于"重点污染源治理、环境综合治理等项目"，而不得用于与环境毫无关系的项目如绿化项目、环卫项目；另一方面上级环保部门会对下级环保部门的绿色补助费用进行检查，以减少下级环保部门挪用公款的可能性。各个企业获得绿色补助后也需要按照《环保补助资金规定》将补助资金用于与环境保护相关的研发项

---

① 政府补助是指"企业从政府无偿取得货币性资产或非货币性资产"（企业会计准则第 16 号——政府补助，2017）。

目，不得挤占补助资金用于其他项目。

三、排污费

排污费是指向自然环境排放污染物的排污主体需按照国家相关规定缴纳费用，是"谁污染谁负责"原则的体现。相比命令控制型环境政策如排放总量控制标准，排污费这种市场型环境规制赋予了企业自主选择污染排放量的决定权。企业可以自由选择最佳的减排方式，如改进生产过程、使用可回收材料、生产降低污染排放的产品等，以追求用最小的成本进行减排。我国最早的排污收费政策源于1982年国务院发布和施行的《征收排污费暂行办法》（以下简称《办法》）。但是，随着我国对环境问题的愈发关注以及环境相关法律的不断完善，1982年颁布的《办法》在实施中出现一些问题，并且不能适应当时的国情。因此，在总结了二十年排污费征收对象和实践经验的基础上，国务院在2003年发布了《排污费征收使用管理条例》（以下简称《条例》），并于同年7月1日起施行。与《办法》相比，《条例》主要有以下几点改进和创新：第一，排污费的征收对象更具体、细化和明确。《办法》规定排污费的对象是企业，而《条例》中将个体工商户也纳入征收对象范畴。第二，排污费的征收方式更加严格，将单一的超标收费改为排污收费和超标收费并存。因为《办法》中单一超标收费的这一规定成为一些排污企业的挡箭牌，这些排污企业可能只是将自己的排污量刚刚控制在超标范围内，而没有更多的动机去尽可能地减少排污。加上排污费标准可能偏低，导致一些企业宁愿缴纳排污费也不愿意进行污染治理。因而，《条例》的这个改变在很大程度上可以杜绝排污企业以未超标为理由，继续以略低于超标线的污染排放量向环境中排污。第三，对排污费使用的监督更严格。由于《办法》中未明确对排污费使用的具体规定，致使排污费经常被不合理使用，甚至出现被挤占、挪用和贪污的情况（杨兴和郑荷花，2006）。因此，《条例》明确规定排污费的征收和使用必须严格实行"收支两条线"，并且排污费必须纳入财政预算，列入环境保护专项资金进行管理。

四、绿色创新

目前学术界中普遍采用的绿色创新的定义由 Chen 等在 2006 年提出，是指

"与绿色产品或工艺相关的硬件或软件创新，包括节能、污染预防、废物回收、绿色产品设计或者企业环境管理等技术创新"。其实，要准确地界定绿色创新并不容易，因为目前学术界存在许多与绿色创新相似的概念如生态创新和环境创新。为了更好地了解绿色创新，下文会先详细地介绍生态创新、环境创新和绿色创新的概念，并对它们进行区分和总结。

生态创新（Eco-innovation）的概念最早可追溯到 1996 年由 Fussler 和 James 提出，这两位学者将其定义为"可以为客户提供商业价值，并且可以显著降低环境影响的新产品和工艺"。在此之后也有大量的文献对如何定义生态创新进行讨论，如在定义生态创新时都在争论是以其动机还是其环境绩效为基础。Kemp 和 Pearson（2007）认为生态创新的定义应该基于其环境绩效，因为生态创新的重点在于其是否会对环境产生真正积极的影响。并且，Kemp 和 Pearson（2007）根据 OECD 提出的创新定义，提出了生态创新的定义"生态创新对于企业来说是新颖的生产方式、产品、服务和管理方式，相比于其他方式，可以降低其整个生命周期内的环境风险、污染和其他负面的资源使用情况"。OECD（2009）也认为生态创新的定义不应该基于其创新目的是出于经济利益还是出于环境利益，只要减少对生态的影响，都应该被视为生态创新。因此，OECD（2009）提出了与 Kemp 和 Pearson（2007）较为相似的生态创新的定义，认为"相比于其他方式，无论企业是出于什么目的，其新的产品、工艺、营销方法、组织结构和制度安排只要能显著改善环境的就是生态创新"。

环境创新（Environmental innovation）的概念与生态创新十分类似，最早可追溯到 1998 年由 Kemp 和 Arundel 提出。Kemp 和 Arundel（1998）认为环境创新是"为了避免或减少环境危害，包括新的或经过改进的工艺、技术、系统和产品"。根据 Kemp 和 Arundel（1998）提出的定义以及 OECD（1997）对技术创新的分类，Rennings 等（2006）将环境创新细分为环境产品创新、环境工艺创新和环境组织创新。环境产品创新主要是新产品的开发或改进可以减少环境压力（Rennings & Zwick，2002）。环境工艺创新涉及对制造工艺的调整，以减少材料采购、生产和交付过程中对环境的负面影响，通常可以细分为管道末端技术创新和清洁生产技术创新。Rennings 等（2006）认为末端治污技术如焚化厂、废水处理厂和废气净化设备并不是生产过程中必不可少的部分，而是一种附加措施，可以减少污染物的排放并且满足相关的环境规定。清洁生产技术如使用环境友好的材料、循环使用材料等技术都直接减少了生产过程中对环境的影响（Rennings 等，2006）。环境组织创新则被认为是对公司内部流程和职责进行重组，以减少环境影响，如环境管理体系。与 Kemp 和 Arundel（1998）以及 Rennings 等（2006）提出的环境创新的定义类似，Oltra 和 Jean（2009）将环境创新定义为"有助于环境改善和可持续性发展的、新的或者改进的工艺、实践、系统和产品组成的创新"。

相比于生态创新和环境创新，绿色创新的概念被学者更广泛地使用（戴鸿轶和柳卸林，2009）。其中，最被广为接受和采用的绿色创新的定义是由 Chen 等学者于 2006 年提出。他们将绿色创新定义为"与绿色产品或工艺相关的硬件或软件创新，包括节能、污染预防、废物回收、绿色产品设计或者企业环境管理等技术创新"。在此之后，也有许多学者对绿色创新概念进行界定，但是都与 Chen 等提出的概念较为类似。比如，Huang 和 Li（2017）将绿色创新定义为"与诸如节能、污染预防、废物回收和生态设计相关的行动"，并强调绿色创新是基于改善环境的目的。Guo 等（2020）将绿色创新定义为"可以减轻企业环境负担的创新，例如新的或改进的系统、实践、工艺和产品"。

通过对生态创新、环境创新和绿色创新定义的回顾，可以发现它们三者之间的差异很小，并且经常被替换使用（戴鸿轶和柳卸林，2009；Schiederig 等，2012；Bai 等，2019）。为了更好地区分和了解这三个概念的差别，Schiederig 等（2012）总结出每个概念涉及内容的不同（总结见表 2-1）。根据表 2-1 的总结可以看出这三个概念很相似，尤其是在创新对象、市场导向、环境方面以及层次这四个维度。唯一比较大的不同就是相比于环境创新和绿色创新，生态创新会考虑产品对整个生命周期的影响，并且不在意减少环境影响的目的到底是经济目的还是环境目的。

表 2-1　　　　生态创新、环境创新和绿色创新的六大维度比较

比较维度	比较维度具体内容	生态创新	环境创新	绿色创新
创新对象	是否考虑了产品、工艺、服务和方法	✓	✓	✓

续表

比较维度	比较维度具体内容	生态创新	环境创新	绿色创新
市场导向	是否满足市场需求或者赢得市场竞争	✓	✓	✓
环境方面	是否减少对环境的影响	✓	✓	✓
阶段	是否考虑整个生命周期的影响	✓	✕	✕
动力	减少对环境的影响是出于经济目的还是环境目的	经济目的和环境目的	环境目的	环境目的
层次	是否为企业建立了新的创新或者绿色标准	✓	✓	✓

注：参考 Schiederig 等（2012）整理获得。

通过戴鸿轶和柳卸林（2009）对国内外生态创新、环境创新和绿色创新概念的梳理、分析和总结，以及彭雪蓉等（2014）对维基百科和知网进行的词条检索，他们都发现国内使用"绿色创新"这个词汇的频率远远高于生态创新和环境创新。另外，Schiederig 等（2012）指出绿色创新能更好地描述和刻画企业面对自然环境挑战时的创新战略。因此本书遵循这些已有的文献和思想，采用绿色创新来描述企业面临环境挑战时做出的战略反应。

第二节　相关理论研究进展

一、基于波特假说的相关研究进展

新古典经济学认为环境规制会增加企业的额外成本，削弱企业的竞争优势，进而对一国的经济增长和产出水平产生负面影响（Jaffe 等，1995）。但是，以 Porter 和 van der Linde 为代表的学者却提出了与此相反的观点，指出传统的经济学理论基于一个先验的假设即企业不存在创新，并认为更严格但设计合理的环境法规不但不会增加企业的成本，反而可以触发企业创新，可以部分或者完全抵消他们的合规成本，甚至增加企业净收益，使企业获得竞争优势（Porter，1991；Porter & van der Linde，1995）。虽然关于环境规制成本的这种经济观点并不是最早由 Porter 提出，但是由 Porter 首次系统地阐述环境规制和企业创新以及竞争力的关系，因而将此观点称为波特假说。

自波特假说提出之后，为了从理论和经验上检验波特假说，研究人员通常将"波特假说"进一步分解。Jaffe 和 Palmer（1997）首次将波特假说区分为弱"波特假说"、强"波特假说"和狭义"波特假说"（如图 2-1）。弱"波特假说"是指"设计良好的环境规制可以促进创新"，但是没有进一步表明企业创新是否会增加其竞争力和绩效（Jaffe & Palmer，1997）。强"波特假说"是指"设计良好的环境规制不仅可以抵消企业的合规成本，还可以提高企业的竞争力"（Jaffe & Palmer，1997）。狭义"波特假说"则是强调灵活的环境规制（市场型环境规制）相比于其他环境规制（命令控制型环境规制）更可以促进企业的创新（Jaffe & Palmer，1997）。

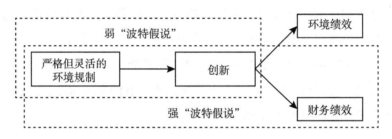

图 2-1　波特假说示意图

资料来源：参考 Ambec 等（2013）整理获得

本书的研究主要与弱"波特假说"和狭义"波特假说"相关，因而下面主要从企业绿色创新的视角就弱"波特假说"和狭义"波特假说"进行相关回顾。

大量研究对弱"波特假说"进行了验证，其研究结论大致可以分为两种情况，即弱"波特假说"得到支持和未得到支持。首先，大量国内外研究都证实了弱"波特假说"。1999 年，Pickman 首次对美国制造业的环境专利活动和环境规制之间的关系进行了实证研究，并通过污染减排支出数据来测量环境规制。其实证结果表明企业环境创新是对环境法规的回应，支持弱"波特假说"。Brunnermeier 和 Cohen（2003）主要研究政府监管压力对企业环境创新的影响。其中，作者运用企业层面的污染减排支出和行业层面的政府监督次数测量政府监管压力，并运用成功申请到的环境专利数据测量企业环境创新。其实证研究结果发现污染支出与环境专利之间存在显著的正向相关关系，但是没有证据表明政府监管的频率会影响环境创新活动，部分支持了弱"波特假说"。Berrone 等（2013）结合制度理论，发现来自政府的规制压力和来自非政府组织的规范压力促使美国重污染企业更积极地进行环境创新。Pacheco 等（2018）通过对巴西 78 家电力公司进行问卷调查，发现制度环境因素与企业绿色创新绩效呈正向关系。Qiu 等（2020）分析中国 2006—2017 年 472 家重污染企业的面板数据，发现环境规制对企业的绿色工艺创新和绿色产品创新都有显著的积极影响，并且认为环境规制主要通过影响企业的绿色工艺创新进而影响企业的财务绩效。

除了研究国家、地区和行业整体环境规制压力与企业绿色创新的关系外，一些学者也关注我国某些特定的环境政策的实施或者调整是否会发挥"波特效应"。如齐绍洲等（2018）发现我国排污权交易试点政策可以显著促进企业绿色创新绩效的提升。Kesidou 和 Wu（2020）发现中国的"十一五"规划对企业的生态创新和绿色创新效率都有显著的正向影响。王晓祺等（2020）主要采用双重差分法来探究新《中华人民共和国环境保护法》的实施是否会"倒逼"我国重污染企业进行绿色创新，其实证结果支持弱"波特假说"，即相比于非重污染企业，新《中华人民共和国环境保护法》对重污染企业绿色创新有显著的激励作用。然而，也有一些研究并未证实弱"波特假说"。Wong（2013）基于中国广东省广州市企业项目负责人的调查问卷数据，发现政府的绿色要求并没有对企业的绿色创新产生直接的正向影响。针对特定政策的研究，Borghesi 等（2015）发现欧洲碳排放交易政策的实施并没有促使属于碳排放交易内的企业进行更多的环境创新。Tang 等（2020）发现中国严格的"十一五"规划并没有促进企业绿色创新效率的提升。

狭义"波特假说"强调灵活的环境规制更能激励企业绿色创新绩效的提升，因而许多研究都试图考察市场型环境规制对企业的影响。Bai 等（2019）实证结果表明政府的研发补贴显著促进了能源密集型企业的绿色创新绩效的提升。类似地，Xie 等（2019）发现绿色补助对绿色工艺创新的两个维度（清洁生产技术和末端治理技术）都有显著的正向影响。陈晨（2019）发现市场型环境规制比命令型环境规制对企业绿色创新的促进作用更加显著，支持狭义"波特假说"。王旭和王兰（2020）试图研究股权制衡是否会影响政府补贴与企业绿色创新的关系时发现，政府补贴对成长期和蜕变期企业绿色创新的促进作用更为显著。

也有一些研究试图比较环境规制类型对企业绿色创新的影响是否不同，但是还没有得到一致的结果。如李怡娜和叶飞（2011）发现命令控制型环境规制可以显著促进企业进行绿色创新，而市场型环境规制却不能显著影响企业绿色创新绩效水平，该结果也不支持狭义"波特假说"。与李怡娜和叶飞（2011）发现的结果不同，张倩（2015）发现命令控制型环境法规和市场激励型环境法规都对绿色创新有显著的激励效应；陈晨（2019）发现灵活的市场型环境规制更能刺激企业进行绿色创新，支持狭义"波特假说"；于飞等（2020）发现命令控制型环境规制对企业绿色创新的效果具有时效性。除了发现环境规制与绿色创新之间可能是线性关系，也有研究发现这两者间可能是其他关系。如李青青等（2020）发现三种类型的环境规制与企业绿色创新之间呈 U 型关系，但均未跨过 U 型关系的转折点。

尽管已有大量研究去验证弱"波特假说"和狭义"波特假说"，然而很少有文献试图去比较同一类型下不同的环境规制是否对企业绿色创新有不同的影响，以及是否对企业绿色创新有不同的中介传导机制。因而，本书试图扩展"波特假说"的研究范畴，检验绿色补助和排污费是否对企业绿色创新有不同的作用机制以及不同的中介传导机制。

二、基于资源基础观的相关研究进展

资源基础观最早由 Wernerfelt 于 1984 年提出，Wernerfelt（1984）认为资源是企业在给定时间内拥有的所有有形和无形资产，并强调企业资源是企业进行战略选择的基础，也是企业获利的关键（Wernerfelt，1984；Barney，1991）。自 Wernerfelt（1984）提出资源基础观以来，学者们进一步研究了企业资源特征与持续竞争优势之间的联系，并发现有助于企业保持竞争优势的资源特征包括宝贵的、稀缺的、不可替代的和无法模仿的（Barney，1991；Peteraf，1993）。总之，资源基础观的提出不仅将早期战略文献从关注产业和竞争环境的外部分析转向关注企业独特资源和能力的内部分析，更为企业如何建立和维持竞争优势提供了全新的理论视角（Hart & Dowell，2011）。

本书主要关注影响企业绿色创新的因素，因而下面主要回顾基于资源基础观研究企业绿色创新的研究。首先，一部分研究主要关注企业内部有形资产对企业绿色创新的影响。Berrone 等（2013）通过链接制度理论和资源基础理论，发现制度压力会促使企业参与环境创新活动，并且企业冗余资源可以调节这两者的关系。也就是面对相同的制度压力时，拥有更多的冗余资源的企业更有可能进行环境创新活动。于飞等（2019）则通过整合知识基础观和资源基础观，发现企业冗余资源对企业知识耦合和绿色创新之间的关系有不同的影响。解学梅等（2020）通过对制造业上市企业进行分析发现绿色补贴可以通过激励企业增强绿色工艺创新进而提升企业的环境绩效和经济绩效。然而，解学梅等（2020）在检验企业财务约束是否会影响企业绿色工艺创新和企业绩效之间的关系时，却没有发现财务约束的显著调节作用。

除此之外，越来越多的研究发现企业无形资产的重要性，如企业的知识、绿色组织学习能力和创新强度等。Cuerva 等（2014）实证研究发现企业科技能力在推动中小规模企业进行绿色创新方面具有至关重要的影响作用。Liao 和 Tsai（2019）研究结果表明企业创新强度和创造力增强对企业的生态创新战略有显著影响。曹洪军和陈泽文（2017）主要研究外部环境压力（细分为政策压力和市场压力）和内部环境驱动力（细分为创新资源和绿色组织学习能力）如何影响绿色创新战略，并发现绿色组织学习能力对其有显著影响，而企业创新资源的影响并不显著。Martínez-Ros 和 Kunapatarawong（2019）尝试研究企业绿色创新过程中知识的投入作用，并发现对于中小规模企业来说，内部知识和外部知识对企业绿色创新都有显著的正向影响；而对于大规模企业来说，只有外部知识才起到显著的促进作用。

企业的资源不仅包括上述文献所研究的技术、能力和知识，还包括企业文化、伦理和道德（Barney，1991；Helfat & Peteraf，2003）。作为强调环境管理的组织文化元素，企业环境伦理对于寻求实现环境目标的企业而言可能是至关重要的无形资源（Chang，2011）。Chang（2011）发现企业环境道德对绿色创新产生积极的影响。类似地，Chen 和 Chang（2013）也发现企业环境道德对绿色创新绩效产生积极的影响。基于先前的研究，Guo 等（2020）也试图研究企业环境道德对经济绩效的直接影响，绿色创新如何介导这两者之间的关系，以及企业的商业关系和政治关系如何调节企业环境道德和绿色创新之间的关系。其研究结果发现绿色创新部分介导了企业环境道德和经济绩效的关系，并且商业关系积极地调节了企业环境道德对绿色创新的影响，而政治关系则削弱了企业环境道德对绿色创新的影响。Kraus 等（2020）研究发现企业社会责任对环境绩效没有直接的显著影响，但对企业绿色导向和绿色创新有显著的正向影响，从而间接地改善了环境绩效。

三、基于自然资源基础观的相关研究进展

Hart 于 1995 年提出资源基础观存在一个重要遗漏。尽管资源基础观考虑了各种潜在资源，并且比以前解释竞争优势的逻辑更完整也更具说服力，但是它忽略了组织与自然环境之间的相互作用。Hart（1995）认为虽然这种遗漏在过去是可以理解的，但到 1995 年（现在更是如此），自然生态环境的恶化已经对企业经济活动产生严重的约束力，并且可能对企业可持续的竞争优势造成严重的制约。因而，Hart（1995）指出为了使资源基础观依旧能保持其相关性，其创建者必须接受并内化自然环境所带来的巨大挑战。基于此，Hart（1995）通过将自然环境融入资源基础观，发展出自然资源基础观，并提出为了在自然环境日益恶化的情况下保持可持续的竞争优势，企业可以通过利用和积累以环境为导向的相关资源和能力实施三种相互关联的战略。Hart（1995）详细讨论了这三个战略（污染预防、产品管理和可持续发展）的关键资源、资源特征和获取竞争优势的来源（如表 2-2 所示）。

表 2-2　　　　　　　　　　　自然资源基础观的概念框架

战略	关键资源	资源特性	竞争优势
污染预防	持续地改进	隐性的	成本优势
产品管理	利益相关者整合	社会复杂的	抢占先机
可持续发展	共同的愿景	稀缺的	未来定位

资料来源：参考 Hart（1995）整理得到。

污染预防战略要求"企业通过内部运营、材料替换、回收或工艺创新来减少、改变或者防止污染排放"（Hart，1995）。对于企业来说，污染预防战略需要大量人员的参与并且依赖于隐性技能的发展（Hart，1995）。Hart（1995）认为污染预防和全面环境质量管理有概念上的相似性，都需要持续地改进，因而企业可以通过发展全面环境质量管理来加速污染预防中的资源积累。通过积累大量的隐性资源，污染预防战略可以帮助企业节省大量资金并提高其盈利能力，从而相比于其竞争对手而言更加具有成本优势（Hart，1995）。

产品管理战略扩大了企业污染预防的范围，要求"降低产品整个生命周期的成本，即在生产产品的各个阶段（从原料的获取到废物的回收）都要把对环境的危害降到最低"（Hart，1995）。这个战略意味着需要企业具有较强的组织能力，不仅要协调公司内部的职能部门，还要与关键的外部利益相关者（如消费者、环保主义者、社区领导者、媒体、监管者）协调，并将他们的观点整合到产品设计和开发的决策中（Hart，1995）。因此，产品管理需要企业积累社会复杂的资源来推动跨职能管理技能的发展（Hart，1995）。采取产品管理战略的企业可以通过战略性抢占来获取竞争优势。战略性抢占的途径包括获取优先访问权限（如优先获取原材料）和通过设置规则、标准来提高进入壁垒（Hart，1995）。

可持续发展战略则要求"企业降低自身的经营活动对环境的不良影响，从而实现企业的可持续发展"。尽管污染预防和产品管理都可以使公司迈向可持续发展，但是如果没有指导这些活动的框架，它们的影响将会消散（Hart，1997）。因而，企业可持续发展战略的实施需要企业对未来有共同的愿景。这个共同的愿景就像是指导企业通往未来的发展路线图，指明了企业未来的发展方式以及达到目标所需的新能力（Hart，1995）。然而很少有企业可以建立或者维持这样一种持久的共同的愿景。因此，企业可以通过积累稀有和特定的资源（如对未来的共同愿景）来提高企业未来的地位和竞争优势（Hart，1995）。

由于自然资源基础观的提出为建立企业绿色战略和绩效关系提供了理论机制，因而一个主要的研究方向是探究企业绿色创新战略对企业竞争力或绩效的影响。Sharma 和 Vredenburg（1998）认为自然资源基础观暗示了企业的绿色导向可以促使企业特定能力的发展，而企业特定能力可以成为企业竞争优势的来源。因而，Sharma 和 Vredenburg（1998）研究旨在检查绿色导向与能力发展之间的联系，并了解能力和竞争优势之间的关系。其实证结果发现企业通过积极的绿色导向可以促使具有竞争优势的组织能力的发展。King 和 Lenox（2002）在对美国制造业的分析中，发现企业确实可以通过污染预防来改善其财务绩效。Eiadat 等（2008）探讨了绿色导向与企业财政绩效之间的关系，并根据约旦化工行业的调查数据发现绿色导向的实施促使企业绩效有显著的提高。张小军（2012）通过对中国企业的深度访谈发现企业实施绿色创新战略会显著促进企业经济绩效的提升。Lin 等（2019）试图研究绿色创新战略对企业盈利的影响，并探究企业规模的调节作用。通过对 163 家国际汽车公司的数据进行分析，实证结果发现绿色创新战略显著影响了企业财政绩效，并且企业规模负向调节了绿色创新战略和财政绩效间的关系，表明小型企业的绿色创新战略投资会高于大规模企业。

虽然现在已有大量研究以资源基础观这一理论为基础，研究企业资源对企业绿色创新的影响，但是以自然资源基础观这一视角来研究两者关系的相关实证研究仍有欠缺。如 Aboelmaged 和 Hashem（2019）基于自然资源基础观，认为企业的可持续能力可以反映企业所拥有的各种环境资源和能力，可以为可持续性问题提供预防性的解决方案，因而试图研究企业可持续能力对绿色创新的影响。通过将可持续能力细分为可持续发展导向、可持续人力资本和可持续合作，其实证结果发现企业的可持续发展导向和可持续合作都对绿色创新有显著的影响。

鉴于企业面临自然资源的约束日益严峻，将自然和社会问题纳入资源基础观，有助于发现竞争优势的新来源。然而自然资源基础观提出已过去 25 年，却少有研究考察企业的环境资源和能力对绿色创新的影响。

四、基于组织学习理论的相关研究进展

"组织学习（Organizational Learning）"一词首次由 Argyris 和 Schön（1978）提出，并被定义为："组织学习是指有效地体现、解释及处理组织内部的多种信息，从而对组织的行为进行改进的过程。"（Argyris & Schön，1978）学者们除了从管理学视角定义组织学习外，也分别从其他学科视角对组织学习展开了进一步研究，如 Shrivastava（1983）结合多位学者的观点，认为组织学习是零散的、多学科的，可将组织学习初步概念化为互为补充的四点：（1）适应：组织通过不断调整目标、注意规则和搜索规则来适应环境变化；（2）共享假设：组织成员间共享假设和认知而产生的组织理论或行动理论，组织成员通过学习诊断并纠正组织内核心理论来对内外部环境的变化做出响应；（3）发展知识库：学习是发展有关

行动-成果关系的知识的过程；（4）制度化的经验效应：将学习曲线效应扩展到管理决策。Fiol 和 Lyles（1985）从组织行为学视角出发，将组织学习定义为通过汲取更好的知识并加深理解来提升组织行动能力的过程。Senge（1990）认为人们在组织中学习并通过互动关系在组织中不断培养新思维、激发新愿景，并强调在个人学习的基础上有利于进行组织学习。Huber（1991）基于知识观点认为若发现信息交换时，组织潜在行为范围发生了变化，在这一过程中则已发生了组织学习，组织学习可划分为四部分：知识取得、信息扩散、信息解释、组织记忆。

由于组织学习可以提升企业创新活动的效率，并有助于企业快速响应客户的需求和市场变化，因而大量研究认为组织学习是企业创新的先决条件（Calantone 等，2002；Lee & Tsai，2005；Jiménez-Jiménez & Sanz-Valle，2011；Zhang & Zhu，2019）。例如，Calantone 等（2002）通过对企业高管的深入采访和对文献的回顾，发现企业学习可以促进企业创新成果的增加。Jiménez-Jiménez 和 Sanz-Valle（2011）通过对西班牙的企业调查，发现组织学习可以积极地影响企业的创新绩效。进一步地，Kraft 和 Bausch（2016）将创新细分为探索性创新和开发性创新，探讨了组织学习导向对二者的影响，研究发现组织学习导向能够正向促进探索性创新和开发性创新。Zhang 和 Zhu（2019）则通过对中国制造业企业的调查，发现开发式学习和探索式学习都可以积极地介导利益相关者与企业绿色创新之间的关系。

目前，虽然已有研究发现组织学习能显著提升企业的创新绩效（Calantone 等，2002；Lee & Tsai，2005；Jiménez-Jiménez & Sanz-Valle，2011；Zhang & Zhu，2019），但是较少有关于外部环境冲击如环境规制的改变会如何影响企业的组织学习行为的相关研究。因而，本书试图探讨市场型环境规制如绿色补助和排污费征收会如何影响企业的组织学习能力，进而影响企业的绿色创新水平。

第三节　文献综述

一、绿色补助与绿色创新

随着全球资源日益紧张和环境恶化形势日益严峻，绿色创新作为解决环境污染问题和经济发展问题的有效手段，已成为企业，尤其是重污染企业突破其"经济发展-环境破坏"怪圈的关键（Hart，1995；郭英远等，2018；李青原和肖泽华，2020）。然而，由于绿色创新的高投入需求、长研发周期、高风险性以及技术外溢等特征，加上企业自身资金实力、已有绿色创新能力等的限制，企业往往无法承担环境污染治理的成本支出或绿色创新所需资金的巨大投入。从新古典经济学的观点来看，绿色创新的双重负外部性和其高投入高风险的特征会导致市场失灵，因而需要政府制定科学合理的政策对市场进行干预。政府补助作为政府的财政干预手段之一，可以通过无偿提供给企业资金帮助企业克服绿色研发创新资金不足的问题，激励企业进行绿色创新。

学术界对于政府补助对绿色创新到底是激励效应还是抑制效应争论已久。一些研究认为政府补助对绿色创新有正向的激励作用，因为政府补助资金一方面能够直接降低企业污染治理成本从而减轻绿色创新研发的资金压力（何小钢，2014；Guo 等，2018）、为研发项目提供了风险保值工具（Horbach 等，2012；Guo 等，2018）；另一方面向企业利益相关者释放积极的信号，间接鼓励和吸引了利益相关者的投资和研发合作（Kleer，2010；郭玥，2018），进而激励企业绿色创新绩效的提升。已有大量实证研究也证实补助对企业绿色创新的激励效应。如游达明和朱桂菊（2014）通过构建动态博弈模型，在不同竞合模式下分析发现研发补助能持续有效地促进企业进行生态技术创新且不发生排挤效应，同时建议改变固定补贴的做法转而采取差异化补贴政策。何小钢（2014）同样基于理论模型，在分析公共政策（如公共研究、直接补贴、税收抵免和专利保护）对绿色技术创新的影响时，发现给定减排总量时，政府研发补助有助于刺激企业提升绿色创新水平以降低企业的减排成本。但是，政府研发补助的激励效应可能会随着绿色技术的普及而减少（刘海英和郭文琪，2021）。Horbach（2008）在分析环境创新的决定因素时，基于德国的 IAB（Institute for Employment Research）和 MIP（Mannheim innovation panel of the Centre for European Economic Research）两组面板数据，实证发现获得补助对环境创新有显著积极的影响，与彭维（2020）、李新安（2021）结论类似，后者还发现绿色创新存在空间集聚效应。

然而，从宏观层面的实证结果往往无法考虑企业异质性的因素，学者们分别对不同行业的企业展开了进一步的研究，Gramkow 和 Anger-Kraavi（2017）基于

2001—2008 年巴西制造业数据实证研究发现，现有支持创新的财政工具，如用于创新的低成本（补贴）融资和对可持续实践行为的财政激励措施，总体上可以有效地诱发绿色创新。但是，由于巴西财政政策的不协调等因素，样本中只有不到 14% 的公司采用了更环保的创新技术，说明绿色创新的有效性在未来有待进一步提高。Bai 等（2019）基于 2010—2015 年中国 527 家能源密集型上市公司的数据，发现政府研发补助极大地激励了高能耗企业的绿色创新趋势和绩效，还发现政府研发补助对国有企业的促进作用大于非国有企业，对中小规模企业的促进作用大于大规模企业。王旭和褚旭（2019）则针对制造业企业探讨了融资与政府补助对制造业绿色技术创新的影响及作用边界，发现补助显著促进绿色技术创新，而且创新投入在其中具有显著积极的中介作用。在此基础上，王旭等（2020）进一步揭示了政府补助在促进企业绿色创新的过程中对企业信息披露的决策依赖性，发现信息披露存在诱导效应，当企业信息披露质量越高，补助获得的越多，绿色创新的绩效会越好。

此外，绿色创新可以细分为绿色产品创新和绿色工艺创新，前者侧重于研发节约原材料和能源的产品以达到节能，后者则侧重于在生产工艺上进行设备更新、改造或创新来降低污染水平以达到减排目标。现有大多结论表明，政府研发补助同样能显著促进绿色产品创新（Guo 等，2018；李博博，2018）和绿色工艺创新（Guo 等，2018；李博博，2018；刘海运等，2021）。研发补助可以有效缓解企业的创新成本压力，引导企业开展绿色产品和工艺的创新，缓解企业因绿色创新所产生的外部性。然而，也有学者持不同的观点，认为研发补助对企业绿色产品创新和绿色工艺创新有差异性的影响，并通过实证研究发现研发补助与绿色工艺创新呈正向相关关系，但与绿色产品创新呈倒 U 型关系（王永贵和李霞，2023）。

还有一部分学者认为政府补助对绿色创新主要是抑制效应，因为政府补助会挤出企业绿色研发创新资金的投入（刘津汝等，2019；陈晓等，2019）。如刘津汝等（2019）和陈晓等（2019）都发现政府研发补助对企业绿色创新存在挤出效应，并认为其主要原因是现阶段的直接性补助政策没有发挥其应有的作用。

也有一些学者认为政府补助与绿色创新的关系并不明确。Cuerva 等（2014）在分析影响低技术领域中小规模企业绿色创新的因素时，以西班牙食品和饮料公司问卷调查数据为样本，发现补助对传统创新有显著影响，但与绿色创新的关系并不显著，认为现有的环境规制手段中缺乏有效的补助来触发绿色创新。类似地，补助同样不是生态创新的主要因素（Horbach 等，2013；Triguero 等，2013）。Horbach 等（2013）基于法国和德国的第四次社区创新调查数据进行跨国分析，发现相比于其他创新，补助对生态创新而言并不是特别重要，且该结论基于两国样本均成立。Triguero 等（2013）则以 27 个欧洲国家的中小规模企业为样本探索不同类型生态创新的驱动力，研究发现获得补助和相关财政激励不会影响欧洲企业是否进行生态创新的决定。在我国，也有学者发现类似的结论。王炳成和李洪伟（2009）基于 209 家制造企业的调查数据，发现政府补助对企业的绿色产品创新的影响并不显著。政府补助在促进企业绿色创新方面效率低下的原因之一，可能是大股东的创新意愿不高及对补助的低效率配置（王旭和王兰，2020）。

为更明确地鼓励企业采取环保措施以减少污染、保护环境，政府采取的最直接的市场型环境规制政策就是绿色补助，通过进一步细化政府补助的明细项目，让补助变得更有针对性。因此一些学者也将视线转向绿色补助，研究绿色补助对企业进行绿色创新、污染治理等环保行为的影响。关于绿色补助与绿色创新之间的关系，现有研究得到了不同的结果。一些研究发现绿色补助对绿色创新有激励作用。如 Cleff 和 Rennings（1999）将法案、环境影响评估、补助、能源税、自愿承诺等不同环境规制工具分为"硬""中""软"三类，其中，绿色补助为中等程度的环境规制工具，研究探讨了这些环境规制的实施对绿色创新的重要性，发现"软"工具和补助之类的"中"工具在末端排放控制和废物处理方面的绿色创新中具有重要的激励作用，而"硬"工具的激励作用并不明显。Popp（2006）也认为对气候友好型研发项目的政府补助显著促进了对这方面的绿色研发，但没有有效解决由此带来的环境外部性。在我国，何欢浪和岳咬兴（2009）基于第三国模型理论分析认为政府给予出口企业绿色补助，将有利于企业进行污染减排方面的绿色技术创新以控制污染排放，同时提高国内的环境标准。在上市企业层面上，绿色补助的激励效应也得到了证实。如夏文蕾（2018）和李俊遐（2019）认为绿色补助既减轻了企业研发投入的资金压力，又因补助自身的性质为环境保护方面的技术创新指明了方向，因而显著地促进了企业绿色创新。李俊遐（2019）还试图探索了绿色补助的作用机制，发现绿色补助通过增加企业的环保投资显著地激励了企业的绿色创新行为，且该激励具有持续性。同时，绿色补助的促进作用对融资约束高和处于法治环境好、强竞争性行业的企业更明显（李俊遐，2019）。与之不同的是，有学者认为绿色补助的激励并不是持续性的，而是动态变化的，如 Bai 等（2018）以 2010—2015 年 32 家上市火力发电公司为样本，发现环境补贴对绿色效率的影响是双重的。在研究的前四年（2010—2013年）环境补贴限制了绿色效率，在 2014 年环境补贴的影响变得微弱，到 2015 年环境补贴的影响存在明显的逆转趋势，开始变得显著促进绿色效率。

相反地，也有一些研究发现绿色补助对企业绿色创新存在抑制作用。如李楠和于金（2016）认为绿色补助虽有利于企业的技术创新，但是随着补助力度的加大，绿色补助的激励作用逐渐减弱甚至抑制了企业的技术创新。也有学者发现绿色补助并未给企业带来绿色创新的动力，反而抑制了企业绿色技术创新的行为（褚媛媛，2019；李青原和肖泽华，2020）。李青原和肖泽华（2020）认为企业迎合政府和机会主义是绿色补助抑制效应的具体表现。一方面，由于绿色补助的专项资金的特性，获得补助的企业需迎合政府的意愿进行相关的环保投资而非专门用于绿色创新（张琦等，2019），从而在一定程度上影响了企业的绿色创新投入；另一方面，管理层有权决定企业是否开展绿色创新活动，囿于政府与企业的信息不对称，管理者可能存在操控经营活动的机会主义行为（李青原和肖泽华，2020）。

二、排污费与绿色创新

自 1972 年经合组织（OECD）提出"污染者付费原则"起，排污费作为一种市场型环境规制很快在国内外得到了广泛接受和应用。学者们也纷纷从不同视角对排污费展开了研究。

首先，大部分学者着重于探讨排污费对企业的污染减排效应（Kohn，1990；Wang & Chen，1999；Wissema & Dellink，2007；李永友和沈坤荣，2008；郑石明和罗凯方，2017）。早期阶段，部分学者将排污费与其他环境规制组合进行了相关的理论分析。如有学者认为该组合在一定程度上是可取的（Kohn，1990；Wang & Chen，1999）。Kohn（1990）经过分析发现该组合对于刺激企业减排以达到控制污染的目的在经济上是有效的，而且在管理上也具有相对优势。Wang和 Chen（1999）选取 1993 年被列为中国最大水污染的企业样本，研究中国工业企业在污染收费和减排补贴相结合的情况下的污染减排行为，发现排污费和补贴的组合促进了企业增加末端环保投入、减少污染的排放，而且污染程度越重的企业，其污染减排效果越好。目前，在实际的环境规制实践过程中，各国往往会同时实施各类环境规制，多组合已为常态。

然而，多种环境规制的密集实施，政策组合效应的实证研究操作相对困难，因此，大多数文献仍是采取并列或单独研究排污费。Wissema 和 Dellink（2007）以碳税为例，发现量化实施碳税征收可以有效减少爱尔兰二氧化碳的排放量。Wang 和 Wheeler（2005）以及李永友和沈坤荣（2008）分别从企业微观层面和省级宏观层面，通过实证发现中国排污费的征收对污染减排作用效果显著。卢洪友等（2019）则以二氧化硫排污费为例，采用 2006—2014 年省级数据检验发现 SO_2 的排污费征收政策对 SO_2 的污染排放具有减排效应，但未发现该政策对工业废水减排具有溢出效应。也有部分学者以污染治理效率来反映排污费的减排效应，郑石明和罗凯方（2017）以大气污染为研究对象，发现排污费为代表的市场型环境规制对大气污染治理富有成效。但是，有学者发现我国的排污费征收的减排效应在减少，甚至有负向影响。范庆泉和张同斌（2018）从理论上发现排污费缺乏对企业污染减排的动机激励。万伦来等（2016）实证检验发现排污费对环境效率虽有负面影响，但并不显著。李建军和刘元生（2015）选取 209 个制造企业的问卷调查为样本，发现 2008 年后排污费的征收并未减少，反而增加了工业"三废"的排放量，认为这可能是由于税制改革导致的减排功能失效。

上述研究基本聚焦于检验排污费征收对企业污染减排的效应，即主要验证排污费征收是否会减少企业末端治理效应。然而，排污费征收政策不仅仅会直接影响企业末端治理效果，从长期来看，排污费也可能会对企业污染减排的前端技术创新产生影响。

不少学者已从理论上验证了包括排污费征收政策对企业绿色创新有激励作用（Downing & White，1986；Milliman & Prince，1989；Milliman & Prince，1992；许士春等，2012；赵爱武等，2016）。Milliman 和 Prince（1989，1992）评估了包括排污费在内的五种不同的环境规制工具对企业绿色创新的刺激效果，并发现当政策水平不变时，排污费对企业绿色创新有激励作用。类似地，Downing 和 White（1986）以及许士春等（2012）也通过理论模型推演发现排污费对绿色创新有激励作用，前者还基于不同污染控制情况，发现排污费制度始终对绿色创新有充分的激励作用。赵爱武等（2016）则以单一污染物展开理论分析，通过模拟对二氧化碳排放的征税行为对企业绿色创新行为选择的影响，发现在绿色创新技术较成熟的时候，较高的环境税率能有效刺激企业的绿色创新。杨飞（2017）利用偏向性技术创新理论建立理论模型，发现当清洁能源与化石能源之间互为替代时，排污费可以促进企业清洁技术创新，而当清洁能源与化石能源之间为互补关系时，排污费会抑制企业进行清洁技术创新。

在实践中，由于早期阶段中国排污收费等经济刺激对企业造成的成本远低于企业进行绿色创新所需的投入，排污收费力度呈明显的地区差异，大部分企业选择付费而非绿色创新，因此，排污费政策对企业的绿色创新的激励作用非常有限（许庆瑞等，1995；牛海鹏等，2012）。然而，随着我国排污收费水平的逐步提高、收费范围的逐步扩大，接近或达到一个较为"有效的"水平时，排污费征收可能对污染企业的经济刺激将逐步显现，以促使企业进行持续性的污染治理或根本性的绿色创新（吕永龙和梁丹，2002），从而起到推进环境技术发展、改善环境质量的作用。由于我国在 2018 年前主要以排污费的形式对企业污染排放征收费用，直到 2018 年才正式以环境保护税替代排污费对企业污染排放物征收费用，学者们也普遍以排污费作为环境保护税的替代指标，因此本书对二者不进行详细区分。张平等（2016）基于省级面板数据，发现目前我国的排污费征收对企业的绿色创新产生了显著的挤出效应，增加了企业的生产成本。这可能是目前排污费征收水平不高的原因。杨飞（2017）以 2007—2014 年 A 股上市清洁能源公司为样本，发现排污费对企业清洁技术创新存在负向的抑制作用。而范丹和孙晓婷（2020）进一步发现，当以排污费为代表的市场型环境规制在超过阈值时呈现线性向非线性转变的趋势，并能够显著促进绿色创新。正如，李香菊和贺娜（2018）及李青青等（2020）发现排污费对绿色技术创新的作用呈现"U"型关系，当排污费水平不高时，企业宁愿支付排污费而不愿进行绿色创新，可能是由于排污成本远低于绿色创新所需的投入；只有当排污费达到一定水平时，其才会促进企业进行绿色创新。前者还发现绿色创新存在空间依赖性，同时，在地区竞争的调节作用下，排污费对企业绿色创新的影响反而变得不显著。李婉红（2015）发现绿色创新存在空间依赖性，针对发达地区的制造业，排污费对绿色创新存在显著正向驱动效应，而针对欠发达地区的制造业，该效应为负。温湖炜和钟启明（2020）则是通过排污费征收标准调整这一准自然实验，发现其对企业选择清洁生产技术以及绿色全要素生产效率的提升有显著促进作用，随着征收标准的提升，其对大中型企业绿色创新的倒逼作用开始凸显。在发现排污费能有效推动企业绿色创新的基础上，张倩（2015）还将绿色创新划分为绿色产品创新和绿色工艺创新，发现排污费对两种创新都具有显著的激励效应。顾正娣（2016）发现排污费的激励效应存在地区差异，其激励作用在经济发达和市场化水平较高的东部地区更明显。郭进（2019）则进一步探索二者之间的作用机制，证实了研发强度的中介效应，认为排污费的征收通过增加企业污染成本，倒逼企业增加研发投入，从而提高企业的绿色创新水平。

上述研究均从宏观层面探讨排污费对绿色创新的影响，但仅有少数学者从微观角度进行探讨。Lanoie 等（2011）将排污税费纳入环境规制政策，根据受访者衡量该政策的重要性来检验其对企业绿色创新（用研发投资作为替代变量）的激励作用，其结论支持弱波特假说。与传统的采用问卷调查获得绿色创新测量指标不同，Wagner（2007）创新性地从专利数据中识别企业绿色创新，将"回收、空气污染物、减少、替代"等与环境相关的术语作为搜索专利及摘要，并最终将确定的专利汇总后再作为企业绿色创新的指标。李青原和肖泽华（2020）依据世界知识产权组织推出的绿色专利 IPC 分类号，从中国国家知识产权局检索获得绿色专利数据来衡量企业绿色创新绩效，实证研究发现排污费对企业的绿色创新存在倒逼效应。

另外，有不少学者将绿色生产率作为绿色创新的替代指标，认为排污费的征收也会对企业造成成本压力，从而降低了企业的绿色生产率（Smith & Sims，1985；王兵等，2008）。但是，原毅军和谢荣辉（2016）发现排污费与企业生产率呈现"U"型关系，虽然当前排污费的作用在拐点左侧，以成本效应为主，但当跨过"拐点"后，排污费会发挥其创新补偿效应。类似地，吴磊等（2020）也发现在短期内排污费对企业的绿色生产率有抑制作用，在长期内，当成本效应低于补偿效应时，排污费开始发挥促进作用。

三、研究述评

总体来看，已有文献为本书的研究工作提供了非常重要的前期基础，基本上反映了在绿色创新领域的主要研究进展。通过对现有关于绿色补助、排污费与绿色创新相关文献的梳理，我们可以得出以下几点结论。

第一，政府的环境规制政策逐步从命令控制型向市场型转变（张坤民等，2007；王班班和齐绍洲，2016；齐绍洲等，2018；彭佳颖，2019）。主要的原因可能在于，随着我国经济由高速增长转向高质量发展、市场机制在资源配置方面的能力不断提升以及社会公众环保意识的加强，市场型环境规制相较于命令控制型环境规制的优势日渐凸显（王班班和齐绍洲，2016；齐绍洲等，2018；陈晨，2019），在市场型环境规制的主要政策工具或措施中，绿色补助、排污费作为最直接的、最普遍的市场型环境规制手段对企业绿色创新具有重要的影响，因此也成为国内外学者研究的重点之一。

第二，宏观上的"刺激—结果"模式仍然是绝大多数文献的基本框架，对企业的微观响应机制缺乏相关研究（于飞等，2020；解学梅和韩宇航，2022）。大部分文献仍然使用波特假说作为逻辑框架，从宏观视角来讨论市场型环境规制影响企业绿色创新的总体机制及政策后果；或者运用新制度理论和利益相关者理论从微观角度探究环境规制对绿色创新的影响。只有少部分的文章注意到了绿色补助和排污费的中介传导机制（如郭进，2019；李俊遐，2019；王旭和褚旭，2019），这些早期的研究不够全面和深入。由于已有研究缺乏对中间传导机制的系统研究，导致难以分析市场型环境规制推动企业进行绿色创新的中间过程。

第三，宏观的经济学模型较多，微观的管理学模型较少，对企业的战略响应机制的研究工作尚不多见。虽然已有一些研究通过建立理论模型来研究绿色补助和排污费对企业绿色创新的作用机制（如 Downing & White，1986；Milliman & Prince，1989；许士春等，2012；赵爱武等，2016），但是这些理论探讨大多基于经济模型（偏宏观），很少有研究基于管理学的理论模型（偏微观）来深入探讨绿色补助和排污费对企业绿色创新的作用机制。现有文献中，缺乏运用资源基础观、注意力基础观等战略管理理论作为基本的研究视角，对市场型环境规制与企业绿色创新之间的关系进行深入研究。

第四，减排效应是市场型环境规制政策相关研究的主要关注点，绿色创新还没有被充分关注到。在关于市场型环境规制政策的大部分文献中，关于绿色补助、排污费政策有效性的研究大多聚焦于企业末端治理的效果如减排效应，只有较少的研究关注绿色补助和排污费对企业绿色创新的影响。

第五，目前市场型环境规制对企业绿色创新作用机制的权变因素分析缺乏探讨能反映中国环境规制代表性特征的因素。不少文献认为，绿色补助与排污费对企业绿色创新产生不同影响可能是由于企业特征的异质性和其他因素导致的（如，顾正娣，2016；Bai 等，2019；王永贵和李霞，2023）。然而，现有涉及绿色补助和排污费对企业绿色创新影响的研究多集中于研究企业规模、企业所有制、企业所在地区的差异，缺乏探讨中国特色的典型和独特性的外部情境因素如制度环境、直接规制和市场化水平如何影响市场型环境规制（绿色补助和排污费）与企业绿色创新之间的影响。

第六，宏观层面的数据与样本较多，微观层面的数据与样本较少。现有文献中，大多数的研究都是从宏观层面探讨排污费的作用机制，较少研究通过收集企业层面的排污费缴纳数据来研究排污费对企业绿色创新的影响。运用省级或行业层面的数据来研究排污费征收的影响，可能会导致研究缺乏考虑企业异质性的影响或者缺乏考虑排污费收费标准不同的影响，因而无法精确得出排污费对企业绿色创新的影响效果。

上述六个方面的结论与判断，总体上构成了本书研究工作的基本切入点。基于此，本书依托现有文献，从企业微观视角出发，结合注意力基础观、信号理论、组织学习理论和自然资源基础观，深入探讨市场型环境规制（绿色补助和排污费）对企业绿色创新的作用机制、揭示二者之间的中介机理、探寻影响二者之间作用机制的权变因素，并通过运用重污染行业的上市企业数据对作用机制、中介机理和权变因素进行详细的实证检验。

第三章 理论分析和研究假设

第一节 市场型环境规制影响企业绿色
创新的基本框架和模型

尽管现有研究通过运用波特假说、新制度理论和利益相关者理论来探究市场型环境规制对企业绿色创新的影响已取得较为丰硕的成果（Brunnermeier & Cohen，2003；Berrone 等，2013；Qiu 等，2020；李青原和肖泽华，2020），但是这些研究仍存在一些不足。首先，在探讨市场型环境规制对企业绿色创新的作用机制时，大多数研究只考虑市场型环境规制通过直接影响企业资源配置进而影响企业绿色创新，缺乏详细分析异质性环境规制如何通过向企业利益相关者传递不同的信号从而影响他们的投资行为，以及如何影响企业管理者的注意力配置进而影响企业绿色创新。其次，已有研究缺乏探讨市场型环境规制影响企业绿色创新的中介传导机制（张小军，2012；解学梅等，2020；于飞等，2020；解学梅和韩宇航，2022），如市场型环境规制在很大程度上引导、改变甚至塑造企业对绿色创新的认知或动机水平，进而驱动企业进行绿色创新，而波特假说却无法透析企业面对环境规制这一刺激时，在管理观念层次的变化进而影响企业绿色创新绩效。再次，虽然已有研究发现市场型环境规制（如碳排放交易试点政策、排污权交易试点政策）对企业绿色创新的激励作用会受企业因素、产业因素、国家和地区层面因素等因素的影响（齐绍洲等，2018；Hu 等，2020）。但是，只有少部分研究在探讨市场型环境规制政策如绿色补助和排污费对企业绿色创新的影响会受到哪些因素的影响（顾正娣，2016；Bai 等，2019；王永贵和李霞，2023），并且这些研究都缺乏对具有中国特色的外部情境因素进行分析。

因此，本章将基于信号理论和注意力基础观，构建市场型环境规制影响企业绿色创新的作用机制框架。然后，本章将借助战略管理的经典理论框架"刺激-响应-结果"，并结合注意力基础观、组织学习能力和资源基础观构建市场环境规制影响企业绿色创新绩效的中介机理模型。最后，本章将着重思考企业内部资源特征和具有中国特色的外部情境因素如何影响异质性市场型环境规制对企业绿色创新的作用机制，并构建内外权变因素的影响框架。

一、RSA 作用机制框架

基于信号理论和注意力基础观，本书构建了市场型环境规制影响企业绿色创新的作用机制框架，并呈现于图 3-1。由于市场型环境规制对企业绿色创新的作用机制包括资源配置机制（Resource allocation mechanism）、信号传递机制（Signaling mechanism）和注意力配置机制（Attention allocation mechanism），因此将该作用机制简称为 RSA 框架。RSA 框架可以分为四个主要部分，分别是市场型环境规制、绿色补助和排污费（作为异质性市场型环境规制的代表）、绿色补助和排污费的作用机制以及绿色创新，本书将在下面进行——分析。

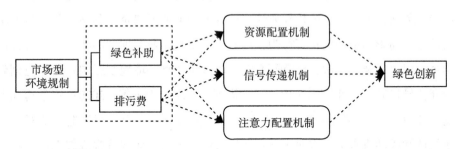

图 3-1　市场型环境规制对企业绿色创新的作用机制框架

资料来源：作者绘图整理。

（一）市场型环境规制

市场型环境规制被视为企业受到的一种政策刺激，是企业进行绿色创新的主要驱动力，这是由绿色创新的本质内涵所决定的。从理论上来讲，绿色创新是一个集绿色环保和技术创新的复合概念，主要指企业以实现绿色发展为核心追求，旨在通过与产品和工艺相关的硬件或软件创新来减少对自然资源的消耗和降低对生态环境的损害（Chen 等，2006）。绿色创新不仅可以帮助企业减少对环境的污染，还可以帮助企业生产出差异化的绿色产品，满足市场需求，进而提升企业自身竞争力、赢得竞争优势，实现经济效率和环境保护共赢的发展局面（Porter，1991；Porter & van der Linde，1995；Hart，1995；郭英远等，2018；李青原和肖泽华，2020）。但是，绿色创新不同于以往的一般意义上的技术创新（产品创新与工艺创新）或管理创新，不是仅通过企业内部局部资源、部分生产流程调整或部分模块化的资源整合就可以实现的，而是需要企业从全局范围内出发进行的一项战略性创新行动。在这项战略性创新行动中，企业不仅需要满足产品性能、产品质量或客户服务等要求，还需要将环境保护责任有效融合到企业的全面业务流程，最终通过绿色创新活动，提供满足顾客的期望与环境的期望。在绿色创新过程中，企业不仅承担了产品或服务生产过程中的相关成本（"私人化成本"），也承担了与环境保护有关的相关成本（"社会化成本"①），在一定程度上实现对社会化成本的内部化（或私人化）。因此，绿色创新可以被视为一种战略性、组织变革性的创新行为，它不仅需要企业在技术资源或工艺上的变革性创新，而且需要企业在整体组织范围内形成一种体系性的战略性转变。在绿色创新过程中，企业需要改变以往的传统战略逻辑，从被动适应环境规制要求（如，必须满足政府规定的环保标准）与局部进行绿色技术改造，转向全面思考环境污染问题并将其纳入产品设计、制造、流通等全业务流程的系统性创新。

但是，在现实与企业竞争实践中，企业对绿色创新的态度，存在着一个典型的"抵触-接纳-适应-行动"的基本过程。一个重要的原因是前文提到的"双重外部性"问题，这在一定程度上削弱了企业主动进行绿色创新的积极性。因此，如果将企业绿色创新活动完全交给市场，只依赖于企业自身的积极性，那么企业

---

① 这里所谓的"私人化"与"社会化"成本，是经济学意义的有关概念。"私人化"成本主要指的是没有外部效应或不对他人福利水平产生正向或负向影响的成本，如产品的物料成本、人工成本等。相应地，"社会化"成本则主要指有明显外部效应的成本，这对他人的福利水平会产生影响而需要由其他人承担（但不是由当事人导致的）的成本，如恶化的环境（负的外部效应）。

会缺乏进行绿色创新的动机或激励，企业的绿色创新水平将会严重不足，远低于社会发展所需要的水平，从而造成市场失灵。因而，为了纠正绿色创新的市场失灵现象，就需要政府制定科学合理的环境规制对市场进行干预，引导和推动企业进行绿色创新。在企业面对环境保护要求而不得不投资于绿色创新的早期阶段，这一来自政府政策的刺激尤其重要。显然，政府的环境规制政策，作为一种强制性制度或激励性措施，将在很大程度上引导、改变甚至重塑企业对绿色创新的认知，为企业进行绿色创新提供不同类型的驱动力。

（二）绿色补助和排污费

在我国，绿色补助和排污费作为现阶段市场型环境规制体系的主要政策工具，虽然都是市场型环境政策，但是两种政策在性质和特征上有些不同。首先，绿色补助属于一种事前的市场型环境政策，通过给予企业补助以激励企业采取绿色生产技术和进行绿色创新来减少排污。而排污费的征收属于一种事后的市场型环境政策，通过对企业排污收费和超标收费，对企业的排污行为进行惩罚，倒逼企业采取相关措施以减少排污（姜楠，2019）。其次，绿色补助的发放需要经过政府严格科学的审核程序，只有企业的绿色创新资源、能力和发展前景等符合政府发放绿色补助的评估标准和要求时，才会获得政府绿色补助资金的支持。而排污费征收指的是只要企业向自然环境中排放污染物，企业就必须缴纳排污费。第三，相比于绿色补助，排污费征收属于强制性的环境规制政策，因为排污者需完全遵守 2003 年实施的《排污费征收使用管理条例》中的规定，如果出现未按规定缴纳、逾期拒不缴纳的情况，排污者会受到政府相关部门的严厉惩罚。由于绿色补助和排污费的性质和特征都有显著的不同，因而他们对企业绿色创新必然会有不同的作用机制。

（三）绿色补助和排污费的作用机制

关于绿色补助和排污费的作用机制，已有研究大多关注绿色补助和排污费如何通过影响企业研发投入资金进而直接影响企业绿色创新，也有一些研究考虑绿色补助所释放的信号会如何影响企业利益相关者的投资行为而间接影响企业绿色创新（郭玥，2018；李青原和肖泽华，2020）。但是，鲜有研究考虑排污费也有可能向企业利益相关者释放信号并影响他们的投资行为，进而影响企业的反应和行为。此外，绿色补助和排污费对企业资源和企业利益相关者投资行为的影响会使企业外部环境和内部环境发生变化，进而通过影响企业管理者注意力的配置而影响企业绿色创新，但是已有研究大多缺乏关注和探讨绿色补助和排污费对企业管理者注意力配置的影响。因此，本书将市场型环境规制（以绿色补助和排污费为例）对企业绿色创新的作用机制分为三个方面，分别是资源配置机制、信号传递机制和注意力配置机制，并在下节中详细探讨绿色补助和排污费是如何通过这三个机制影响企业绿色创新。

（四）绿色创新

严格意义上讲，企业的绿色创新至少会产生三种类型的结果：一是企业的绿色创新绩效水平是否会得以提升，二是企业的市场地位是否会变好，三是企业的财务绩效是否得以改善。在这三种绿色创新结果之中，绿色创新绩效自身最为重要，是另外两种绿色创新产出的根本基础。虽然企业绿色创新的根本目的是提升企业的综合竞争优势和市场绩效，但是，如果绿色创新绩效不好，那么企业在绿色创新方面的市场地位和财务绩效也就无从谈起。因此，本书囿于精力和时间，集中研究企业绿色创新绩效。

二、OCA 中介机理模型

大量的理论研究与实践案例表明，如果环境规制政策过于强调政府依靠行政命令对企业的绿色创新进行控制或强制性要求，也会带来"规制失灵"问题，即政府作为政策执行方，对企业经营活动过度干预，扭曲企业绿色创新的正常的激励机制，反而降低了企业从事绿色创新的动力和投入水平。结果可能是，企业形象的绿色创新绩效变差，竞争优势也无法有效构建，这导致了一个"双输"的结局。因此，非常有必要从企业这一方着手，系统思考企业在面临环境规制政策时，如何对相关措施做出战略性回应，从最大程度上提升绿色创新效应，并构建基于绿色创新的竞争优势。本书从经典的战略管理理论框架"刺激-响应-结果"中寻得启发，围绕市场型环境规制政策的本质特征与企业绿色创新活动的内涵进行理论思考，并构建了市场型环境规制影响企业绿色创新的中介机理模型。

那么企业到底会如何响应市场型环境规制这一外部刺激？由于企业明确的战略导向是企业产生绿色创新相关的战略部署的重要前提（Hart，1995；Aboelmaged & Hashem，2019），因此第一个需要探讨的问题就是企业管理者会如何认知和判断市场型环境规制政策，并根据其认知和判断进行战略决策。注意力基础观认为企业的行为和决策在很大程度上都是企业管理者注意力配置的结果（Ocasio，1997）。因此，依据注意力基础观，如果企业管理者将市场型环境规制视为机会，那么高管团队则会将其有限而稀缺的注意力更多地分配到与绿色创新相关的领域，有助于企业形成良好的绿色导向，进而进行更多的与绿色创新相关的活动；如果企业管理者将其视为威胁，企业则有可能采取被动的策略如缴纳罚款，将注意力分配至与绿色创新无关的领域（Qi 等，2020）。

考虑到企业组织学习能力是企业进行绿色创新的必备基础（Zhang & Zhu，2019），因此第二个需要探讨的问题是企业会不会培养自身的组织学习能力来有效应对市场型环境规制。相对传统的技术创新或管理创新活动，绿色创新是一种全新的、复杂的、战略性的创新活动，并且大部分企业可能并不拥有进行绿色创新的知识、能力或相关资源。企业想要开展绿色创新活动并取得成功就必然需要对相关知识进行搜索和整合，并有足够的能力对相关领域的知识进行吸收和学习（于飞等，2019；Zhang & Zhu，2019）。因此，如果市场型环境规制可以为企业提供更多的实验、研发和探索机会，那么企业可能会进行系统的组织学习以积累绿色创新必需的知识、技能或互补性资源来回应环境规制（Argyris & Schön，1978；Jiménez-Jiménez & Sanz-Valle，2011）；如果市场型环境规制不能为企业提供更多的研发机会，那么当企业所具备的绿色知识和能力无法开展绿色创新并取得成果时，企业可能并不会回应市场型环境规制并加强对组织学习能力的培养。

由于企业在绿色创新方面的实质性行动是保证企业绿色创新绩效不断提升的根本环节（杨勇和吕克亭，2020），因而第三个需要探讨的问题是企业会不会有实质性的行动来回应市场型环境规制。正如上文指出的那样，绿色创新是一项战略性的创新行动，它必然涉及企业资源的重新配置。依据资源基础观（Wernerfelt，1984），正是关键资源基础与资源配置结构不同，导致了企业之间在市场绩效与竞争优势方面的差异。同理，企业只有在绿色创新方面采取实质性的行动，如在人、财、物等方面的持续投入，才会使企业资源配置方面有利于企业不断提升绿色创新绩效。因而，如果市场型环境规制可以为企业提供更多的资源和资金支持，那么企业可能会加大对绿色创新活动的投入并有利于绿色创新绩效的提升；如果市场型环境规制限制和挤出了企业的资源，那么企业可能会减少采取绿色创新方面的实质性行动而不利于企业绿色创新绩效的产生。

根据上述分析，当企业面对市场型环境规制时，只有当企业管理者在绿色创新认知方面形成明确的战略导向，在技能与知识培养方面具备持续有效的绿色创新方面的组织学习能力并且采取实质性的行动，才有可能实现变革性的绿色创新。为了更好地理解和剖析市场型环境规制对企业绿色创新的中介机理，本书将企业响应机制具象化为企业绿色导向（Green Orientation）的形成、绿色组织学习能力（Green Organization Learning Capability）的培养和绿色战略行动（Green Strategy Action）的实施，并简称为 OCA 中介机理模型。此外，由于企业绿色导向被认为是企业绿色创新的导路图（Aboelmaged & Hashem，2019），因此也有可能影响企业绿色组织学习能力和绿色战略行动。

本章将在第三节详细讨论企业是否通过自身对不同市场型环境规制政策的理解和判断而做出不同的回应；是否会基于自身资源和能力的考量而做出不同的回应；是否会真正采取行动来回应政府的环境规制；以及企业绿色导向的形成、绿色组织学习能力的培养和绿色战略行动的行动如何保证企业会获得良好的绿色创新绩效。

三、内外权变因素影响框架

本节将主要探讨企业内部特征和具有中国特色的外部情境如何影响市场型环境规制对企业绿色创新的作用机制。首先，考虑企业内部特征的影响可以在一定程度上回答下面的几个问题：当不同企业面对政府相同的绿色补助力度和排污费征收强度时，为什么会表现出不同的绿色创新水平？为什么某些企业比其他企业更有可能进行绿色创新，并且会有更好的绿色创新绩效？本书认为，企业之间绿色创新水平的差异有可能来源于企业固有资源的不同。基于资源基础观，企业所拥有的独特的资源和能力是企业获得可持续竞争优势的来源（Barney，1991）。并且，企业所拥有的资源不仅可以在选择最佳策略以应对外部需求方面提供了回旋余地（Sharfman 等，1988），还是企业知识创造和组织能力的关键决定因素。

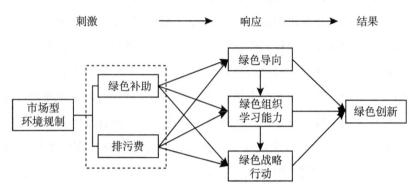

图 3-2 市场型环境规制影响企业绿色创新的中介机理模型

资料来源：作者绘图整理。

此外，由于企业进行绿色创新需要集合全部的相关资源以调整生产流程，因此企业绿色创新更容易受到企业固有资源的影响。考虑到企业所面临的财务约束、所拥有的冗余资源，以及企业规模和企业所有制都有可能影响企业的资源，因而本书将主要探讨企业这些内部特征会如何影响"环境规制-绿色创新"之间的关系。

其次，我国企业会面对一些独特性的外部情境，而这些独特的外部情境可能会影响市场型环境规制对企业绿色创新的作用机制。本书将着重探讨制度环境、直接规制和市场化水平的影响。第一，制度环境作为"管理经济政治活动的一系列基本的政治、社会和法律的基础规则"（赵晶和郭海，2014），既会为企业活动提供秩序，也会约束企业的行为。因此，制度环境的改变有可能会通过影响政府职能、社会价值观和法律规则进而影响企业的行为。并且，我国企业更需要平衡与政府之间的关系，也更容易受到政府体制和政策的影响（焦豪等，2021）。我国的新《中华人民共和国环境保护法》于2015年初正式实施。与原《中华人民共和国环境保护法》相比，新《中华人民共和国环境保护法》的实施强化了政府的监管职能，加大了地方政府环境治理的责任①，这一系列的改变象征着我国制度环境的改变。因此，本书将以新《中华人民共和国环境保护法》的正式实

————————

① 本文将在第四节详细叙述新《中华人民共和国环境保护法》与原《中华人民共和国环境保护法》的不同。

施来代表我国制度环境的改变以探究制度环境的改变如何影响"环境规制-绿色创新"之间的关系。第二，政府可以通过直接规制影响企业的行为决策。2005年，我国环境保护总局颁布《关于加强和改进环境统计工作的意见》（环发〔2005〕100号），并提出关于筛选重点污染企业的要求。各地环保部门在此基础上根据实际再确定一批重点监控企业。重点监控企业名单的确定一方面会约束企业的行为，另一方面也会影响企业利益相关者对企业的认知和看法。因此，本书将以重点污染企业的确定来代表我国直接规制的程度，并研究直接规制的程度如何影响"环境规制-绿色创新"之间的关系。第三，由于市场化水平表明了政府与市场的关系、非国有经济的发展、产品市场的发育程度、要素市场的发育程度和法律制度环境，而这些因素都会影响企业的创新活动。因此，本书也将探讨市场化水平会如何影响"环境规制-绿色创新"之间的关系。

根据上述分析，本书将内外权变因素影响框架绘制于图3-3中，并将在本章的第四节中详细讨论企业内部资源、特征（财务约束、冗余资源、企业规模和企业所有制）和外部情境（制度环境、直接规制和市场化水平）如何影响市场型环境规制对企业绿色创新的作用机制。

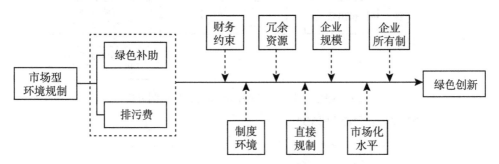

图3-3　影响市场型环境规制对企业绿色创新的内外权变因素框架

资料来源：作者绘图整理。

第二节　市场型环境规制对企业绿色创新的作用机制

本节将基于图3-1所展示的市场型环境规制影响对企业绿色创新的RSA作用

机制框架，首先分析绿色补助对企业绿色创新的作用机制，进而分析排污费对企业绿色创新的作用机制。

一、绿色补助对企业绿色创新的作用机制

本书认为政府对企业绿色补助强度的差异会对企业绿色创新产生不同的影响。一方面，政府绿色补助力度的增加为企业绿色创新带来正向的补偿效应（激励效应）。另一方面，政府绿色补助力度的增加会对企业绿色创新产生负向的挤出效应（替代效应）。图 3-4 为绿色补助对企业绿色创新补偿效应和挤出效应的影响框架图。

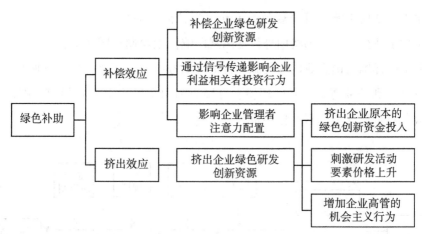

图 3-4　绿色补助对企业绿色创新的作用机制分析

资料来源：作者绘图整理。

（一）绿色补助的补偿效应

1. 绿色补助的资源配置作用机制

企业进行绿色创新活动时，不仅面对高风险，更面对高成本，企业需要在研发上投入大量资金和资源，包括购置新的设备、积累知识储备和培训技术人员（解学梅等，2020）。资源基础观也强调企业资源是其获得和保持可持续竞争力的主要来源（Barney，1991），因而企业从政府获得的绿色补助一方面可以直接缓解企业研发创新活动中面临的资金短缺、融资压力，降低企业绿色创新活动的研发成本，为企业进行绿色创新提供足够的资金保障（王刚刚等，2017；李青原和肖泽华，2020）。另一方面，绿色补助的获得还可以减少企业对绿色创新活动的不确定性的担忧，增加企业对绿色创新技术投资的信心，更有助于鼓励企业明确自己绿色研发的方向（陈玲和杨文辉，2016；郭玥，2018）。

2. 绿色补助的信号传递机制

由于企业绿色创新活动存在双重外部性、高风险和高投入等特征，因而企业需要大量的资金投入。当企业面临内部融资压力时，企业需从外部投资者处寻求资金支持。然而，企业与外部投资者或利益相关者之间存在的信息不对称，使得外部投资者或利益相关者难以甄别企业的绿色创新活动风险和回报率，增加了企业外部融资难度和压力（Berger 等，1998；彭江平等，2019）。此外，企业在争取外部融资时，一方面会为了避免绿色知识和技术泄密减少相关信息披露（Ueda 等，2010；王刚刚等，2017），另一方面会为了获取更多的融资而夸大甚至欺瞒绿色创新存在的高风险和不确定性（Teece，1986；郭玥，2018）。企业的这些隐瞒和夸大行为无疑增加了外部投资者或利益相关者甄别企业绿色创新项目投资风险和回报率的难度，使得外部投资者或利益相关者需要投入大量的时间和精力对企业的绿色创新活动进行监督和跟进。外部投资或利益相关者所面临的逆向选择和道德风险问题更增加了企业获得外部投资的难度。

而政府作为第三方主体通过无偿提供给企业绿色补助，可以通过传递给企业外部投资者或利益相关者反映企业绿色创新资源、能力和发展潜力的高识别度、高品质和高强度的积极信号[1]，减少了企业与外部投资者或利益相关者之间的信息不对称，增加了企业获得外部融资的机会。下文将具体分析为什么绿色补助会传递给企业外部利益相关者高识别度、高品质和高强度的积极信号。

首先，政府发放给企业绿色补助时会对企业绿色创新项目的资源、能力和发展前景等多个方面进行考察和评估（郭玥，2018）。此外，相比于外部投资者，

---

[1]　基于信号理论（Spence，1973），本文认为该信号传递模型中信号本身为绿色补助；信号发出者为企业获得的代表企业绿色创新能力和发展潜力的绿色补助；信号接收者为缺少相关信息的企业外部利益相关者。

政府获得的企业相关信息更加准确。因为企业出于自我保护的目的会向外部投资者或利益相关者隐瞒企业的绿色创新资源和能力，但是企业向政府披露相关绿色技术时不用担心其技术机密会遭到泄露（Ueda 等，2010）。综上，并不是所有的企业都可以获得政府的绿色补助，只有企业的绿色创新资源、能力和发展前景等符合政府绿色补助发放要求时，才会获得政府绿色补助资金的支持。由此可见，企业获得绿色补助会传递给外部投资者或利益相关者反映企业绿色创新能力的高识别度信号。

其次，政府在决定是否发放绿色补助前会对企业的绿色创新资源、能力和发展前景等进行综合、全面和科学严谨的评估，减少了外部投资者或利益相关者可能面临的逆向选择问题。并且，政府在发放绿色补助后会对企业的绿色创新活动进行跟踪、调研和监督，减少了外部投资者或利益相关者可能面临的道德风险问题（郭玥，2018）。此外，绿色补助可以视作政府对企业绿色技术能力和良好发展潜力的肯定和信用认证（Kleer，2010；申香华，2014；王刚刚等，2017）。因此，企业获得绿色补助会传递给外部投资者或利益相关者反映企业绿色创新能力和发展潜力的高品质的信号。

再次，与仅仅授予企业绿色补助不同，给予企业绿色补助金额的高低不仅会将获得补助的企业与其他竞争者区别开来，并且还会激活代表获得绿色补助企业绿色创新能力和发展潜力的强度信号（Bianchi 等，2019）。因为企业获得的绿色补助额度越高，越表明企业有充沛的绿色创新资源、扎实的绿色创新能力和良好的发展潜力，也越表明企业的绿色创新项目是优质且值得信任的（Meuleman & De Maeseneire，2012）。

综上，由于政府绿色补助会传递给外部投资者和利益相关者反映企业绿色创新资源、能力、发展潜力和信用的高识别度、高品质和高强度的积极信号，降低了外部投资者与企业之间的信息不对称程度，使企业更容易获得外部融资机会以及合作研发活动，有利于促进企业提升绿色创新绩效（李爱玲和王振山，2015；王班班等，2017；郭玥，2018；Bianchi 等，2019）。

3. 绿色补助的注意力配置作用机制

根据上述分析可以得出，企业获得额外的绿色补助资源，一方面缓解企业研发资金短缺的问题，降低企业的研发成本和风险；另一方面可以增加企业获得外部融资和科研合作的机会（李爱玲和王振山，2015；王班班等，2017；郭玥，2018；Bianchi 等，2019；李青原和肖泽华，2020）。对于这些企业来说，绿色补助的获得改变了企业管理者所面临的外部环境（面临的外部合作机会增加）和内部环境（面临的融资压力减小）。

Ocasio（1997）最早提出注意力基础观并指出公司行为就是管理者注意力配置的结果。并且，Ocasio（1997）强调企业管理者所处的内外部环境，以及管理者自身的认知水平和价值观如何影响企业的注意力配置。具体来说，企业外部环境（如市场环境、制度环境、政策环境等）和内部环境（如企业惯性、企业文化、组织结构等）都会影响企业注意力的焦点，而企业管理者的知识架构、认知水平和价值观都会影响管理者对企业内外部环境的感知和理解，进而影响其注意力焦点的变化（Ocasio，1997）。

因此，绿色补助的获得通过改变企业管理者所面临的外部环境（面临的外部合作机会增加）和内部环境（面临的融资压力减小）进而影响企业管理者的注意力焦点。具体来讲，当企业绿色创新项目面临财务约束时，管理者一方面有可能基于既定的惯例和已知的本地知识将注意力集中在投入低、风险低的可预测项目活动上（Eggers & Kaplan，2009；Guo，2011），另一方面有可能将注意力集中于寻找外部投资者和项目合作者。因而，当绿色补助逐渐缓解企业的融资压力和减少企业对绿色创新不确定的担忧时，企业管理者的注意力将会从关注可预测项目活动或企业融资问题转移到关注企业的绿色创新项目（Yi 等，2021），增加了企业绿色创新效率。这是因为企业管理者的接收和处理信息的时间和精力是有限的（Ocasio，1997），因而企业管理者将注意力集中在绿色创新活动时，就会减少对低风险活动或者融资活动的关注。此外，由于绿色补助的获得可能增加企业外部投资和合作研发机会，因而企业管理者为了获得外部投资者持续的信任以及合作研发者持续的合作，更会将注意力集中在企业的绿色创新项目活动。

但是，随着企业获得的绿色补助额度持续增加，企业绿色创新等研发活动会更加依赖于政府的补助和补助带来的额外收益（如外部投资和研发合作机会）。由于此时的企业不再面临财务约束，因而绿色补助额度的持续增加可能会"扭曲"企业管理者的注意力配置。首先，企业管理者的目标不再是如何提高企业绿色创新绩效和获得利益相关者的信任，而是如何不断地获得政府绿色补助的支持

（Rhee & Leonardi, 2018；Yi 等，2021）。Yi 等（2021）通过对企业管理者的采访，发现企业管理者在获得补助项目时首要考虑政府需求，以此获得未来更多的政府支持和补助。其次，企业管理者将注意力集中在满足和迎合政府绿色补助的需求上，如通过购买治污设备或末端治理来满足政府对重点污染源治理的要求（李青原和肖泽华，2020），也会限制其将注意力集中在与市场相关的创新研究。企业管理者对市场绿色创新动态关注的减少，不仅会影响企业自身的研发创新，也会影响其开拓绿色创新产品的市场。

（二）绿色补助的挤出效应

绿色补助的挤出效应主要体现在挤出了企业进行绿色研发创新活动的资源。首先，如果企业打算运用自有资金进行绿色创新活动，获得政府绿色补助的支持则很有可能被用来代替企业原有的绿色创新资金投入（解维敏等，2009；李万福等，2017）。此外，在获得绿色补助前，由于企业与外部投资者间存在各种信息不对称问题，因而企业获得研发投资的机会非常难得。因此，当企业获得绿色补助后，企业有可能会主要运用绿色补助资金进行绿色研发创新活动，减少使用已获得的相对高成本的外部融资资金（李万福等，2017），最终反而导致企业绿色创新绩效的降低。

其次，政府补助会刺激研发活动要素市场中需求的增加，进而刺激要素价格上升，间接导致企业创新成本增加。因而，当企业获得绿色补助资金时，企业一方面可能因为绿色创新的成本比获得绿色补助前高而减少绿色创新活动，一方面可能会将获得的部分绿色补助资金投入低风险的与环保相关的项目（李万福等，2017）。

再次，由于政府对发放的绿色补助缺乏有效的监督机制，企业高管有可能运用其权利对补助进行操纵，为企业和自己谋取私利（Roychowdhury, 2006；步丹璐和王晓艳，2014；王红建等，2014），进而挤出企业绿色创新的资金。如步丹璐和王晓艳（2014）通过对 A 股上市公司的研究发现，企业高管会首先利用政府补助伪造企业业绩，进而通过使用自定薪酬的权力独占企业业绩功劳来增加自己的基薪与绩效薪金。

但是，随着绿色补助力度的持续增加，绿色补助的挤出效应会随之快速增加。这是因为，企业获得绿色补助额度的增加更容易引发高管的徇私和机会主义行为，即高管更可能因为一己私利，利用自定薪酬的权力独占企业业绩功劳，增加自己的薪酬（步丹璐和王晓艳，2014），最后更多地挤出了企业进行绿色创新的资金，并抑制企业绿色创新绩效的提升。

尽管政府绿色补助力度的增加会给企业带来补偿效应和挤出效应，但是绿色补助带来的补偿效应远远大于挤出效应（解维敏等，2009；白俊红，2011；任曙明和吕镯，2014）。考虑到绿色补助对企业绿色创新产生的补偿效应和挤出效应都是潜在机制，因此为了更直观地了解绿色补助对企业绿色创新的净效应，本书将补偿效应、挤出效应和净效应之间的关系绘制如图 3-5 所示。从图 3-5 可以看出，绿色补助的正向补偿效应会随绿色补助金额增大而逐渐减小，而绿色补助的负向挤出效应会随补助金额增大而逐渐增大。绿色补助对企业绿色创新的净效应等于补偿效应减去挤出效应，净效应与绿色补助的力度呈现出倒 U 型分布。当政府的绿色补助力度小于某个特定值时，随着绿色补助力度的加大，补偿效应与挤出效应之间的净效应逐步增加，且净效应的增加程度呈递减趋势。当政府的绿色补助力度大于某个特定值时，随着绿色补助力度的加大，补偿效应与挤出效应之间的净效应逐步减少，且净效应的减少程度呈递增趋势。因此，根据上述分析，本书提出如下假设：

H1：绿色补助与企业绿色创新之间呈倒 U 型关系。

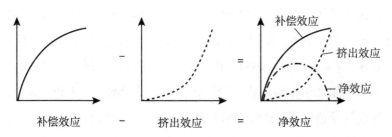

图 3-5　绿色补助对企业绿色创新的效应分析

资料来源：作者绘图整理。

二、排污费对企业绿色创新的作用机制

本书认为排污费的强度会对企业绿色创新产生不同的影响。一方面，排污费强度的增加为企业绿色创新带来负向的挤出效应。另一方面，排污费强度的增加为企业绿色创新带来正向的倒逼效应。图 3-6 为排污费对企业绿色创新挤出效应和倒逼效应的影响框架图。

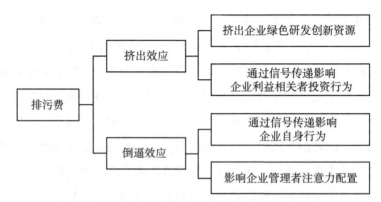

图 3-6　排污费对企业绿色创新的作用机制分析

资料来源：作者绘图整理。

（一）排污费的挤出效应

1. 排污费的资源配置作用机制

根据新古典经济学理论，对于追求利润最大化的企业来说，向企业收取排污费会增加企业的生产成本，降低企业的生产效率，并且会对企业的绿色创新资金产生挤出效应（Palmer 等，1995）。Palmer 等（1995）在其文章中展示了一个模型（详见第六章第二节）表明排污费征收会导致受管制的企业利润减少，无论企业是否选择进行绿色创新，排污费的收取都会减少企业的利润。并且，更严格的管制（如排污费率的增加）即使激励了企业研发技术的创新，也不一定会导致企业利润的增加（Palmer 等，1995）。此外，考虑到绿色创新的显著特征是双重外部性、高风险和高成本，因而当企业面对额外的排污费时，在短时间内更有可能选择缴纳排污费并放弃研发高风险和高成本的绿色技术（李青原和肖泽华，2020）。

2. 排污费的信号传递机制（对企业外部利益相关者）

相比于绿色补助，排污费的征收并不会给企业外部投资者或利益相关者传递反映企业绿色创新资源、能力和发展潜力的高识别度、高品质和高强度的积极信号，反而会传递给企业利益相关者反映企业环境治理不足的负面信号（Xu 等，2016）。并且，这些信号的识别度、品质和强度都较低。下文将详细阐述为什么排污费会传递给企业外部利益相关者低识别度、低品质和低强度的消极信号。

首先，排污费是只要企业向自然环境排污，企业就必须按污染物排放种类和数量缴纳排污费，这一点与绿色补助有显著的不同。因为只有企业绿色创新项目满足绿色补助发放要求以及企业绿色创新能力和发展潜力获得政府认可，企业才会获得绿色补助。因此，相比于绿色补助，企业是否缴纳排污费对于企业利益相关者来说可能是一个低识别度的消极信号。并且，企业利益相关者可能并不会关注企业是否在企业年报中公布自己缴纳的排污费金额。

其次，企业缴纳的排污费金额完全取决于其污染物种类和数量，政府只负责核定企业排污数量、种类，并确定排污者应当缴纳的排污费数额。这与政府参与发放绿色补助有着显著的不同。政府在决定是否发放绿色补助前会对企业的绿色创新资源、能力和发展前景等进行全面、科学、严谨的评估，在绿色补助发放后会进行跟踪、调研和监督。因此，相比于绿色补助，排污费的缴纳并不能反映企业的能力和发展潜力，对于企业利益相关者来说也是一个低品质的消极信号。

再次，由于排污费传递的信号识别度和品质都较低，因而排污费金额的变化也不会特别引起企业利益相关者的注意，金额越高的排污费可能只会传达给企业利益相关者反映企业环境治理不足的低强度信号。不像企业获得的绿色补助金额越高，越代表企业有良好的绿色创新能力和发展潜力。

综上，企业排污费的缴纳可能会传递给外部投资者和利益相关者反映企业环境治理不足的低识别度、低品质和低强度的消极信号，不仅不会降低外部投资者与企业之间的信息不对称程度，还有可能使企业获得外部融资机会以及合作研发活动减少，不利于促进企业提升绿色创新绩效（Xu 等，2016）。

（二）排污费的倒逼效应

1. 排污费的信号传递机制（对企业自身）

排污费的征收可能会让企业意识到其现有资源利用率和技术效率低下的问

题，进而促使企业改变生产流程、更换环保材料和减少资源浪费，这些行为的改变可以抵消排污费带来的成本压力（Porter & van der Linde，1995）。并且，排污费力度的加大也有可能减少企业为解决环境问题而进行的投资是否有价值的不确定性，为企业绿色创新指明方向，激励企业进行绿色工艺或产品创新，进而帮助企业获得新的市场份额和竞争优势（Hart，1995；Porter & van der Linde，1995）。

2. 排污费的注意力配置作用机制

首先，排污费的征收会让企业管理者感受到一种强制的力量（彭雪蓉和魏江，2015；于飞，2014），促使企业管理者反思企业自身工艺流程或产品生产中的污染问题（胡元林和杨雁坤，2015；Grossman & Helpman，2018），并将其注意力转移到如何通过改进技术流程和进行创新活动来减少排污，以获得合法性。

其次，排污费的征收可能会传递给企业利益相关者反映企业环境治理能力不足的消息信号（Xu 等，2016），导致企业所面临的绿色创新融资压力更大。由于企业内部环境如企业资源的改变会影响企业管理者注意力焦点的变化（Ocasio，1997），因而当排污费征收强度的改变促使企业融资压力变大时，企业管理者为了减少利益相关者对企业的负面预期，从利益相关者处获得支持和资源，会将注意力转移到被利益相关者认可的行动和战略，如进行绿色创新来提升企业的产品价值和核心竞争力（李青原和肖泽华，2020）。

尽管排污费征收力度的增加会给企业带来挤出效应和倒逼效应，但是一些实证研究发现排污费所引起的倒逼效应远远大于挤出效应（李婉红，2015；赵爱武等，2016；李青原和肖泽华，2020）。此外，与绿色补助对绿色创新的逐渐减缓的补偿效应和逐渐增强的挤出效应不同，本书认为排污费对绿色创新的挤出效应和倒逼效应都是线性的。挤出效应为线性是因为与绿色补助不同，排污费并不会引起企业高管的机会主义行为而挤出企业绿色创新的资源。倒逼效应为线性是因为与绿色补助不同，排污费缴纳额度的持续增加不会扭曲企业管理者注意力的配置。

为更好地理解排污费强度对企业绿色创新所产生的倒逼效应和挤出效应，本书将其关系绘制于图 3-7。从图 3-7 可以看出，倒逼效应和挤出效应都随着排污费的增加而增加，排污费对企业绿色创新的净效应等于倒逼效应减去挤出效应。净效应与排污费力度呈显著的正向相关。因此，根据上述分析，本书提出如下假设：

H2：排污费与企业绿色创新之间呈正向相关关系。

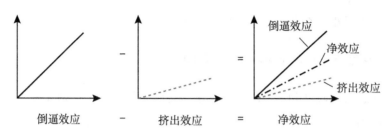

图 3-7　排污费对企业绿色创新的效应分析

资料来源：作者绘图整理。

第三节　市场型环境规制与企业绿色
创新之间的中介传导效应

本节将基于图 3-2 所展示的市场型环境规制影响企业绿色创新的 OCA 中介机理模型，逐步分析和探究企业绿色导向、绿色组织学习能力和绿色战略行动在绿色补助和排污费与企业绿色创新之间的中介作用。

一、企业绿色导向的中介效应

环保导向长期以来一直被视为环境管理研究的核心概念（Banerjee，2001；Chan 等，2012）。Banerjee（2001）坚持认为，环保导向是企业追求公司环保主义的关键因素之一。Banerjee（2001）通过对文献的梳理和总结，以及与企业高管的深入访谈，将环保导向定义为企业管理者认识到企业对环境影响的重要性，并且企业需要将其对环境的影响最小化。Banerjee（2001）进一步假设存在两种类型的环保导向，即内部环保导向和外部环保导向。内部环保导向指的是企业致力于环境保护的内部价值和道德标准；外部环保导向是指企业管理者对满足外部利益相关者环境需求的认识（Chan 等，2012）。孙剑等（2012）认为："环保导向使企业的传统经营哲学嵌入了社会可持续发展的思想，企业的经营理念也从传统的企业自利导向转变为环境责任导向（或利他导向）。"本书对企业绿色导向（Green orientation）的定义主要参照 Banerjee（2001）和孙剑等（2012），认为企业绿色导向是指企业以实现污染治理、恢复绿色生态和保持可持续发展为主要的经营理念，以最小化企业对生态环境的影响。

（一）绿色补助对企业绿色导向的影响

依据注意力基础观和信号理论，本书认为政府绿色补助会对企业的绿色导向产生双重作用。

1. 绿色补助力度的增加会促进企业绿色导向的增强

首先，政府给予企业绿色补助力度越大，越会向企业传递政府注重绿色治理和绿色创新的导向。政府的绿色导向是指政府在注重经济发展的同时也重视污染减排和绿色发展，并且将企业的环境绩效作为企业合法性和声誉的重要指标（彭雪蓉和魏江，2015）。因此，绿色补助通过传递给企业反映政府积极的绿色导向，会激励企业也形成良好的绿色导向与政府保持一致，进而提升企业的合法性和声誉。

其次，绿色补助可以影响企业管理者注意力的配置，促使企业管理者将注意力聚焦于形成企业良好的绿色导向。基于信号理论，绿色补助的获得通过向其他投资者和合作者传递反映企业绿色创新优势的高识别度、高品质和高强度的积极信号，增加了企业的融资渠道和合作渠道（Kleer，2010；郭玥，2018；Bianchi 等，2019；李青原和肖泽华，2020）。对于获得绿色补助的企业来说，绿色补助通过向利益相关者传递的积极信号降低了企业与利益相关者之间的信息不对称，给企业带来的"额外"收益不仅可以减少企业的融资压力，也可以增加企业的合作机会。由于绿色补助的获得改变了企业的外部环境和内部环境，企业管理者的注意力焦点也会随之转移。具体来说，在没有获得政府绿色补助之前，企业管理者的注意力焦点可能集中于投入低风险和低投入的可预测项目活动（Eggers & Kaplan，2009；Ren & Guo，2011）或者集中于寻找外部投资者或研发合作者。在获得政府绿色补助后，企业管理者面临的融资压力减少、研发合作机会增加，其注意力可能会聚焦于如何形成企业良好的绿色导向和树立重视环保的形象，以满足企业外部投资者和研发合作者对企业环保道德合法性的要求，进而获得与利益相关者更持久和更深入的合作（Chan 等，2012；徐建中等，2017；杨勇和吕克亭，2020）。

2. 绿色补助力度的持续增加会减少企业对绿色导向的关注

当政府给予的绿色补助远远大于企业可以从外部投资者处获得的资金支持时，企业会愈发依赖于政府的资金支持来完成其绿色创新项目。此时，企业管理者的注意力可能会再次转移，由原先的关注如何形成良好的绿色导向以满足利益相关者的要求，转变为关注如何迎合政府绿色补助发放的要求，因而减少了对企业自身绿色导向的关注。

因此，根据上述分析，本书提出以下假设：

H3a：绿色补助与企业绿色导向之间呈倒 U 型关系。

（二）排污费对企业绿色导向的影响

排污费征收对企业起到约束惩罚的作用，因而会驱使企业越来越注重形成良好的绿色导向。首先，排污费征收这一强制性的环境政策使企业感受到政府对污染减排、环境治理的重视（彭雪蓉和魏江，2015；于飞，2014）。企业为了维持和提升自身的合法性，会积极地树立绿色发展优先的绿色导向。

其次，排污费的征收可以促使企业管理者反思企业在污染减排、绿色发展方面存在的不足（Porter & van der Linde，1995；胡元林和杨雁坤，2015；Grossman & Helpman，2018）。因此，为了克服这些不足之处，企业管理者会将注意力集中到与环保、绿色相关的活动中，并引导企业积极地开展绿色创新活动以减少污染排放。

再次，企业发展绿色导向是为了满足利益相关者的期望（胡元林和杨雁坤，2015）。因为排污费会传递给利益相关者关于企业污染治理不足的消极信号，企业为了满足利益相关者对其环境治理的要求，会将绿色导向融入企业的经营理念。

最后，企业加大对绿色导向的关注可能是为了提升自身环境绩效，避免将来面对更为严格的排污费征收政策（Winter & May，2001）。因此，根据上述分析，本书提出以下假设：

H3b：排污费与企业绿色导向之间呈正向相关关系。

（三）企业绿色导向对绿色创新的影响

资源基础观表明，企业的核心竞争力源于企业内部的资源，并强调有价值的、稀缺的、不可模仿的和不可替代的资源和能力是企业获得可持续竞争优势的来源（Wernerfelt，1984；Barney，1991）。此外，企业资源的差异会导致企业活动和绩效的异质性（Hitt 等，2001）。资源不仅包括资产、能力、信息和知识，还包括企业文化（Barney，1991）。自然资源基础观作为基础资源观的扩展，由Hart（1995）提出。自然资源基础观认为在自然环境日益恶化的情况下保持可持续的竞争优势，企业需要运用自身资源和能力致力于污染防治、产品管理和可持续发展这三大战略的实施（Hart，1995）。根据自然资源基础观的观点，本书认为对于寻求实现环境目标的企业而言，企业绿色导向可以被视为企业至关重要的无形资源（Hart，1995；Chang，2011；Feng 等，2018；Aboelmaged & Hashem，2019），有利于企业进行绿色创新。

首先，企业绿色导向增强了企业对绿色工艺和产品的关注。企业绿色导向规范了公司的环境价值观念和环境行为规范（Banerjee，2001；Chan 等，2012），使企业能够将环保概念融入其整个生产活动中，进而增加了对绿色工艺和绿色产品创新的关注。

其次，企业明确的绿色导向有利于企业整合各种资源用于绿色技术的研发创新。如 Hojnik 和 Ruzzier（2016）发现具有环境道德的企业更愿意致力于发展生态友好型运营，为绿色创新提供足够的基础和保证。Aboelmaged 和 Hashem（2019）也发现越重视环境的企业往往会将更多的注意力、时间、精力和资源投入绿色创新活动中。

再次，企业绿色导向会指导企业加强与供应商和竞争对手的绿色合作（Yen & Yen，2012），使企业更好地学习和吸收与绿色创新相关的知识、技术和经验。

最后，企业明确的绿色导向使企业管理者可以坚定地进行绿色创新活动，提升绿色创新的效率。如 Papagiannakis 和 Lioukas（2012）发现企业对环境的重视可能会增强企业对环境问题的响应能力，从而提高了绿色创新的效率。

已有一些研究发现企业绿色导向对绿色创新有积极影响。如 Ram 等（2015）实证研究发现企业的可持续导向鼓励其产品和服务的升级以及环保友好型新产品的发展。Feng 等（2018）通过对中国 253 家制造企业的调查数据进行分层回归分析，发现企业内部环境导向和外部环境导向都会促进企业绿色创新。Aboelmaged 和 Hashem（2019）通过对埃及中小规模企业的调查问卷进行分析，发现可持续导向是企业采取绿色创新的决定因素，并且企业明确的可持续导向会影响企业的形象和价值观，并导致其可持续行动的变化，例如分配环境资源和实施绿色实践。其中企业的可持续导向被认为是一项战略活动，其基础是将环境愿景和资源结合在一起以实现污染治理、产品管理和环境认证等行动（Aboelmged & Hashem，2019）。因此，根据上述分析，本书提出以下假设：

H3c：企业绿色导向与绿色创新呈正向相关关系。

综上，政府绿色补助和排污费对企业的绿色导向有不同的双重影响，而企业对绿色导向的关注和重视又可以推进企业绿色创新绩效。因此，本书提出以下假设：

H3d：企业绿色导向在绿色补助与企业绿色创新之间起中介效应。

H3e：企业绿色导向在排污费与企业绿色创新之间起中介效应。

二、企业绿色组织学习能力的中介效应

组织学习，通常被定义为组织学习的过程（Goh & Richards，1997；Chiva 等，2007）。组织学习能力被视为促进组织学习的组织和管理特征（Goh & Richards，1997；Chiva 等，2007）。Chiva 等（2007）通过对文献的总结，发现了综合的测量企业组织学习能力的多维指标，主要包括实验（experimentation）、风险承担（risk taking）、与外部环境的联系（interaction with the external environment）、对话（dialogue）和员工决策参与（participative decision making），并认为这五个维度是企业组织学习过程的重要推动力。其中，实验包括尝试新的想法和事物；风险承担指的是从失败中学习的能力；与外部环境的联系指的是企业与外部环境所保持的联系；对话表示对日常实验过程中的进程和假设的询问；员工决策参与是指员工在决策过程中的影响力水平（Chiva 等，2007）。基于 Chiva 等（2007）的研究，Alegre 和 Chiva（2008）将组织学习能力理解为企业为实现竞争优势而拥有的一整套有形和无形资源或技能，并认为企业所拥有的这些资源和技能可以促进企业组织学习的进程。本书对企业绿色组织学习能力

（Green organizational learning capability）的定义主要参照 Chiva 等（2007）和 Alegre 以及 Chiva（2008），认为企业绿色组织学习能力主要是企业为实现绿色创新、环境绩效和可持续的竞争优势而拥有的多元化学习能力，包括实验能力、风险承担能力、交流沟通能力、外部学习能力等。

（一）绿色补助对企业绿色组织学习能力的影响

本书认为，政府绿色补助对企业绿色组织学习能力既会产生正向的激励作用，也会产生负向的抑制作用。

1. 绿色补助力度的增加会提升企业绿色组织学习能力

首先，绿色补助通过为企业提供充足的研发资金，降低企业的绿色创新成本，促进企业积极进行绿色研发活动（李青原和肖泽华，2020）。在绿色研发活动中，企业的研究团队可以不断地从探索、试错和实验过程中积累更多的相关知识，进而提升团队的学习能力（王宇，2013）。

其次，企业获得绿色补助表明企业的绿色科研项目通过了官方审核和肯定，无疑向企业利益相关者传递了反映企业绿色创新水平的高识别度、高品质和高强度的积极信号，提高了外部投资者对企业的信任程度和投资信心（Kleer，2010；李爱玲和王振山，2015；郭玥，2018）。企业因此也会获得更多的外部投资和研究合作机会（李爱玲和王振山，2015；郭玥，2018）。而获得更多的外部投资和合作机会会促进企业绿色组织学习能力的提升，一方面外部投资可以促进企业积极地进行绿色研发活动，进而使企业的研发团队可以从实验中不断地积累绿色知识和技术；另一方面与其他企业、高校或研发机构的合作，也可以增加企业科研团队从外部获取绿色知识、技术和经验的机会（Azagra-Caro 等，2006；Chiva 等，2007），丰富企业自身的绿色知识和技术，进而促进企业绿色组织学习能力的提升。

再次，注意力基础观认为当企业资源受到限制时，企业管理者会将注意力集中在风险较低的项目上（Eggers & Kaplan，2009；Ren & Guo，2011；Yi 等，2021）。因而，在企业未获得政府绿色补助时，企业管理者并不会关注投入高且风险大的绿色研发项目。但是，当企业获得政府绿色补助资金和额外的外部投资资金时，企业管理者对绿色创新风险的担忧减少，进而会将注意力集中于绿色研发项目（Yi 等，2021）。企业管理者对于绿色研发项目的关注会促进企业科研团队的实验和研发频率和效率的增加。企业因而可以从实验和研发活动中积累相关的知识、技术和经验，进而提升企业自身的绿色组织学习能力。

但是，随着绿色补助力度的持续增加，绿色补助对企业学习能力的激励作用会随之缓慢减小。因为当企业获得的绿色补助越多，企业会更加依赖政府的补助资金和额外收益。为了能继续获得政府的补助资金，企业管理者会将注意力转移至如何满足政府需求，并减少对企业绿色研发活动的关注（Rhee & Leonardi，2018；Yi 等，2021）。企业管理者对绿色研发活动关注的减少使得企业进行绿色研发和实验的频率可能会大大减少，企业研发团队因而也难以从绿色研发活动中积累知识、技术和经验，致使企业绿色组织学习能力的提升速度变缓。

2. 政府绿色补助力度的增加会降低企业的绿色组织学习能力

首先，绿色补助通过刺激要素市场价格的提升，间接增加企业绿色创新成本，进而抑制企业进行绿色研发活动（解维敏等，2009；杨佳，2016；李万福等，2017）。而绿色研发活动的缺乏使得企业科研团队难以从实验和探索过程中积累和总结经验教训，进而降低了企业的绿色组织学习能力。

其次，由于政府对绿色补助缺乏有效的监督机制，绿色补助程度的增加也有可能增加企业高管的机会主义行为，进一步地挤占了企业进行绿色研发活动的资源，降低了企业研发活动的频率和效率。并且，绿色补助力度越大，越有可能引发企业管理者的投机行为（步丹璐和王晓艳，2014），进而成倍地挤出企业绿色研发活动的资源、加速抑制企业进行研发活动，最终抑制企业绿色学习能力的提升。

因此，根据上述分析，本书提出以下假设：

H4a：绿色补助与企业绿色组织学习能力之间呈倒 U 型关系。

（二）排污费对企业绿色组织学习能力的影响

本书认为排污费征收的强度会对企业绿色组织学习能力的形成和发展产生不同的影响。

1. 排污费强度的增加会抑制企业绿色组织学习能力的提升

首先，排污费强度的增加会挤出企业绿色研发创新资金，降低企业研发团队进行研发实验的频率和效率。企业研发团队因而难以从实验中不断地积累和总结经验，致使企业绿色组织学习能力难以提升。

其次，由于排污费可能会传递给外部利益相关者反映企业环境治理能力不足的消极信号，因而可能会减少企业获得外部投资和研发合作的机会（Xu 等，2016）。融资压力的增加和合作项目的减少都会减少企业自身积累绿色知识、技术和经验的机会，进而抑制企业绿色组织学习能力的提升。

2. 排污费强度的增加会激励企业绿色组织学习能力的提升

排污费征收会促使企业管理者反思企业自身环境治理能力的不足（胡元林和杨雁坤，2015；Grossman & Helpman，2018），企业会通过调整自身的绿色组织学习能力以适应排污费强度的变化。因为企业自身绿色组织学习能力的提升可以促进企业绿色工艺和产品创新绩效的提升，进而降低企业的排污量和需要缴纳的排污费金额（Porter & van der Linde，1995）。并且，当排污费缴纳的金额远远超过企业通过提升绿色组织学习能力进行绿色创新的金额时，企业管理者会更加重视企业排污问题并努力提升企业绿色组织学习能力。此外，本书认为排污费对企业绿色组织学习能力的激励作用大于其抑制作用，因而提出以下假设：

H4b：排污费与企业绿色组织学习能力之间呈正向相关关系。

（三）企业绿色组织学习能力对绿色创新的影响

本书认为绿色组织学习能力作为促进企业组织学习的主要因素，会对企业的绿色创新产生积极的影响。

首先，企业良好的绿色组织学习能力，如实验能力和风险承担能力，为企业进行绿色创新提供了基础（Alegre & Chiva，2008；陈力田等，2012；曹洪军和陈泽文，2017）。实验是公司进行创新的基本学习机制，因而企业实验能力的增强会促进企业创新成果的转化。企业风险承担能力也会促使企业敢于创新，并且从失败的实验中总结经验教训（Alegre & Chiva，2008）。

其次，企业良好的绿色组织学习能力，如组织与外部环境的联系，有助于企业从与大学、研发机构和同盟企业的合作中获取绿色知识、技术和经验，进而提升企业自身的绿色创新绩效（Azagra-Caro 等，2006；Alegre & Chiva，2008）。并且，企业与外部环境的紧密联系有助于企业了解和掌握同盟及竞争对手的行为。企业通过总结和吸取同盟及竞争对手成功或失败的经验，来增强企业自身的知识、技术和经验储备，进而增加企业自身绿色创新的成功概率。

再次，企业良好的绿色组织学习能力，如鼓励企业团队间积极地交流新的思想，有助于激发新的想法，进而促进企业的绿色创新成果的转化。企业绿色组织学习能力的提高可以促进企业对已有知识和技能进行不断地吸收、改进和应用，进而在将知识和技能转化为创新产出的同时又提升了企业的学习能力。因此，本书提出以下假设：

H4c：企业绿色组织学习能力与绿色创新之间呈正向相关关系。

综上所述，政府绿色补助和排污费对企业的绿色组织学习能力有双重影响，而企业良好的绿色组织学习能力又可以促进企业绿色创新绩效的提升。因此，本书提出以下假设：

H4d：企业绿色组织学习能力在绿色补助与企业绿色创新之间起中介效应。

H4e：企业绿色组织学习能力在排污费与企业绿色创新之间起中介效应。

（四）企业绿色导向对绿色组织学习能力的影响

企业明确的绿色导向会影响企业的文化和价值观（Aboelmaged & Hashem，2019；戴万亮和路文玲，2020），进而会通过影响企业的学习氛围和社会责任感来影响企业的绿色组织学习能力。

首先，在企业绿色导向的指引下，企业会形成一种绿色的企业文化。当企业绿色文化深入到企业各个部门和领域，企业内部会营造出良好的绿色学习氛围，进而促进企业的绿色组织学习能力的提高（戴万亮和路文玲，2020）。

其次，企业绿色导向越明确，越具有进行污染治理、技术更新和绿色创新的责任感，因而也愿意整合企业的知识、资源和技术用于提升企业的绿色组织学习能力。一方面，企业会积极地整合内部知识，突破企业自身原有的技术边界，逐渐将实验研发重心转移到污染治理、环保节能等方向，进而提高企业的绿色组织学习能力（于飞等，2019；戴万亮和路文玲，2020）。另一方面，企业会尝试跨界搜寻与绿色环保相关的知识和技术，并与自身已有的知识和技术进行耦合，丰富企业自身的环保知识体系，最终提高自身的绿色组织学习能力（Chiva 等，

2007；于飞等，2019；戴万亮和路文玲，2020）。

再次，企业绿色导向会增强企业员工对环境保护的使命感和荣誉感，提高员工对绿色创新活动时间和精力的投入（杨勇和吕克亭，2020），进而提高企业整体的绿色学习能力。因此，根据上述分析，本书提出以下假设：

H4f：企业绿色导向与绿色组织学习能力之间呈正向相关关系。

由于企业绿色导向可以促进企业绿色组织学习能力的提升，而企业良好的绿色组织学习能力又可以促进企业绿色创新绩效的提升。因此，本书提出以下假设：

H4g：企业绿色组织学习能力在绿色导向与绿色创新之间起中介效应。

三、企业绿色战略行动的中介效应

企业绿色战略行动（Green Strategy Action）是指企业为实现污染治理、改善生态环境和提高环境绩效而做出的一系列资源投入（李冬伟，2016；杨勇和吕克亭，2020）。企业做出绿色战略行动如加大环保投资以实现污染治理，不仅难以给企业带来直接的经济收益，还需要企业投入大量的资金，企业因而缺乏做出绿色战略行动的意愿。因此，如果没有环境规制政策的激励，企业自身，尤其是排污企业，不会主动自愿地做出绿色战略行动。

（一）绿色补助对企业绿色战略行动的影响

本书认为，政府绿色补助对企业绿色战略行动的影响主要包括激励作用和抑制作用。

1. 政府绿色补助力度的增加会促进企业做出绿色战略行动

首先，政府绿色补助通过降低企业绿色技术或产品研发的成本和风险，激励企业加大绿色战略行动，如加大环保投资和绿色研发投入以提高企业的绿色创新绩效。

其次，政府的绿色补助起到反映企业绿色创新能力和发展潜力的信号作用，有助于企业从外部利益相关者处获得投资和合作项目（Kleer，2010；李爱玲和王振山，2015；郭玥，2018；Bianchi等，2019）。外部投资的增加以及合作机会的增加都会减少企业绿色研发的成本和不确定性，进而激励企业做出绿色战略行动。

再次，绿色补助的获得减少了企业融资压力，并增加了企业外部投资和合作研发机会，使得企业管理者可以将注意力转移至绿色研发项目中。注意力基础观认为，企业管理者注意力的配置会显著影响企业的行为（于飞等，2021），因而当企业管理者高度重视与环保相关的研发活动时，企业会积极地做出绿色战略行动。

但是，随着绿色补助力度的持续增加，绿色补助对企业绿色战略行动的激励作用会随之缓慢减小。根据资源依赖理论，当企业获得的绿色补助越来越多，企业会更加依赖从政府手中获得研发资金。因此，企业管理者会将注意力转移到如何满足政府需求，以获得持续的补助支持，也就减少了对绿色研发活动的关注（Rhee & Leonardi，2018；Yi 等，2021）。企业管理者对绿色研发活动关注的减少也使得绿色补助对企业绿色战略行动激励效应的减少。

2. 政府绿色补助力度的增加会抑制企业做出绿色战略行动

首先，企业获得绿色补助后可能会挤出企业原本为进行绿色战略行动而投入的资金和资源。

其次，由于政府与企业间信息的不对称，企业高管有可能通过操纵绿色补助为企业和自己谋取私利，从而挤出了企业绿色战略行动的资金和资源（Roychowdhury，2006；步丹璐和王晓艳，2014）。并且绿色补助金额的增加可能引发高管的机会主义行为，进而加倍地挤出了企业绿色战略行动的资金，抑制了企业做出绿色战略行动。因此，根据上述分析，本书提出以下假设：

H5a：绿色补助与企业绿色战略行动之间呈倒 U 型关系。

（二）排污费对企业绿色战略行动的影响

本书认为，排污费征收强度的增加一方面会抑制企业做出绿色战略行动，另一方面会倒逼企业做出绿色战略行动。

（1）排污费强度的增加会抑制企业做出绿色战略行动

首先，对于重污染企业来说，企业需要投入大量的资金和资源进行污染减排以达到政府规定的排污量，如购买排污设备、更新改造生产流程和工艺、研发创新绿色技术等等（Porter & van der Linde，1995；Arouri 等，2012）。企业绿色战略行动的资金投入可能远远大于企业需要缴纳的排污费。因而，对企业排污费的征收可能会抑制企业做出绿色战略行动。

其次，企业排污费的缴纳可能会传递给外部利益相关者反映企业环境治理不足的消极信号，进而减少了企业的外部融资机会。企业面临的融资压力增大，可能更加抑制企业做出绿色战略行动。

（2）排污费强度的增加会倒逼企业做出绿色战略行动

首先，企业为了减少向政府缴纳的环境罚款或者环境保护税费，积极地开展企业绿色战略行动，如加大绿色战略行动、进行污染治理、设备更新、改变生产流程，甚至进行绿色产品研发（Porter & van der Linde，1995）。

其次，由于排污费的征收会传递给利益相关者关于企业对环境问题关注和治理不足的信号（Xu 等，2016），企业管理者为了减少利益相关者对企业的负面预期，会积极地做出绿色战略行动，以获得利益相关者的认可并从利益相关者处获得支持和资源。此外，本书认为排污费对企业绿色战略行动的倒逼效应大于其抑制效应，因而提出以下假设：

H5b：排污费与企业绿色战略行动之间呈正向相关关系。

（三）企业绿色战略行动对绿色创新的影响

本书认为，企业越积极地做出绿色战略行动，越有可能获得绿色创新成果。首先，企业积极开展污染治理的活动、加大对环保项目的投资，会为企业绿色创新提供知识、技术和资金基础，有利于企业绿色创新的成功（杨勇和吕克亭，2020）。

其次，企业积极地做出绿色战略行动会给企业树立良好的社会形象，有助于获得利益相关者的信任和更多的合作交流机会（Liu 等，2017）。与利益相关者的合作交流有助于企业获得更多的资金、知识、技术和经验等资源，企业进而可以通过对外部资源和信息的吸收、转化和利用，提升自身的绿色创新绩效（杨勇和吕克亭，2020）。因此，根据上述分析，本书提出以下假设：

H5c：企业绿色战略行动与绿色创新之间呈正向相关关系。

综上所述，政府绿色补助和排污费对企业的绿色战略行动有着不同的双重影响，而企业积极地开展绿色战略行动有助于促进企业绿色创新绩效的提升。因此，本书提出以下假设：

H5d：企业绿色战略行动在绿色补助与绿色创新之间起中介效应。

H5e：企业绿色战略行动在排污费与企业绿色创新之间起中介效应。

（四）企业绿色组织学习能力对绿色战略行动的影响

本书认为企业绿色组织学习能力的提升也能促进企业做出绿色战略行动。企业良好的绿色组织学习能力，如企业从频繁的实验中积累经验，从失败中汲取教训，从团队商讨中获取新的想法，从合作项目中获取新的知识和技术，以及从竞争对手处获得成功或失败的经验（Alegre & Chiva，2008；陈力田等，2012；曹洪军和陈泽文，2017），都为企业做出绿色战略行动提供了丰富的知识、技术和经验基础。因此，本书提出以下假设：

H5f：企业绿色组织学习能力与绿色战略行动之间呈正向相关关系。

由于企业绿色组织学习能力可以促进企业进行绿色战略行动，而企业进行绿色战略行动也可以促进企业绿色创新绩效的提升。因此，本书提出以下假设：

H5g：企业绿色战略行动在绿色组织学习能力与绿色创新之间起中介效应。

第四节 市场型环境规制与企业绿色 创新之间的权变因素影响

一、财务约束的影响

财务约束是指企业财务状况受到约束，无法满足企业日常生产、研发、营销等活动的资金需求（Lamont 等，2001；方明月，2014）。由于企业绿色创新具有双重外部性、高投入和高风险等特征，因而企业更需要足够的资金来支持其持续进行绿色创新研发活动。考虑到财务资源是企业进行绿色创新活动的关键杠杆（解学梅等，2020），因而企业受到财务资源的约束可能会影响绿色补助对企业绿色创新的影响。

（一）财务约束对绿色补助和绿色创新之间关系的影响

本书认为，企业面临财务约束程度的高低一方面会影响绿色补助的补偿效应，另一方面会影响绿色补助的挤出效应。

1. 财务约束影响绿色补助的补偿效应

首先，财务约束可能会影响绿色补助对企业管理者注意力的配置，降低绿色补助的补偿效应。注意力基础观中强调企业管理者对于问题的看法取决于他们所处的环境（Ocasio，1997）。因此，如果企业面临较为严重的财务约束情况，企业管理者迫于企业生存的压力可能会把有限的注意力集中在如何提升和改善企业的财务绩效和生存状况，而不会专注于高风险高投入的绿色创新活动（汪涛等，2020）。即使这些企业获得绿色补助的支持以及获得企业利益相关者的外部投资资金，企业管理者也会为了企业的生存而首先将注意力聚焦在风险低、回报周期短的其他与绿色环保相关的项目，而不是专注于需要企业投入大量资源进行变革的绿色创新。

其次，财务约束可能会影响绿色补助对企业资源的配置，削弱绿色补助的补偿效应。这是因为企业需要财务资源来支持诸如实验、构思、选择、客户调查、与供应商和技术合作伙伴的合作以及原型测试等活动，如果企业有足够的财务资源，则团队获得绿色补助后有更充足的资金购买设备等来实现其创新的目标（Hoegl 等，2008）。但是，如果企业面对较高的财务约束程度，企业在获得绿色补助后仍可能会选择进行其他低风险低投入的活动，并且不会随意将企业资金用于购买研发设备。Gibson 等（2000）发现企业研发团队所受财务约束程度更高时，团队更有可能将自身的低研发绩效归咎于财务约束。可能是因为这些研发团队在面对财务约束时就认为该项目在很大程度上是注定要失败的（Gibson 等，2000）。因此根据上述分析，本书认为所受财务约束程度较高的企业，绿色补助对其补偿效应较低。

2. 财务约束影响绿色补助的挤出效应

财务约束可能会影响绿色补助对企业资源的挤占，缓解绿色补助的挤出效应。由于政府与企业之间存在的信息不对称，政府对发放的绿色补助缺乏有效的监督机制，企业高管有可能利用自定薪酬的权利为自己谋取私利（步丹璐和王晓艳，2014）。但是当企业受财务约束程度较高时，企业高管利用其权利将绿色补助为自己谋取私利的可能性较低，此时企业高管更在意的是企业的生存和发展，而不是短暂地谋求一己私利。因此，高管机会主义概率的减少会降低对企业绿色补助资金的挤占。

为了更好地了解财务约束如何调节绿色补助与企业绿色创新之间潜在的补偿效应和挤出效应，本书绘制了图 3-8。根据图 3-8，可以观测到在高财务约束的情况下，绿色补助的补偿效应和挤出效应都相对较低，并且绿色补助和企业绿色创新之间的倒 U 型关系（净效应）更加平缓以及倒 U 型的转折点向右侧移动。综上，本书提出以下假设：

H6a：财务约束缓和了绿色补助和企业绿色创新的倒 U 型关系。

H6b：财务约束使绿色补助和企业绿色创新的倒 U 型关系的转折点向右偏移。

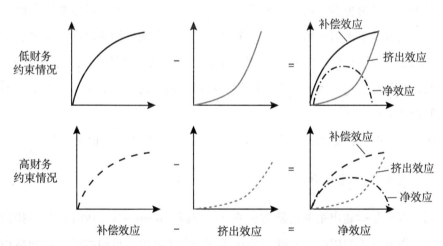

图 3-8　财务约束对绿色补助与企业绿色创新关系的调节作用

资料来源：作者绘图整理。

（二）财务约束对排污费和绿色创新之间关系的影响

本书认为，企业面临财务约束程度的高低一方面会影响排污费的挤出效应，另一方面会影响绿色补助的倒逼效应。具体来讲，一方面，财务约束会影响排污费对企业绿色创新的资源配置，加强排污费的挤出效应。当企业所受的财务约束程度较高时，排污费的征收无疑是"雪上加霜"。此时，企业迫于生存压力根本无法对变革性的绿色创新活动进行投资，企业更愿意投资低风险、回报周期短的项目以此来提升企业的财务绩效。因此，当企业面临高财务约束时，排污费的征收只会更多地挤出企业原本可能进行绿色创新活动的资金。

另一方面，财务约束会影响排污费对企业绿色创新的注意力焦点，降低排污费的倒逼效应。如上文所述，企业管理者注意力的焦点会根据所处的内在和外在环境而改变（Ocasio，1997）。因此，面临高财务约束的企业管理者迫于企业生存的压力，可能会把有限的注意力集中在如何提升和改善企业的财务绩效和生存状况，而不会专注于进行变革性且回报周期长的绿色创新活动而耗费企业大量资源（汪涛等，2020）。此外，即使企业高管意识到排污费所传递给企业利益相关者的消极信号可能会影响企业的绿色形象，但也没有足够的动机进行绿色创新活动，对于面临高财务约束的企业来说，保障企业生存才是当下最重要的事情。

为了更好地了解财务约束如何调节排污费与企业绿色创新之间的关系，本书绘制了图 3-9。根据图 3-9，可以观测到在高财务约束的情况下，排污费的倒逼效应较低，但是挤出效应较高，因而排污费对绿色创新的净效应更小。综上，本书提出假设 2：

H6c：财务约束负向调节了排污费和企业绿色创新的正向相关关系。

二、冗余资源的影响

冗余资源是指超出企业最低需求的资源存积。Bourgeois（1981）最早指出和强调冗余资源对于组织的重要性，他认为冗余资源可以使组织能够快速地适应外部环境变化，并根据其冗余资源的储备发起针对外部环境的战略改变。考虑到企业进行变革性的绿色创新活动需要大量的资源储备，而冗余资源可以供企业自由使用，因而在面对环境规制变化时，有助于企业进行快速的响应。因此企业冗余资源可能会影响绿色补助和排污费与企业绿色创新之间的关系。本书将首先探讨冗余资源对绿色补助和绿色创新之间关系的影响，然后探讨冗余资源对排污费和绿色创新之间的影响。

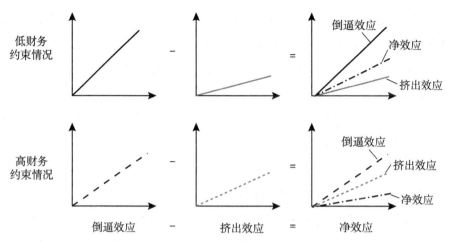

图 3-9　财务约束对排污费与企业绿色创新关系的调节作用

资料来源：作者绘图整理。

（一）冗余资源对绿色补助和绿色创新之间关系的影响

本书认为，企业拥有冗余资源的丰富程度一方面会影响绿色补助的补偿效应，另一方面会影响绿色补助的挤出效应。

1. 冗余资源影响绿色补助的补偿效应

首先，冗余资源可能会影响绿色补助对企业管理者注意力的配置，提高绿色补助的补偿效应。Ocasio（1997）在注意力基础观中强调，企业资源可以通过影响企业管理者的备选方案进而影响企业管理者的注意力和战略决策。因而，代表企业额外资源的冗余资源有可能改变企业管理者的注意力（Chen & Miller，2007）。缺乏冗余资源的企业，企业管理者更倾向于关注短期目标和经济目标（George，2005）；而拥有大量冗余资源的企业，企业管理者更关注除了经济目标之外的其他目标，如探索性活动和长期目标（Stevens 等，2014）。因此，拥有高冗余资源的企业在获得绿色补助资金后，企业管理者更倾向于将注意力集中在绿色研发创新活动中。

其次，冗余资源可能会影响绿色补助对企业资源的配置，增强绿色补助的补偿效应。根据组织理论，在企业面对研发创新资金和资源短缺时，冗余资源可供企业相对自由地使用并充当企业的"资源缓冲池"（Tan & Peng，2003；苏昕和刘昊龙，2018）。除此之外，冗余资源还可以充当企业的"风险缓冲剂"，因为企业丰富的未吸收冗余资源使企业拥有更多的机会对绿色创新进行探索和实验，减少企业对创新项目风险性的担心（Berrone 等，2013；Dan & Geiger，2015；江旭和沈奥，2018）。因此，拥有丰富冗余资源的企业获得绿色补助资金，为企业进行绿色研发创新活动提供了充沛的资源和充足的资金，更有利于企业绿色创新绩效的提升。

2. 冗余资源影响绿色补助的挤出效应

冗余资源可能会影响绿色补助对企业资源的挤占，强化绿色补助的挤出效应。根据代理理论，企业高管可能会利用企业充沛的冗余资源谋取私利（Geiger & Cashen，2002）。因此，获得绿色补助且拥有丰富冗余资源的企业，企业高管徇私行为概率的增加会加倍地挤出企业绿色创新资源，进而抑制企业绿色创新绩效的提升。

同样地，本书绘制了图 3-10 以更好地了解冗余资源如何影响绿色补助与企业绿色创新之间潜在的补偿效应和挤出效应。根据图 3-10，可以看出企业在拥有丰富的冗余资源的情况下，绿色补助的补偿效应和挤出效应都相对较高；绿色补助与企业绿色创新之间的倒 U 型关系（净效应）更加陡峭，且倒 U 型的转折点向左侧偏移。根据上述分析，本书提出假设以下假设：

H7a：冗余资源强化了绿色补助和企业绿色创新的倒 U 型关系。

H7b：冗余资源使绿色补助和企业绿色创新的倒 U 型关系的转折点向左偏移。

（二）冗余资源对排污费和绿色创新之间关系的影响

本书认为，企业拥有冗余资源的丰富程度一方面会影响排污费的挤出效应，另一方面会影响排污费的倒逼效应。具体来讲，一方面，冗余资源会影响排污费对企业绿色创新的资源配置，加强排污费的挤出效应。根据代理理论，拥有冗余资源更充沛的企业，高管更有可能通过冗余资源来谋取私利（Geiger & Cashen，2002）。因而，排污费的征收和企业高管的机会主义会共同挤出企业原本的绿色

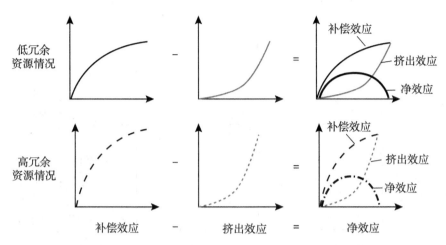

图 3-10 冗余资源对绿色补助与企业绿色创新关系的调节作用

资料来源：作者绘图整理。

创新资金，抑制企业绿色创新绩效的提升。

另一方面，冗余资源会影响排污费对企业绿色创新的注意力焦点，加强排污费的倒逼效应。首先，拥有丰富冗余资源的企业，可以灵活地利用和组合冗余资源，不断地对绿色创新活动进行尝试和试验，进而增加企业绿色创新的成功率，同时减少企业对绿色创新风险的担忧（Tan & Peng，2003；Berrone 等，2013；Dan & Geiger，2015；江旭和沈奥，2018；苏昕和刘昊龙，2018）。其次，企业拥有的冗余资源越多，企业管理者越有可能将注意力集中于探索性的创新活动（Stevens 等，2014）。因此，排污费征收在促使企业管理者反思企业自身工艺流程或产品生产中的污染问题时，拥有更多冗余资源的企业管理者更倾向于将注意力集中在绿色研发创新活动中。

为了更好地了解冗余资源如何调节排污费对企业绿色创新的净效应，本书绘制了图 3-11。根据图 3-11，可以观测到在企业拥有丰富的冗余资源的情况下，排污费对企业绿色创新的倒逼效应和挤出效应都更大。由于无法判断当企业拥有更多冗余资源时，倒逼效应和挤出效应哪个效应的增长更大，因而本书提出以下假设：

H7c：冗余资源正向调节了排污费和企业绿色创新的正向相关关系。

H7d：冗余资源负向调节了排污费和企业绿色创新的正向相关关系。

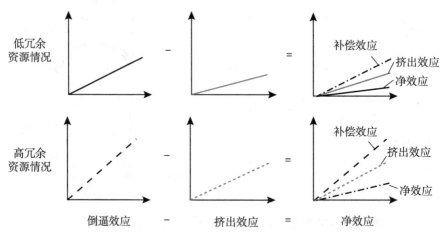

图 3-11　冗余资源对排污费与企业绿色创新关系的调节作用

资料来源：作者绘图整理。

三、企业规模的影响

不同规模的企业所拥有的资源能力都不同，因而也可能影响企业的绿色创新行为。本书认为相比于中小规模企业，绿色补助对大规模企业绿色创新的补偿效应更高。首先，规模更大的企业具有更复杂、更多样化的资源和能力，以及更多的专业人员和更丰富的技术知识，因而这些企业的绿色创新效率更高（Damanpour & Evan，1984；Nord & Tucker，1987；Noori 等，2017）。其次，大规模的企业更有能力承担创新的风险和创新失败带来的损失（Noori 等，2017）。再次，由于绿色创新需要企业投入大量的财务和人力资源，因而大企业有更多的机会和能力去持续地投入绿色创新活动。如 Bowen（2000）通过文献述评，发现大部分的研究结果都显示企业规模与环境绩效是正向相关。Chen（2008）发现台湾大规模企业的绿色核心能力和绿色创新绩效都超过中小规模企业。Tang 等（2020）发现企业规模对绿色创新有积极影响，一是因为大规模企业具有规模效应，大规模企业可以比小型企业获得更高的创新回报，二是因为大规模企业通常具有更稳定的财务状况和更牢固的资本基础。为了更直观地了解企业规模对于绿色补助和企业绿色创新关系的影响，本书绘制了图 3-12。根据图 3-12，可以观测到相比于大规模企业，中小规模企业绿色补助的补偿效应相对较低，而挤出效应不变。因而，大规模企业相比于中小规模企业，绿色补助与企业绿色创新之间的倒 U 型关系在上升阶段会更加陡峭，并且倒 U 型的转折点向右侧偏移。综上，本书提出以下假设：

H8a：大规模企业相比于中小规模企业，政府绿色补助和企业绿色创新的倒U 型关系在上升阶段会更加陡峭。

H8b：大规模企业相比于中小规模企业，政府绿色补助和企业绿色创新的倒U 型关系的转折点向右偏移。

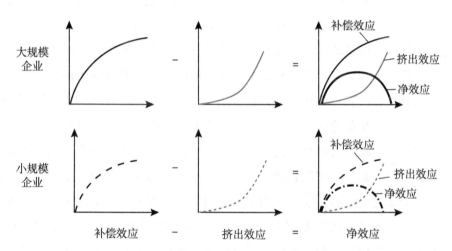

图 3-12　企业规模对绿色补助与企业绿色创新关系的影响

资料来源：作者绘图整理。

此外，本书认为相比于中小规模企业，排污费对大规模企业绿色创新的倒逼效应更强。首先，大规模企业比中小规模企业拥有更多的资本优势，可以支持高素质人才、实验设备和进口材料等资源，因而这些企业的绿色创新效率更高（Damanpour & Evan，1984；Nord & Tucker，1987；Noori 等，2017；Ouyang等，2020）。其次，大规模企业的研发资金往往更为雄厚，因而更有能力承担绿色创新的高风险（Chen，2008；Tang 等，2020）。根据上述分析，本书提出以下假设：

H8c：与中小规模企业相比，排污费对大规模企业绿色创新的影响更加显著。

四、企业所有制的影响

企业所有权属性对企业的资源配置、治理结构等方面都有影响，而这些因素也会影响企业的创新行为。本书认为相比于非国有企业，绿色补助对国有企业的补偿效应更高，而挤出效应更低。一方面，相比于非国有企业，绿色补助对国有企业的补偿效应更高。首先，国有企业拥有更高层次的人才、更加先进的研究平台、更充沛的研发资金、更高的市场地位和更强大的市场影响力（Bai 等，2019；Ouyang 等，2020），因而企业的绿色创新效率会更高。其次，在国内，通常会通过政治程序选拔国有企业的高层管理人员，因而国有企业的高管为实现政府设定的绿色目标并确保其晋升，会注意平衡公司的财务和环境绩效，并且会特别关注资源的有效利用和环境保护，如通过绿色创新来改善企业环境绩效（Bai 等，2019；徐业坤，2019）。另一方面，相比于非国有企业，绿色补助对国有企业的挤出效应较低。由于国有企业拥有更严格和更规范的资本使用制度，与政府之间存在更多的关联且信息不对称程度较低，因而国有企业管理者为企业和自身谋取私利的可能性也更低。同样地，为了了解企业所有权属性对于绿色补助和企业绿色创新关系的影响，本书绘制了图 3-13。根据图 3-13，可以观测到相比于非国有企业，国有企业绿色补助的补偿效应相对较高，而挤出效应相对较低。因而，国有企业相比于非国有企业，绿色补助与企业绿色创新之间的倒 U 型关系更加陡峭以及倒 U 型的转折点向右侧偏移。综上，本书提出以下假设：

H9a：国有企业相比于非国有企业，政府绿色补助和企业绿色创新的倒 U 型关系更加陡峭。

H9b：国有企业相比于非国有企业，政府绿色补助和企业绿色创新的倒 U 型关系的转折点向右偏移。

本书认为相比于非国有企业，排污费对国有企业的倒逼效应更强。首先，国有企业拥有更充沛的研发资金，可以支持绿色创新的高研发成本，如引进高技术人才，购买实验设备等，因而企业的绿色创新效率会更高（Bai 等，2019；

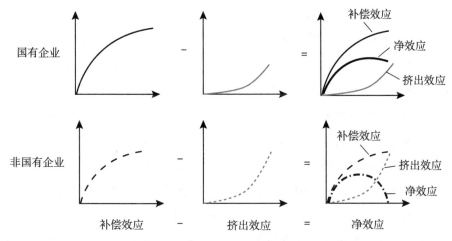

图 3-13　企业所有制对绿色补助与企业绿色创新关系的影响

资料来源：作者绘图整理。

Ouyang 等，2020）。其次，与"三资"企业和民营企业相比，国有企业承担更多的社会责任（Ouyang 等，2020）。提高企业的污染治理水平也是企业社会责任的一部分，因而国有企业的高管会注意平衡企业的财务绩效和环境绩效。同时，国有企业高管为确保获得政治晋升的机会，会努力完成政府设定的减排计划等（Bai 等，2019；徐业坤，2019）。根据上述分析，本书提出以下假设：

H9c：与非国有企业相比，排污费对国有企业绿色创新的影响更加显著。

五、制度环境的影响

环境污染的日益恶化会严重影响经济、社会的发展，为了减少污染、保护环境和维护社会的可持续发展，我国一直以来都对环境保护立法高度重视。1989年，我国首次通过了《中华人民共和国环境保护法》（以下简称《环保法》），后经多次修订，直到 2014 年 4 月，《环保法修订案》（以下简称"新《环保法》"）经十二届全国人大常委会第八次会议表决通过，并于 2015 年初正式实施。新《环保法》的内容与原《环保法》相比，主要变革包括以下五点：第一，新《环保法》强化政府监管职能，如新增了地方政府可以制定严于国家环境治理标准的地方标准、授予环保部门具有对污染违法者实施"按日计罚"、行政拘留等权利（王曦和唐瑭，2014）。第二，新《环保法》加大了对政府官员的惩罚力度以及明确地方政府环境治理的责任（崔广慧和姜英兵，2019；王晓祺等，2020）。由于一些当地政府为了追求地区的经济发展，忽视了对环境问题的关心，甚至默许和纵容一些企业的污染行为。因而新《环保法》不仅规定当领导干部出现隐瞒环境污染情况时要引咎辞职，还将治污成绩和环境绩效作为政府官员考核评价的重要指标，完善了政府官员的行政考核机制（崔广慧和姜英兵，2019；刘晓璇，2019；谭志东，2019）。第三，新《环保法》加大了对环境违反者的惩治力度（崔广慧和姜英兵，2019；王晓祺等，2020）。如新增的"按日计罚"制度，表明当污染违反者的违法时间越久，受到处罚的罚款越高，这就导致企业违法成本急剧增加，从而促使企业迅速纠正自身的污染行为。而且，作为一部行政法律，新《环保法》规定了行政拘留的处罚措施。这些惩罚手段不仅增加了企业的经济成本，也增加了企业的非经济成本，更能促进企业进行绿色创新。第四，新《环保法》加大了对治污成果突出企业的奖励（崔广慧和姜英兵，2019；刘晓璇，2019）。如新《环保法》中的第二章第二十二条规定，对于排污低于排放标准一定程度的企业，当地政府应给予企业财政、税收、价格等方面的优惠政策。第五，新《环保法》加入了信息公开机制，要求政府和企业都应如实公开排污信息和环境状况（崔广慧和姜英兵，2019；王晓祺等，2020）。同时，新《环保法》设立了环保公益诉讼制度，允许公益组织有权对企业的排污行为进行诉讼（刘晓璇，2019）。

　　基于新《环保法》在以上方面的改变，本书认为新《环保法》的实施会提升企业绿色创新的绩效。首先，新《环保法》的一系列改变如加大对企业的惩罚力度和新增公众监督机制和环保诉讼制度，都会增加企业的污染成本进而倒逼企业进行绿色创新（王晓祺等，2020）。其次，国家和政府通过这一强制性的法律法规使企业管理者感受和认识到国家和政府对于环境问题的关注（崔广慧和姜英兵，2019），促使企业管理者改变以往重经济轻环境的经营方式，并激励企业管理者重视污染减排、绿色技术创新以获得政府和企业外部利益相关者的认可。因此，根据上述分析，本书提出以下假设：

　　H10a：新《环保法》的实施会激励企业绿色创新。

那么新《环保法》实施后，是否会影响企业绿色补助对企业绿色创新的补偿效应和挤出效应呢？本书认为，新《环保法》的实施强化了绿色补助传递给企业利益相关者的积极信号，导致绿色补助对企业绿色创新的补偿效应会增加。这是因为新《环保法》的实施增强了整个社会的环保意识，企业外部利益相关者环保意识的增强促使他们更关注企业是否具有绿色发展潜力。对于那些获得绿色补助的企业，企业外部利益相关者可能更愿意进行投资和研发合作。因此，在新《环保法》实施后，获得绿色补助的企业更容易获得融资机会和研发合作机会，不仅增加了企业的绿色创新资源，也提升了企业的绿色创新绩效。

本书绘制了图 3-14 以直观地了解新《环保法》实施前后对绿色补助和企业绿色创新关系的影响。根据图 3-14，可以观测到相比于新《环保法》实施前，绿色补助对企业绿色创新的补偿效应在新《环保法》实施后更高。因而，新《环保法》实施后比实施前，绿色补助与企业绿色创新之间的倒 U 型关系可能更加陡峭以及倒 U 型的转折点向右侧偏移。综上，本书提出以下假设：

H10b：新《环保法》实施后相比于新《环保法》实施前，政府绿色补助和企业绿色创新的倒 U 型关系在上升阶段会更加陡峭。

H10c：新《环保法》实施后相比于新《环保法》实施前，政府绿色补助和企业绿色创新的倒 U 型关系的转折点向右偏移。

本书认为在新《环保法》实施后，排污费对企业绿色创新的倒逼效应影响更强。一方面，新《环保法》的实施充分展现了我国保护环境和治理污染的决心，增强了社会公众对于环境问题的关注。因此，新《环保法》实施后，企业外部利益相关者会通过观察企业是否缴纳排污费来判断企业是否违法。此时，排污费传递给企业利益相关者的反映企业绿色治理不足的消极信号会从低识别度转为高识别度，导致企业获得外部融资和研发活动的机会都会大大减少，进而增加了企业的融资压力。另一方面，新《环保法》通过加大对企业的惩罚力度和新增公众监督机制、环保诉讼制度，增加了排污企业的违法成本。因此，面对新《环保法》实施后带来的外部环境的改变，企业管理者更会将有限的注意力集中在如何降低企业的污染排放，以获得政府和公众对其环境治理绩效的认可。根据上述分析，本书提出以下假设：

H10d：与新《环保法》实施前相比，排污费在新《环保法》实施后对企业

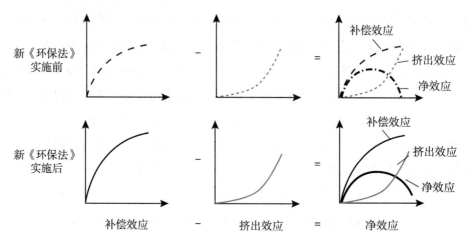

图 3-14　制度环境对绿色补助与企业绿色创新关系的影响

资料来源：作者绘图整理。

绿色创新的影响更显著。

六、直接规制的影响

自《关于加强和改进环境统计工作的意见》（环发〔2005〕100 号）提出关于筛选重点污染企业（主要污染物排放量占全部企业排放量 65% 以上的企业）的要求，国家重点监控企业名单由此确定并实行季报制度。各地环保部门在此基础上根据实际再确定一批重点监控企业，根据《关于加强和改进环境统计工作的意见》进一步将这些重点监控企业作为实行"排污许可证管理、执法监督和信息公开等"的重点。同时，对于重点监控企业自身，也应按照《国家重点监控企业自行监测及信息公开办法》"制定自行监测方案，并对其自行监测结果负责"。重点监控企业的确定不仅有助于督促企业自觉履行社会责任，也有利于通过推动公众参与来监督企业的环境治理情况。

被列为重点监控企业会影响企业的资源配置和企业管理者注意力的配置，因而会影响绿色补助与企业绿色创新之间的关系。一方面，相比于非重点监控企业，绿色补助对重点监控企业的补偿效应更大。首先，被确定为重点监控企业无疑会让企业管理者感受到巨大的减排和污染治理压力，促使企业管理者改变以往重经济轻环境的经营方式，并激励企业管理者重视污染治理。其次，被确定为重点监控企业会传递给企业外部利益相关者反映企业污染排放量大、污染严重和污染治理不足的消极信号。因此，企业为获得政府和其他相关利益者的认可，以及得到政府和利益相关者持续的补助和资源，企业管理者会将有限的注意力集中在污染治理以减少生产流程和产品制造中产生的污染排放，并树立企业积极良好的环境治理形象（于飞等，2021）。由于绿色创新通过生产新颖的或改良的产品和工艺，不仅可以减少企业负面的环境影响，还可以提升企业的产品价值，因而企业管理者会格外注重对绿色创新活动的投入。另一方面，相比于非重点监控企业，绿色补助对重点监控企业的挤出效应更小。由于重点监控企业受到政府的直接监控，与政府之间信息不对称程度较低，因而企业管理者将绿色补助用于徇私的可能性较小。

本书绘制了图 3-15 以直观地了解是否为重点监控企业对绿色补助和企业绿色创新关系的影响。根据图 3-15，可以观测到相比于非重点监控企业，绿色补助对重点监控企业绿色创新的补偿效应更高，但挤出效应较低。因而，重点监控企业相比于非重点监控企业，绿色补助与企业绿色创新之间的倒 U 型关系更加陡峭以及倒 U 型的转折点向右侧偏移。综上，本书提出以下假设：

H11a：相比于非重点监控企业，政府绿色补助与重点监控企业绿色创新的倒 U 型关系更加陡峭。

H11b：相比于非重点监控企业，政府绿色补助与重点监控企业绿色创新的倒 U 型关系的转折点向右偏移。

此外，重点监控企业的确定也可能会影响排污费与企业绿色创新之间的关系。相比于非重点监控企业，排污费对重点监控企业的倒逼效应更大。被同时征收高强度排污费和确定为重点监控的企业，企业管理者面对的减排压力、污染治理压力、融资压力更大。因此，企业管理者会将有限的注意力集中在污染治理和绿色创新方面，以获得政府和其他相关利益者的认可。综上，本书提出以下假设：

H11c：与非重点监控企业相比，排污费对重点监控企业绿色创新的影响更显著。

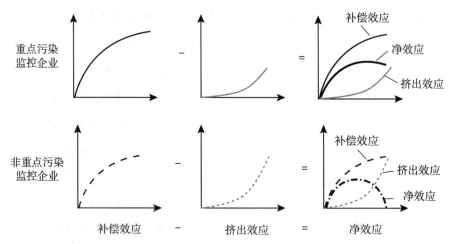

图 3-15 直接规制企业对绿色补助与企业绿色创新关系的影响

资料来源：作者绘图整理。

七、市场化水平的影响

市场化水平是影响企业从事创新活动的一个重要外部因素。一个地区的市场化水平越高，首先，意味着政府对市场的干预越小，有助于市场发挥其对创新资源的最优配置。通过将创新资源分配到市场中最需要的新产品研发活动，企业可能获得更高的创新产出（方军雄，2007）。其次，意味着这个地区要素市场和产品市场的发育程度越高，既有利于先进技术的扩散和推广，也有利于创新资源的转移，进而提高创新的产出（方军雄，2006；戴魁早和刘友金，2013）。再次，市场化水平的提高意味着非国有经济的发展，从而促使大量非国有企业进入市场，进而增加市场竞争力并激励企业不断进行创新（戴魁早和刘友金，2013）。最后，市场化水平越高意味着市场中介组织发育程度越高以及法律制度环境越健全。由于创新会有正外部性，因而更健全的法律制度环境会保护企业的知识产权，进而促进了企业创新的增加（方军雄，2007；李万福等，2017）。

因此，位于市场化水平较高地区的企业在获得绿色补助后，其绿色创新的效率更高，即其补偿效应可能比位于市场化水平较低地区的企业略高。本书绘制了

图 3-16 以直观地了解市场化水平高低对绿色补助和企业绿色创新关系的影响。根据图 3-16，可以观测到相比于低市场化水平地区企业，高市场化水平地区企业获得的绿色补助对其补偿效应更高。因而，高市场化水平地区企业相比于低市场化水平地区企业，绿色补助与企业绿色创新之间的倒 U 型关系可能更加陡峭以及倒 U 型的转折点向右侧偏移。综上，本书提出以下假设：

H12a：高市场化水平地区企业相比于低市场化水平地区企业，政府绿色补助和其绿色创新的倒 U 型关系在上升阶段会更加陡峭。

H12b：高市场化水平地区企业相比于低市场化水平地区企业，政府绿色补助和企业绿色创新的倒 U 型关系的转折点向右偏移。

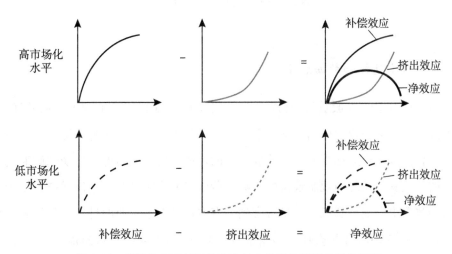

图 3-16　市场化水平对绿色补助与企业绿色创新关系的影响

资料来源：作者绘图整理。

此外，本书认为地区市场化水平越高，排污费对企业绿色创新的倒逼效应越强。这是因为高市场化水平地区的政府对市场干预越小、地区要素市场和产品市场的发育程度越高、市场竞争越激烈以及法治环境越健全（方军雄，2007；李万福等，2017），因而可以更有效激励企业绿色创新。综上，本书提出以下假设：

H12c：与低市场化水平地区的企业相比，排污费对高市场化水平地区的企业绿色创新的影响更显著。

第四章　市场型环境规制与企业绿色创新：基于绿色补助视角

第一节　研 究 设 计

一、样本选择和数据来源

本书选取中国 A 股重污染行业上市企业 2008—2017 年①的数据为原始样本。本书选择重污染企业的原因包括以下两点。一是重污染企业作为环境污染的主要源头，相比其他企业如服务业会造成更多的环境污染，因而更容易受到政府监管部门的关注，以及环境规制政策的影响，所以研究重污染企业如何回应市场型环境规制政策更有现实意义。二是考虑到只有重污染上市企业的排污费数据相对易于获得，根据 2010 年生态环境部颁布的《上市公司环境信息披露指南》，重污染企业必须披露排污费数据。本书重污染企业的样本选择主要参照《上市公司环保核查行业分类管理名录》（环办函〔2008〕373 号），一共包括 21 个行业。所选样本的行业代码包括：B06、B07、B08、B09、B10、C13、C14、C15、C17、C19、C22、C25、C26、C27、C28、C29、C30、C31、C32、C33 和 D44（根据2012 年上市企业行业分类）。

本书的数据来源如下：（1）上市公司绿色专利和专利数据主要来源于中国研

---

① 本文选取 2008 年为起始年份是因为上市公司披露环境信息的年份为 2008 年；选择2017 年为样本的结束年份是因为 2018 年 1 月 1 日起正式施行《中华人民共和国环境保护税法》，并彻底废除排污费征收。

究数据服务平台（CNRDS）的绿色专利研究数据库。该数据库对绿色专利的划分标准是根据世界知识产权组织（WIPO）列出的国际专利绿色分类清单的 IPC 分类号，对中国国家知识产权局（SIPO）和 Google Patent 的专利进行检索和筛查而得出的上市公司绿色专利申请和授权数据；（2）绿色补助的数据主要来源于国泰安数据库（CSMAR）中公司研究系列库的政府补助报表。该报表详细收纳了上市企业年度报告中的财务报表附注中政府补助的明细项目；（3）排污费的数据主要通过手工收集上市公司年度报告中管理费用项目中的排污费的数据；（4）其余相关变量如企业基本信息都来源于国泰安数据库（CSMAR）和中国研究数据服务平台（CNRDS）。

为获得可靠的研究样本，本章节依照如下步骤筛选样本：（1）剔除出现过财务状况或其他状况异常的上市企业（即属于 ST 或 ST* 的企业）；（2）剔除已退市的企业；（3）剔除资不抵债的样本（企业总负债超过企业总资产）；（4）为了减少企业信息披露行为对研究绿色补助对绿色创新的实证结果的影响，剔除绿色补助缺失或为 0 的样本；（5）剔除关键变量观测值缺失的样本，这些关键变量包括总资产、总负债、总资产收益率、企业年龄、企业所有制等；（6）为了控制极端值的影响，对绿色专利数据进行上端 1% 的缩尾处理，对其他的剩余连续变量进行上下 1% 的缩尾处理。经过上述步骤的逐一筛选和剔除，本章节研究共计获得 660 家重污染上市企业数据，2644 个样本观测值。筛选出的样本行业分布见表 4-1 所示。

表 4-1　　　　　　　　　　　　绿色补助样本统计表

2012 年上市企业行业分类	行业代码	样本个数	企业个数
煤炭开采和洗选业	B06	79	19
石油和天然气开采业	B07	8	2
黑色金属矿采选业	B08	10	5
有色金属矿采选业	B09	59	15
农副食品加工	C13	92	24
食品制造业	C14	104	25

续表

2012 年上市企业行业分类	行业代码	样本个数	企业个数
酒、饮料和精制茶制造	C15	103	22
纺织业	C17	99	21
皮革、毛皮、羽毛及其制品和制鞋业	C19	10	4
造纸和纸制品业	C22	94	18
石油加工、炼焦和核燃料加工业	C25	51	10
化学原料和化学制品制造业	C26	483	131
医药制造业	C27	408	122
化学纤维制造业	C28	75	14
橡胶和塑料制品业	C29	129	33
非金属矿物制品业	C30	223	51
黑色金属冶炼和压延加工业	C31	97	26
有色金属冶炼和压延加工业	C32	206	44
金属制品业	C33	86	26
电力、热力生产和供应业	D44	228	48
总计		2644	660

资料来源：作者整理获得。

根据中国国家统计局对中国各区域的划分方法，对本章节的样本进行注册区域占比划分（如图 4-1）。根据图 4-1，可以发现样本数据中，经济更加发达的东部地区数据占比最高，为 54%。经济发展程度水平略低的中部和西部的样本数据占比差不多。东北地区的样本数据最低，仅占到 6%。

按照企业属性可以划分为国营或国有控股企业、私营企业、中外合资企业、外商独资企业和集体企业等。根据企业属性对本章样本企业进行划分（如图 4-2），可以发现私营企业占比最高，约为 48%。国营或国有控股企业的数据占比也很高，约为 45%。其他企业如中外合资、外商独资和集体企业等只占到样本数据的 7%。因此，本章样本数据主要以国营或国有控股和私营企业为主。

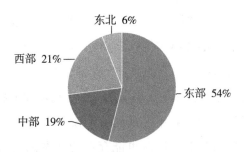

图 4-1 绿色补助样本企业注册区域占比

资料来源：作者根据 Excel 绘图获得。

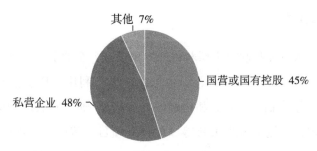

图 4-2 绿色补助样本企业所有制占比

资料来源：作者根据 Excel 绘图获得。

二、变量测量

（一）被解释变量

绿色创新定义是指"与绿色产品或工艺相关的硬件或软件创新，包括节能、污染预防、废物回收、绿色产品设计或者企业环境管理等技术创新"（Chen 等，2006）。在现有文献中，通常从投入视角和产出视角来测量企业创新绩效。国内研究在测量企业绿色创新绩效时大多从产出视角来测量，这是因为我国企业缺乏对于绿色创新投入的独立核算（于连超等，2019；于飞等，2019），而采用企业研发支出作为代理变量进行测量不够精准。从产出的视角来测量绿色创新，主要的衡量指标为绿色专利的申请数、授权数和引用数。运用绿色专利数据来测量绿色创新具有明显的优势：一是可以根据国际专利分类（IPC）查找绿色专利；二是专利数据是公开的，方便进行查找；三是专利的时间跨度较长，可以进行面板数据分析。因而，本书借鉴齐绍洲等（2018）、李青原和肖泽华（2020）、于飞等（2020）的研究，通过绿色专利的数量来衡量企业的绿色创新水平。本书主要对绿色专利、绿色发明专利和绿色实用新型专利申请数加 1 后取自然对数作为企业绿色创新绩效的指标。对企业年度观测值上没有绿色专利和专利数据的观测值，本书填补这些缺失值为 0 以缓解可能存在的样本偏差问题。在稳健性检验中，本书采用未取对数的绿色专利、绿色发明专利和绿色实用新型专利申请数来衡量企业绿色创新绩效。

（二）解释变量

绿色补助是指企业从政府无偿获得的专项资金，企业需将该资金合理地用于环保相关领域，如用于节能减排、绿色创新、循环利用、环境治理等环保活动（刘霄，2019）。本书借鉴范莉莉和褚媛媛（2019），通过对获取到的政府补助的明细项目名称进行关键词搜索来获得绿色补助项目。若项目名称中包括"环保""可持续""生态""减污""减排""除硫""脱硫""脱硝""节能""循环""再生"等关键词，则视为企业获得某项绿色补助项目，进而对每个企业获得的绿色补助项目金额加总。为得到标准化的绿色补助数据，本书借鉴以往研究如李青原和肖泽华（2020），将绿色补助除以企业总资产后乘以 100 来度量。在后面的稳健性检验中，还将绿色补助除以营业收入后乘以 100 来度量。

（三）中介变量

（1）企业绿色导向

企业绿色导向是指企业以实现污染治理、恢复绿色生态和保持可持续发展为主要的经营理念，以最小化企业对生态环境的影响（Banerjee，2001；孙剑等，2012）。本书根据重污染行业上市公司年报和社会责任报提取企业是否有环保理念、是否有环保目标、是否有环保管理制度体系、是否通过 ISO14000、是否有进行环保教育与培训、是否有进行环保专项活动和是否执行三同时制度这七个指标的加总值来衡量和反映企业的绿色导向。本书认为这七个指标可以反映企业或者企业管理者是否有明确的绿色经营理念，因为企业的绿色导向很大程度上也取决于企业管理者对环保和绿色研发活动的关注、认知和判断。

在后面的稳健性检验中，本书通过采用企业是否有环保理念、是否有环保目标、是否有环保管理制度体系、是否通过 ISO14000 构建了一个新的指标来衡量企业的绿色导向。这两类指标越高越说明企业拥有较明确的绿色导向。

（2）绿色组织学习能力

企业绿色组织学习能力是指企业为实现绿色创新、环境绩效和可持续的竞争优势而拥有的多元化学习能力，包括实验能力、风险承担能力、交流沟通能力、外部学习能力等（Chiva 等，2007；Alegre & Chiva，2008）。本书通过计算企业过去三年的绿色专利平均申请数的对数值来衡量企业的绿色组织学习能力。在后文的稳健性检验中，采用企业过去三年的绿色专利平均授权数的对数值来衡量企业的绿色组织学习能力。本书认为企业过去已申请（或授权）的绿色专利越多，越表明企业已经积累了足够的绿色创新实验能力、承担风险能力和内部交流沟通能力等，因而可以反映企业的绿色组织学习能力越高。

（3）绿色战略行动

企业绿色战略行动是指企业为实现污染治理、改善生态环境和提高环境绩效而做出的一系列资源投入（李冬伟，2016；杨勇和吕克亭，2020）。本书主要通过收集企业的环保支出来衡量企业的绿色战略行动，因为企业每年的环保支出主要包括企业用于末端治理、清洁生产、废水废气治理和环境保护工程等相关支出（谭志东，2019），可以反映企业为实现污染治理和提升环境绩效而采取的行动。本书根据上市公司年报中"在建工程"科目明细，通过人工检索将与环境保护相关的支出（如与节能、节水、废气、废水、脱硫、脱硝、除尘等相关项目）进行采集和汇总，计算出重污染企业 2008—2017 年间的年度环保支出。为了控制公司规模差异的影响，本书借鉴唐国平和李龙会（2013）、李虹等（2016）和谭志东（2019）的做法，用企业年末总资产对企业环保支出进行了标准化处理。同时，为了增强后文回归系数的可读性，对标准化后的环保支出均采取乘以 100 的处理。在稳健性检验中，本书根据重污染行业社会责任报，提取企业是否公布废气减排治理情况、废水减排治理情况、粉尘烟尘治理情况、固废利用与处置情况、噪声光污染辐射等治理和清洁生产实施情况来反映企业进行绿色战略行动的情况。

（四）控制变量

本章节在研究绿色补助对企业绿色创新影响时还考虑了以下控制变量：

（1）企业规模

大量研究发现企业规模越大，企业越有能力在绿色创新方面进行投入，并且创新的成功率更高（Halme & Korpela，2014；王刚刚等，2017）。因此，借鉴陈璇和钱维（2018）、齐绍洲等（2018）、王晓祺等（2020）等的做法，选取企业资产总额的自然对数作为企业规模的一种测量指标。

（2）资产负债率

已有研究发现财务约束既有可能促进企业进行创新，也有可能阻碍企业进行创新（García-Quevedo 等，2018）。鉴于财务约束与企业的创新密切相关，本书参考解学梅等（2020）用资产负债率来衡量企业的财务约束水平。

（3）总资产收益率

企业盈利能力不佳是企业环境改善的根本障碍（Noci & Verganti，2002）。关于企业盈利能力与环境管理之间关系的一般假设是，能力不足的企业既没有足够的能力积累，也没有足够的资源分配于环境绩效改善（He & Jiang，2019）。总资产收益率作为衡量上市企业盈利能力的指标，因为不受企业财务杠杆的影响能更好地反映企业内部管理的影响，而被广泛地用于战略管理文献（Wang & Qian，2011；Stevens 等，2014；李维安等，2019）。

（4）托宾 Q

托宾 Q 主要反映市场对于公司未来利润的预期，可以用来衡量上市企业的长期价值。本书借鉴李维安等（2019）将托宾 Q 作为企业治理绩效的指标之一，纳入控制变量。

（5）企业成长性

企业营业收入增长率是衡量公司在一定时期内的经营能力和发展速度的重要指标，本书参照崔广慧和姜英兵（2019）、李青原和肖泽华（2020）、王旭和王兰（2020）选用企业营业收入增长率来衡量上市企业的成长性。

（6）企业成熟度

企业的年龄可以反映企业的成熟度。目前，学术界对于企业年龄对创新绩效的影响主要有两种观点。一种观点认为企业年龄与绿色创新呈正向相关，因为企业成立初期更关注的是如何生存，而只有成立时间到达一定年限，企业才有多余的精力去关注环境保护和绿色创新（张杰等，2015）。而另一种观点认为，企业年龄与绿色创新呈负向相关。一是因为绿色创新会带来风险和高额的成本，企业规避风险和抵制代价高昂的创新成为企业的主要惯性，随着企业年龄的增加，这种惯性更会阻碍企业进行绿色创新（Wong，2013）。二是因为企业年龄的增加虽然促使企业内部知识和信息的积累，但是会导致企业的僵化，进而导致企业绿色组织学习能力的下降（Cohen & Klepper，1996）。综上所述，需要加入企业成熟度作为控制变量。本书参照齐绍洲等（2018）文献，对企业年龄加1后取对数值来衡量企业的成熟度。

（7）企业属性

企业的所有权结构也对创新有所影响。如 Ouyang 等（2020）发现大多国有企业都是资本密集型和能源密集型企业，更换成本较高或设备改造成本更高，因而污染治理的成本更高并负向影响企业的创新。而 Bai 等（2019）和 Hu 等（2020）则认为国有企业规模更大，并且承担更多的社会责任和政治任务，因而更有可能进行创新活动。综上，本章也选取了企业属性（虚拟变量）作为控制变量。

（8）董事会规模

代理理论预测，董事会的效率会随着董事会规模的扩大而降低，因为董事会不断地升级会带来更多的混乱和矛盾（He & Jiang，2019）。相反，资源依赖理论表明，更大的董事会获取更多信息和资源，进而获取更多的利益（Hillman 等，2000）。考虑到这两种可能性，本章选取了董事会规模作为控制变量。借鉴王晓祺等（2020），取董事会人数的自然对数来衡量董事会规模。

（9）两职合一

董事长和 CEO 的角色分离会影响董事会和公司的效率。一方面，角色分离为董事会独立行动提供了基础，并营造了使董事长和其他董事会成员可以挑战 CEO 而不必担心冒犯 CEO 的环境（Coombes & Wong，2004）。另一方面，角色分离可能会导致高管内部产生矛盾，从而削弱公司处理外部问题的能力。因此，本书参照李百兴和王博（2019）、He 和 Jiang（2019）、王晓祺等（2020）等文章，考虑了两职合一（虚拟变量）对绿色创新的影响。

此外，本章还考虑到行业的异质性和经济周期对企业绿色创新活动的影响，通过构建行业和年份的虚拟变量来控制他们的潜在影响。本章节的主要变量定义和说明见表 4-2 所示。

表 4-2　　　　　　　　　　　　　　　变量定义和说明

变　量　名　称	变量代码	变　量　说　明
被解释变量		
绿色创新	*GI*	ln（企业当年绿色专利申请数量+1）
	GIi	ln（企业当年绿色发明专利申请数量+1）
	GIu	ln（企业当年绿色实用新型专利申请数量+1）
解释变量		
绿色补助	*subsidy*	（绿色补助合计/企业资产合计）＊100
中介变量		
绿色导向	*GO*	根据企业社会责任年报提取以下指标合成综合指标：企业是否是有环保理念、是否有环保目标、是否有环保管理制度体系、是否通过 ISO14000、是否有进行环保教育与培训、是否有进行环保专项活动和是否执行三同时制度。
绿色组织学习能力	*GOLC*	ln（企业过去两年专利申请数的均值+1）
绿色战略行动	*GSA*	（环保支出/企业资产合计）＊100
控制变量		
企业规模	*size*	ln（企业资产总计+1）
企业负债率	*lev*	企业负债合计/企业资产合计
总资产收益率	*roa*	净利润/总资产平均余额
托宾 Q	*tobinQ*	市值/资产总计
企业成长性	*growth*	（本期营业收入−上期营业收入）/上期营业收入

续表

变 量 名 称	变量代码	变 量 说 明
企业成熟度	*age*	ln（企业成立年龄+1）
企业属性	*soe*	国有企业取 1，非国有企业取 0
董事会规模	*board*	ln（董事会总人数+1）
二职合一	*duality*	董事长兼任 CEO 取 1，否则取 0
省份虚拟变量	*Area*	设置 30 省市虚拟变量
年份虚拟变量	*Year*	设置 2012—2017 的虚拟变量

资料来源：作者整理获得。

第二节 计量模型设定

一、绿色补助对企业绿色创新的作用机制模型

为检验绿色补助对企业绿色创新的影响，本章构建的计量模型如下：

$$GI_{it} = \alpha_0 + \beta_1 subsid\,y_{it} + \beta_2 subsid\,y_{it}^2 + \gamma_n X + \sum Area + \sum Year + \varepsilon_{it} \quad (4.1)$$

在模型（4.1）中，GI_{it} 表示企业绿色创新，$subsid\,y_{it}$ 表示企业每年获得的绿色补助数据。为了检验绿色补助对企业绿色创新是否存在倒 U 型影响，本书引入了绿色补助的平方项（$subsid\,y_{it}^2$）。β_1 和 β_2 分别为 $subsid\,y_{it}$ 和 $subsid\,y_{it}^2$ 的系数，也是该模型的核心估计系数。α_0 为回归的截距项，γ_n 为其余控制变量 X 的系数。$Area$ 和 $Year$ 为省份和年份的虚拟变量。ε_{it} 为随机扰动项。

二、绿色补助与企业绿色创新之间的中介机理模型

为了检验绿色导向、绿色组织学习能力和绿色战略行动在绿色补助和绿色创新之间的传导作用，本书建立了以下方程。

首先，为了验证绿色补助对绿色导向、绿色组织学习能力和绿色战略行动的直接效应，分别建立下列模型：

$$G O_{it} = \alpha_0 + \beta_1 subsid\, y_{it} + \beta_2 subsid\, y_{it}^2 + \gamma_n X + \sum Area + \sum Year + \varepsilon_{it}$$

$$(4.2)$$

$$GOL\, C_{it} = \alpha_0 + \beta_1 subsid\, y_{it} + \beta_2 subsid\, y_{it}^2 + \gamma_n X + \sum Area + \sum Year + \varepsilon_{it}$$

$$(4.3)$$

$$G\, SA_{it} = \alpha_0 + \beta_1 subsid\, y_{it} + \beta_2 subsid\, y_{it}^2 + \gamma_n X + \sum Area + \sum Year + \varepsilon_{it}$$

$$(4.4)$$

在模型（4.2）—（4.4）中，$G O_{it}$ 代表企业的绿色导向，$GOL\, C_{it}$ 代表企业的绿色组织学习能力，$G\, SR_{it}$ 代表企业绿色战略行动。$subsid\, y_{it}$ 表示的就是企业每年获得的绿色补助数据，β_1 和 β_2 分别为 $subsid\, y_{it}$ 和 $subsid\, y_{it}^2$ 的系数，也是该模型的核心估计系数。α_0 为回归的截距项，γ_n 为其余控制变量 X 的系数。其他变量和系数与上述模型相同。

其次，为了检验绿色导向、绿色组织学习能力和绿色战略行动对企业绿色创新的直接效应，以及检验绿色导向对绿色组织学习能力的影响和绿色组织学习能力对绿色战略行动的影响，分别建立了以下模型：

$$GI_{it} = \alpha_0 + \beta_1 G\, O_{it} + \gamma_n X + \sum Area + \sum Year + \varepsilon_{it} \qquad (4.5)$$

$$GI_{it} = \alpha_0 + \beta_1 GOL\, C_{it} + \gamma_n X + \sum Area + \sum Year + \varepsilon_{it} \qquad (4.6)$$

$$GI_{it} = \alpha_0 + \beta_1 G\, SA_{it} + \gamma_n X + \sum Area + \sum Year + \varepsilon_{it} \qquad (4.7)$$

$$GOLC_{it} = \alpha_0 + \beta_1 G\, O_{it} + \gamma_n X + \sum Area + \sum Year + \varepsilon_{it} \qquad (4.8)$$

$$GSA_{it} = \alpha_0 + \beta_1 G\, OLC_{it} + \gamma_n X + \sum Area + \sum Year + \varepsilon_{it} \qquad (4.9)$$

在模型（4.5）—（4.7）中，β_1 分别为绿色导向、绿色组织学习能力和绿色战略行动的估计系数；在模型（4.8）中，β_1 为绿色导向估计系数；在模型（4.9）中，β_1 为绿色组织学习能力估计系数。其他变量和系数与上述模型相同。

再次，为了检验分别加入绿色导向、绿色组织学习能力和绿色战略行动到模型（4.1）中是否会改变被解释变量（$subsidy$）对解释变量（GI）的影响，本书构建了以下模型：

$$GI_{it} = \alpha_0 + \beta_1 subsid\, y_{it} + \beta_2 subsid\, y_{it}^2 + \beta_3 G\, O_{it} + \gamma_n X + \sum Area + \sum Year + \varepsilon_{it}$$

$$(4.10)$$

$$GI_{it} = \alpha_0 + \beta_1 subsid\, y_{it} + \beta_2 subsid\, y_{it}^2 + \beta_3 GOL\, C_{it} + \gamma_n X + \sum Area + \sum Year + \varepsilon_{it}$$

$$(4.11)$$

$$GI_{it} = \alpha_0 + \beta_1 subsid\, y_{it} + \beta_2 subsid\, y_{it}^2 + \beta_3 GS\, A_{it} + \gamma_n X + \sum Area + \sum Year + \varepsilon_{it}$$

$$(4.12)$$

在模型（4.10）—（4.12）中，β_1 和 β_2 为绿色补助（subsidy）和绿色补助的平方项（$subsidy^2$）的系数；β_3 为绿色导向、绿色组织学习能力和绿色战略行动的估计系数。其他变量和系数与上述模型一致。

最后，为了检验绿色组织学习能力是否为绿色导向和绿色创新的中介变量以及绿色战略行动是否为绿色导向和绿色创新的中介变量，构建了以下模型：

$$GI_{it} = \alpha_0 + \beta_1 G\, O_{it} + \beta_2 GOL\, C_{it} + \gamma_n X + \sum Area + \sum Year + \varepsilon_{it} \quad (4.13)$$

$$GI_{it} = \alpha_0 + \beta_1 GOL\, C_{it} + \beta_2 G\, SA_{it} + \gamma_n X + \sum Area + \sum Year + \varepsilon_{it} \quad (4.14)$$

在模型（4.13）—（4.14）中，β_1 分别为绿色导向和绿色组织学习能力的估计系数；β_2 分别为绿色组织学习能力和绿色战略行动的估计系数。其他变量和系数的含义与上述模型相一致。

第三节 实证结果

一、描述性统计

表4-3展现了该章节样本所有相关变量的描述性统计值。其中，企业绿色创新（GI、GIi 和 GIu）的均值为 0.56、0.35 和 0.32，而中位数都为 0。该统计结果表明将近一半的样本企业没有绿色专利的产出，且样本企业间的绿色创新水平差距较大。绿色补助（subsidy）的均值为 0.05，表明平均的样本企业绿色补助总额占企业总资产为 0.05%。但是绿色补助（subsidy）的标准差约为 0.09，说明样本企业收到的绿色补助金额波动较大。中介变量中企业绿色导向（GO）的均值为 1.02、绿色组织学习能力（GOLC）的均值为 0.33、绿色战略行动（GSA）的均值为 0.18，而中位数均为 0，表明将近一半的样本企业的绿色导向、绿色组织学习能力和绿色战略行动不足。样本其他控制变量的描述性

统计值与以往研究（如齐绍洲等，2018；李青原和肖泽华，2020；王晓祺等，2020）基本一致。

表 4-3　　　　　　　　　　　绿色补助样本变量描述性统计分析

变量代码	样本量	均值	标准差	P10	P25	中位数	P75	P90
GI	2644	0.56	0.84	0.00	0.00	0.00	1.10	1.95
GIi	2644	0.35	0.64	0.00	0.00	0.00	0.69	1.39
GIu	2644	0.32	0.61	0.00	0.00	0.00	0.69	1.10
subsidy	2644	0.05	0.09	0.00	0.01	0.02	0.05	0.12
GO	2644	1.02	1.69	0.00	0.00	0.00	2.00	4.00
GOLC	2644	0.44	0.70	0.00	0.00	0.00	0.69	1.46
GSA	2618	0.18	0.46	0.00	0.00	0.00	0.09	0.55
size	2644	22.35	1.11	20.99	21.55	22.21	23.05	23.92
lev	2644	0.47	0.20	0.19	0.32	0.48	0.63	0.72
roa	2644	0.04	0.05	0.00	0.01	0.03	0.07	0.11
tobinQ	2644	1.86	0.87	1.07	1.23	1.59	2.21	3.04
growth	2644	0.14	0.28	−0.15	−0.02	0.10	0.24	0.43
age	2644	2.77	0.29	2.40	2.57	2.83	3.00	3.14
soe	2644	0.53	0.50	0.00	0.00	1.00	1.00	1.00
board	2644	2.30	0.14	2.08	2.30	2.30	2.30	2.49
duality	2644	0.18	0.38	0.00	0.00	0.00	0.00	1.00

资料来源：作者根据 Stata 软件进行描述性统计分析获得。

　　为了更好地了解样本数据，本书绘制了绿色发明专利、绿色实用新型专利和绿色发明和实用新型专利申请（未取对数的专利数）的年度变化图。如图 4-3 所示，样本企业每年的绿色专利申请基本呈逐年增加的趋势。2008 年、2010 年和2012-2016 年，企业绿色发明专利申请数量多于绿色实用新型专利申请数量。其余年份，企业绿色实用新型专利申请数量略多于发明专利申请数量。

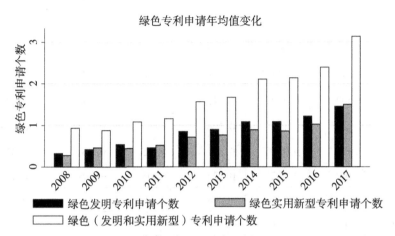

图 4-3　绿色补助样本企业绿色专利申请年度变化图

资料来源：作者根据 Stata 软件绘图获得。

二、相关性分析

在进行下一步的回归分析前，本书先对本章的所有相关变量（参照表 4-3 所列变量）进行相关性分析。最常用的相关性分析是 Pearson 和 Spearman 相关性系数检验。如果数据不是连续变量或者不呈现正太分布，则应该采用 Spearman 相关系数。为探究样本中所有连续相关变量是否呈现正太分布，通过 Stata 的官方程序中提供"*sktest*"和"*swilk*"代码对变量的峰度和偏度进行检测。经过检测，发现样本中所有的连续变量均不符合正太分布，因而相关性分析的结果只展现 Spearman 相关性系数检验结果。样本变量相关性见表 4-4 所示。

表 4-4　　　　　　　　　**绿色补助样本变量相关性分析**

	GI	*GIi*	*GIu*	*subsidy*	*GO*	*GOLC*
GI	1					
GIi	0. 832 ***	1				

续表

	GI	GIi	GIu	subsidy	GO	GOLC
GIu	0. 795 ***	0. 463 ***	1			
subsidy	0. 056 ***	0. 045 **	0. 03	1		
GO	0. 246 ***	0. 244 ***	0. 191 ***	−0. 031	1	
GOLC	0. 507 ***	0. 452 ***	0. 419 ***	0. 043 **	0. 295 ***	1
GSA	0. 122 ***	0. 122 ***	0. 106 ***	0. 183 ***	0. 072 ***	0. 098 ***
lev	0. 321 ***	0. 282 ***	0. 310 ***	−0. 122 ***	0. 260 ***	0. 337 ***
size	0. 107 ***	0. 092 ***	0. 124 ***	0. 105 ***	−0. 042 **	0. 138 ***
roa	−0. 002	0. 006	−0. 041 **	−0. 115 ***	−0. 01	−0. 064 ***
tobinQ	−0. 113 ***	−0. 091 ***	−0. 147 ***	−0. 012	0. 012	−0. 067 ***
growth	0. 017	0. 032	−0. 022	−0. 046 **	−0. 092 ***	−0. 041 **
age	0. 078 ***	0. 078 ***	0. 066 ***	0. 037 *	0. 257 ***	0. 173 ***
soe	0. 059 ***	0. 063 ***	0. 075 ***	0. 103 ***	0. 001	0. 081 ***
board	0. 100 ***	0. 113 ***	0. 086 ***	0. 032	0. 002	0. 087 ***
duality	−0. 040 **	−0. 017	−0. 091 ***	−0. 056 ***	−0. 021	−0. 034 *
	GSA	size	lev	roa	tobinQ	growth
GSA	1					
lev	0. 220 ***	1				
size	0. 193 ***	0. 469 ***	1			
roa	−0. 114 ***	−0. 101 ***	−0. 496 ***	1		
tobinQ	−0. 195 ***	−0. 517 ***	−0. 431 ***	0. 341 ***	1	
growth	−0. 016	−0. 018	−0. 032 *	0. 311 ***	0. 084 ***	1
age	0. 017	0. 199 ***	0. 060 ***	−0. 068 ***	−0. 031	−0. 097 ***
soe	0. 226 ***	0. 307 ***	0. 355 ***	−0. 252 ***	−0. 193 ***	−0. 091 ***
board	0. 073 ***	0. 246 ***	0. 170 ***	−0. 026	−0. 134 ***	−0. 023
duality	−0. 088 ***	−0. 184 ***	−0. 108 ***	0. 088 ***	0. 102 ***	0. 047 **
	age	soe	board	duality		
age	1					

续表

	GI	*GIi*	*GIu*	*subsidy*	*GO*	*GOLC*
soe	0.186 ***	1				
board	0.009	0.209 ***	1			
duality	−0.009	−0.228 ***	−0.167 ***	1		

注：***、** 和 * 分别表示 p<0.01、p<0.05 和 p<0.10。

资料来源：作者根据 Stata 软件进行相关性分析获得。

根据表 4-4，可以发现绿色补助变量（*subsidy*）与绿色创新变量（*GI* 和 *GIi*）之间存在显著的正相关性。并且，绿色补助变量（*subsidy*）与绿色组织学习能力（*GOLC*）和绿色战略行动（*GSA*）之间存在显著的正相关性。但是绿色补助（*subsidy*）与企业绿色导向（*GO*）之间不存在显著的关系。可能的原因是 Spearman 相关系数检验只是针对变量线性关系的检验，对于可能存在的非线性关系检测不准确。相关性检验也表明所有的中介变量（*GSA*、*GOLC*、*GO*）均与绿色创新（*GI*、*GIi*、*GIu*）显著正相关。总之，尽管 Spearman 相关系数检验证实了绿色补助、中介变量和绿色创新的相关性，然而考虑到这些变量之间的关系有可能是非线性关系，因而 Spearman 相关系数检验的结果只能作为变量之间可能存在关系的参考。

控制变量如企业规模（*size*）、企业负债率（*lev*）、企业成熟度（*age*）、企业属性（*soe*）和董事会规模（*board*）都与绿色创新的变量（*GI*、*GIi*、*GIu*）存在显著的正相关性。而托宾 Q（*tobinQ*）和两职合一（*duality*）都与绿色创新的变量（*GI*、*GIi*、*GIu*）存在显著的负相关性。最后，对回归中的主要变量进行多重共线性检验。经过检测，发现本书样本相关变量间不存在多重共线性问题（VIF 值均小于 1.8）。

三、基础回归结果分析

由于在本书中，被解释变量绿色创新（*GI*、*GIi* 和 *GIu*）中大部分数据为 0，且在正值上大致连续分布。这种类型的数据属于归并数据。如果用 OLS 来估计本章样本数据将不能得到一致的估计，因此本节将主要采用 Tobit 回归模型对方程

（4.1）进行检验，其回归结果见表4-5其中（1）、（3）和（5）列只考虑了绿色补助（*subsidy*）对绿色创新（*GI*、*GIi* 和 *GIu*）的影响，（2）、（4）和（6）列加入了绿色补助平方项（$subsidy^2$）对绿色创新（*GI*、*GIi* 和 *GIu*）的影响。

表4-5　　　　　　　　　绿色补助对绿色创新的影响：Tobit 估计

变量	GI		GIi		GIu	
	（1）	（2）	（3）	（4）	（5）	（6）
subsidy	1.999***	5.183***	1.886***	4.609***	1.251**	3.744***
	（0.456）	（1.109）	（0.460）	（1.058）	（0.493）	（1.306）
$subsidy^2$		−6.125***		−5.215***		−4.838**
		（1.845）		（1.888）		（2.256）
size	0.628***	0.641***	0.565***	0.576***	0.589***	0.598***
	（0.065）	（0.064）	（0.069）	（0.068）	（0.066）	（0.067）
lev	0.226	0.204	0.145	0.13	0.321	0.305
	（0.355）	（0.353）	（0.372）	（0.370）	（0.382）	（0.380）
roa	0.711	0.725	0.697	0.731	−0.089	−0.083
	（1.153）	（1.138）	（1.181）	（1.177）	（1.222）	（1.208）
tobinQ	0.048	0.052	0.049	0.051	0.005	0.009
	（0.067）	（0.066）	（0.069）	（0.068）	（0.080）	（0.080）
growth	0.262*	0.268*	0.413***	0.418***	−0.028	−0.02
	（0.146）	（0.145）	（0.133）	（0.131）	（0.154）	（0.153）
age	−0.321	−0.339	−0.273	−0.29	−0.395	−0.408*
	（0.224）	（0.221）	（0.242）	（0.238）	（0.244）	（0.241）
soe	（0.161）	（0.158）	（0.088）	（0.085）	（0.167）	（0.164）
	（0.140）	（0.139）	（0.139）	（0.138）	（0.142）	（0.143）
board	0.540	0.482	0.861**	0.811**	0.223	0.177
	（0.366）	（0.361）	（0.368）	（0.364）	（0.401）	（0.398）
duality	0.069	0.070	0.167	0.170	−0.291**	−0.285**
	（0.124）	（0.122）	（0.135）	（0.133）	（0.145）	（0.144）

续表

变量	*GI*		*GIi*		*GIu*	
	（1）	（2）	（3）	（4）	（5）	（6）
Constant	−15.198***	−15.460***	−15.214***	−15.426***	−14.052***	−14.256***
	（1.596）	（1.582）	（1.662）	（1.649）	（1.684）	（1.682）
Area	控制	控制	控制	控制	控制	控制
Year	控制	控制	控制	控制	控制	控制
N	2644	2644	2644	2644	2644	2644
Pseudo R²	0.098	0.100	0.103	0.105	0.102	0.104
AIC value	5557.265	5543.782	4367.156	4359.436	4186.844	4181.162

注：（1）***、**和*分别表示 p<0.01、p<0.05 和 p<0.10；（2）括号内为聚类到企业层面的标准误。

资料来源：作者根据 Stata 软件进行回归分析获得。

要判断绿色补助和企业绿色创新之间是否为倒 U 型关系，本书借鉴 Lind 和 Mehlum（2010）所提出的 3 个步骤来进行检验。假设被解释变量 Y 与解释变量 X 和 X^2 之间的关系表示为 $Y = \beta_0 + \beta_1 X + \beta_2 X^2$，则倒 U 型关系应满足三个条件（Lind & Mehlum，2010）。第一，X^2 变量系数 β^2 需显著为负。第二，曲线的斜率必须在数据范围的两端足够陡峭。具体来讲，假设解释变量 X 的值的范围从最小值 X_L 到最大值 X_H，则倒 U 型曲线需要在最小值 X_L 处的斜率（$\beta_1 + 2\beta_2 X_L$）显著为正，而最大值 X_H 处的斜率（$\beta_1 + 2\beta_2 X_H$）显著为负（Lind & Mehlum，2010）。并且，Lind 和 Mehlum（2010）强调两个斜率测试都必须满足，因为如果只有一侧的斜率测试满足要求，则真正的关系可能只是 U 形的一半如 Y 是 X 的对数或指数函数，所以回归结果会拟合倒 U 形。第三，倒 U 型曲线的转折点 $-\beta_1/2\beta_2$ 必须位于数据范围（从最小值 X_L 到最大值 X_H）内（Lind & Mehlum，2010）。Lind 和 Mehlum（2010）建议可以通过估计转折点的 95% 置信区间来测试第三个条件，如果该置信区间在数据范围内则可以认为确定存在倒 U 型曲线；如果其下限或上限不在数据范围内，那么现有数据可能只能显示曲线的一半。

根据表 4-5 中（2）、（4）和（6）列的结果显示，绿色补助的平方项（$subsidy^2$）均显著为负，因而均满足倒 U 型曲线的第一个条件。为了检验回归结果是否满足倒 U 型曲线的第二和第三个条件，本书在 Tobit 回归后运用 Stata 的"$utest$"命令进行验证并将结果呈现于表 4-6。表 4-6 中显示绿色补助（$subsidy$）最小值和最大值处的斜率分别显著为正和显著为负，并且倒 U 型转折点均位于绿色补助（$subsidy$）的取值范围内，表明表 4-5 中（2）、（4）和（6）列中的回归结果满足倒 U 型曲线的第二和第三个条件。因此，随着绿色补助力度的加大，绿色创新（GI、GIi 和 GIu）呈先上升后下降的变化趋势，该回归结果支持第三章的假设 1。

但是表 4-6 中结果显示只有绿色补助（$subsidy$）与绿色创新（GI）之间倒 U 型关系转折点的 95% 的置信区间位于绿色补助（$subsidy$）的取值范围内，而绿色补助（$subsidy$）与绿色创新（GIi 和 GIu）之间倒 U 型关系转折点的 95% 的置信区间的上限超出绿色补助（$subsidy$）的取值范围。该结果表明目前该样本数据中企业获得绿色补助的增加依旧显著促进企业绿色发明专利（GIi）和绿色实用新型专利的增加（GIu）。

对于企业基本特征对绿色创新的影响，表 4-5 的回归结果显示企业规模（$size$）对绿色创新（GI、GIi 和 GIu）有显著的正向影响。该结果表明企业规模越大，越有能力对绿色创新活动进行投资，从而促进了企业绿色专利的申请量，与先前的文献研究结果一致（Halme & Korpela，2014；王刚刚等，2017；王晓祺等，2020）。并且，表 4-5 中第（1）—（4）列的回归结果都显示企业成长性（$growth$）会显著促进企业绿色创新（GI 和 GIi）的增长。该结果表明企业经营能力越好，越有利于促进企业绿色专利和绿色发明专利成果的提升，而对企业实用新型专利成果的提升并没有显著的影响。此外，董事会规模对企业绿色创新（GIi）的显著正向影响表明，更大的董事会可以帮助企业在进行绿色发明创新时获取更多的信息和资源，进而获得更高效的产出，该结果与王晓祺等（2020）一致。

表 4-6   **绿色补助与绿色创新倒 U 型曲线检验**

	（2）	（4）	（6）
最小值处斜率	5.181***	4.607***	3.732***
最大值处斜率	−4.97***	−4.023***	−4.275***
转折点	0.423	0.442	0.367
转折点 95% 置信区间	[0.337；0.671]	[0.329；0.953]	[0.276；1.657]
utest（p-value）[a]	0.009	0.037	0.051

注：（1）***、** 和 * 分别表示 p<0.01、p<0.05 和 p<0.10；（2）[a] 倒 U 型检验的原假设为"单调或 U 型关系"。

资料来源：作者根据表 4-5 的回归结果用 Stata 软件计算获得。

四、基础回归结果内生性检验

由于政府绿色补助的发放往往是政府根据企业原有绿色创新能力进行甄别和筛选后的结果，因而政府补助这一看似外生的政策影响，其实与企业的绿色创新水平互为因果。绿色补助与企业绿色创新之间的内生性问题会导致估计结果有偏差且不可靠，因此，本书将使用工具变量法对内生性问题进行控制。

在回归方程中，工具变量需满足两个条件，一个是根据变量与内生解释变量相关（相关性），另一个是工具变量与被解释变量不相关（外生性）。基于这两个条件，本节参考李青原和肖泽华（2020）运用同行业、同地区其他上市企业缴纳的绿色补助的均值作为工具变量，并运用两阶段最小二乘法（2SLS）和 IV-Tobit 模型进行检验。主要回归结果见表 4-7。

表 4-7   **绿色补助对绿色创新的影响：2SLS 和 IV-Tobit 估计**

变量	*GI*		*GIi*		*GIu*	
	2SLS	IV-Tobit	2SLS	IV-Tobit	2SLS	IV-Tobit
subsidy	12.820***	29.455***	9.764***	30.552***	5.969***	20.518***
	（3.606）	（7.230）	（2.788）	（7.916）	（2.290）	（7.287）

续表

变量	GI		GIi		GIu	
	2SLS	IV-Tobit	2SLS	IV-Tobit	2SLS	IV-Tobit
$subsidy^2$	-24.181^{***}	-55.393^{***}	-18.682^{***}	-59.028^{***}	-11.161^{**}	-38.950^{**}
	(8.491)	(15.740)	(6.465)	(17.420)	(5.063)	(15.914)
控制变量	控制	控制	控制	控制	控制	控制
Area	控制	控制	控制	控制	控制	控制
Year	控制	控制	控制	控制	控制	控制
N	2644	2644	2644	2644	2644	2644

注：***、** 和 * 分别表示 p<0.01、p<0.05 和 p<0.10。

资料来源：作者根据 Stata 软件进行回归分析获得。

表 4-7 的回归结果表明绿色补助与绿色创新（GI、GIi 和 GIu）之间仍呈倒 U 型关系，支持第三章的假设 1。此外，在使用工具变量法时，必须对工具变量的有效性进行检验。通过对 2SLS 回归结果进行不可识别检验、弱工具变量检验和过度识别检验，发现其检验结果均强烈拒绝其原假设，表明运用同行业、同地区其他上市企业缴纳的绿色补助的均值作为工具变量是有效的。并且，IV-Tobit 回归结果后的 Wald 外生性检验也都拒绝其原假设，再次证实该工具变量的有效性。

五、基础回归结果稳健性检验

（一）改变解释变量测量方式

本书用绿色补助采用营业收入标准化的计算方法来替换之前的绿色补助资产总计标准化的计算方法，定义为绿色补助占营业收入的百分比（$subsidy2$），然后采用最小二乘回归模型再次对方程（4.1）进行估计。主要结果见表 4-8，结果显示绿色补助（$subsidy2$）和绿色补助的平方项（$subsidy2^2$）的系数分别显著为正和显著为负。此外，本书也计算了绿色补助（$subsidy2$）最小值和最大值处的斜率以及转折点。计算结果显示绿色补助（$subsidy2$）最小值和最大值处的斜率分别显著为正和显著为负，且转折点都位于绿色补助（$subsidy2$）的取值范围内，表明绿色补助与企业绿色创新之间为倒 U 型关系。该结果与第三章的假设 1 一致，即随着企业获得的绿色补助金额的增多，企业绿色创新呈先上升后下降的变化趋势。

表 4-8　改变绿色补助测量方式检验绿色补助对绿色创新的影响：**Tobit 估计**

变量	*GI*		*GIi*		*GIu*	
	（1）	（2）	（3）	（4）	（5）	（6）
subsidy2	0.868***	3.244***	0.844***	3.241***	0.572	2.282***
	（0.311）	（0.773）	（0.280）	（0.762）	（0.371）	（0.819）
*subsidy2*²		−3.261***		−3.289***		−2.399***
		（0.812）		（0.876）		（0.877）
控制变量	控制	控制	控制	控制	控制	控制
Area	控制	控制	控制	控制	控制	控制
Year	控制	控制	控制	控制	控制	控制
N	2628	2628	2628	2628	2628	2628
Pseudo R²	0.095	0.099	0.102	0.105	0.101	0.102
AIC value	5546.501	5528.993	4352.881	4337.870	4182.310	4176.140
最小值处斜率		3.242***		3.238***		2.280***
最大值处斜率		−5.096***		−5.171***		−3.855***
转折点		0.497		0.493		0.543
utest（p-value）		0.000		0.000		0.006

注：（1）***、** 和 * 分别表示 p<0.01、p<0.05 和 p<0.10；（2）括号内为聚类到企业层面的标准误。

资料来源：作者根据 Stata 软件进行回归分析获得。

（二）绿色补助的滞后效应

考虑到绿色补助对企业绿色创新的补偿效应和挤出效应都有一定的滞后性，

因而本书在对方程（4.1）进行检验时，将企业绿色创新这一指标改为下一期的绿色创新，即将被解释变量从 GI_t、GIi_t 和 GIu_t 改为 GI_{t+1}、GIi_{t+1} 和 GIu_{t+1}。表 4-9 为回归后的主要结果。结果显示绿色补助（$subsidy$）与下一期的绿色专利（GI_{t+1}）之间为倒 U 型关系。但是绿色补助与下一期的绿色发明专利（GIi_{t+1}）实用新型专利（GIu_{t+1}）不再是显著的倒 U 型关系，而是显著正相关的关系。总的来说，该实证结果仍部分支持假设 1。

表 4-9　　　　　　　　　绿色补助的滞后效应：Tobit 估计

变量	GI_{t+1}		GIi_{t+1}		GIu_{t+1}	
	（1）	（2）	（3）	（4）	（5）	（6）
$subsidy$	1.895***	4.647***	1.827***	4.122***	1.570**	2.824*
	(0.599)	(1.301)	(0.589)	(1.341)	(0.692)	(1.495)
$subsidy^2$		−5.813**		−4.806*		−2.601
		(2.646)		(2.653)		(2.646)
控制变量	控制	控制	控制	控制	控制	控制
$Area$	控制	控制	控制	控制	控制	控制
$Year$	控制	控制	控制	控制	控制	控制
N	1653	1653	1653	1653	1653	1653
Pseudo R^2	0.095	0.097	0.103	0.104	0.096	0.096
AIC value	3691.500	3685.650	2906.099	2903.247	2866.476	2867.089
最小值处斜率		4.645***		4.120***		2.823*
最大值处斜率		−4.988***		−3.845		−1.487
转折点		0.400		0.429		0.543
utest（p-value）		0.066		0.121		0.318

注：（1）***、**和*分别表示 p<0.01、p<0.05 和 p<0.10；（2）括号内为聚类到企业层面的标准误。

资料来源：作者根据 Stata 软件进行回归分析获得。

（三）改变计量模型

首先，本书将使用最小二乘（OLS）对方程（4.1）进行检验并将回归结果呈现于表4-10。OLS回归结果再次表明绿色补助与企业绿色创新之间为倒U型关系，支持第三章的假设1。

表4-10　　　　　　　　　　**绿色补助对绿色创新的影响：OLS估计**

变量	GI		GIi		GIu	
	（1）	（2）	（3）	（4）	（5）	（6）
$subsidy$	0.867***	2.435***	0.577***	1.521***	0.370**	1.294***
	（0.212）	（0.528）	（0.149）	（0.357）	（0.149）	（0.412）
$subsidy^2$		−3.038***		−1.828***		−1.788***
		（0.816）		（0.579）		（0.623）
控制变量	控制	控制	控制	控制	控制	控制
$Area$	控制	控制	控制	控制	控制	控制
$Year$	控制	控制	控制	控制	控制	控制
N	2644	2644	2644	2644	2644	2644
Adj-R^2	0.195	0.201	0.159	0.162	0.147	0.151
AIC value	6025.779	6006.538	4749.207	4738.761	4530.932	4519.996
最小值处斜率		2.434***		1.520***		1.293***
最大值处斜率		−2.600***		−1.510**		−1.671***
转折点		0.401		0.416		0.362
utest（p-value）		0.002		0.010		0.005

注：（1）***、**和*分别表示p<0.01、p<0.05和p<0.10；（2）括号内为聚类到企业层面的标准误。

资料来源：作者根据Stata软件进行回归分析获得。

其次，本书用绿色专利申请的个数取代绿色专利申请的自然对数值，即采用GI_{org}、GIi_{org}、GIu_{org}取代GI、GIi、GIu来衡量被解释变量绿色创新。考虑到被解释变量的性质（都为非负整数），需要使用泊松回归和负二项式回归模型来估计绿色补助对企业绿色创新的影响。泊松回归和负二项式回归结果均显示绿色补助（$subsidy$）和绿色补助的平方项（$subsidy^2$）的系数分别显著为正和显著为负。另外，Haans 等（2016）发现泊松回归和负二项式回归的转折点计算方式与 OLS 回归一样。因而，本书也计算了泊松回归和负二项式回归的绿色补助（$subsidy$）转折点和最小值和最大值处的斜率，并将结果分别呈现于表 4-11 和表 4-12 的下半部分。倒 U 型检验结果再次证明了绿色补助与企业绿色创新之间为倒 U 型关系，支持第三章的假设 1。

表 4-11　　　　　　　　　　绿色补助对绿色创新的影响：泊松估计

变量	GI_{org}		GIi_{org}		GIu_{org}	
	（1）	（2）	（3）	（4）	（5）	（6）
$subsidy$	2.043***	6.073***	1.661***	4.511***	1.326**	5.237***
	(0.526)	(1.498)	(0.482)	(1.418)	(0.572)	(1.632)
$subsidy^2$		−8.250***		−5.812**		−8.710***
		(2.504)		(2.654)		(3.310)
$Area$	控制	控制	控制	控制	控制	控制
$Year$	控制	控制	控制	控制	控制	控制
N	2644	2644	2644	2644	2644	2644
Pseudo R^2	0.220	0.228	0.199	0.203	0.201	0.206
AIC value	13874.786	13739.636	8444.837	8412.986	7571.259	7524.923
最小值处斜率		6.070***		4.508***		5.234***
最大值处斜率		−7.602***		−5.123*		−9.200**
转折点		0.368		0.419		0.301
utest（p-value）		0.004		0.053		0.012

注：（1）***、**和*分别表示 p<0.01、p<0.05 和 p<0.10；（2）括号内为聚类到企业层面的标准误。

资料来源：作者根据 Stata 软件进行回归分析获得。

表 4-12　　　　　　　　　绿色补助对绿色创新的影响：负二项估计

变量	GI_{org}		GIi_{org}		GIu_{org}	
	（1）	（2）	（3）	（4）	（5）	（6）
subsidy	2.972***	6.851***	2.532***	6.285***	1.511***	4.952***
	(0.612)	(1.171)	(0.580)	(1.234)	(0.565)	(1.300)
$subsidy^2$		−8.121***		−7.320***		−7.023***
		(1.905)		(2.054)		(2.360)
控制变量	控制	控制	控制	控制	控制	控制
Area	控制	控制	控制	控制	控制	控制
Year	控制	控制	控制	控制	控制	控制
N	2644	2644	2644	2644	2644	2644
Pseudo R^2	0.059	0.061	0.068	0.070	0.071	0.073
AIC value	8021.080	8004.381	5745.191	5734.678	5412.167	5403.987
最小值处斜率		6.847***		6.282***		4.949***
最大值处斜率		−6.610***		−5.848***		−6.688***
转折点		0.422		0.429		0.353
utest（p-value）		0.001		0.007		0.009

注：（1）***、**和*分别表示 p<0.01、p<0.05 和 p<0.10；（2）括号内为聚类到企业层面的标准误。

资料来源：作者根据 Stata 软件进行回归分析获得。

（四）排除排污费的干扰因素

由于一些企业可能既获得了政府的绿色补助，也向政府缴纳了排污费。因而，为了控制排污费对企业绿色创新的影响干扰本章研究的重点，也就是绿色补助对企业绿色创新的影响，将样本企业中缴纳排污费的观测值都删除。本节对剩余样本（变为 1907 个观测值）的回归结果见表 4-13。

表 4-13　　　绿色补助对绿色创新的影响（排除排污费干扰）：Tobit 估计

变量	GI		GIi		GIu	
	（1）	（2）	（3）	（4）	（5）	（6）
subsidy	2.209***	5.614***	2.033***	4.989***	0.766	4.167**
	（0.612）	（1.456）	（0.621）	（1.469）	（0.695）	（1.831）
subsidy^2		−7.320***		−6.286**		−8.140*
		（2.704）		（2.971）		（4.191）
控制变量	控制	控制	控制	控制	控制	控制
Area	控制	控制	控制	控制	控制	控制
Year	控制	控制	控制	控制	控制	控制
N	1907	1907	1907	1907	1907	1907
Pseudo R^2	0.087	0.090	0.093	0.095	0.091	0.094
AIC value	4076.769	4067.825	3196.269	3191.156	3013.998	3008.550
最小值处斜率		5.611		4.987		4.164
最大值处斜率		−6.518		−5.430		−9.325
转折点		0.384		0.397		0.256
utest（p-value）		0.022		0.070		0.042

注：（1）***、**和*分别表示 $p<0.01$、$p<0.05$ 和 $p<0.10$；（2）括号内为聚类到企业层面的标准误。

资料来源：作者根据 Stata 软件进行回归分析获得。

在排除了企业缴纳排污费的干扰因素后，回归的结果依旧显示绿色补助（subsidy）和绿色补助的平方项（subsidy^2）的系数分别显著为正和显著为负。绿色补助（subsidy）最小值和最大值处的斜率以及转折点的计算结果均符合 Lind 和 Mehlum（2010）提出的三个表明绿色补助与企业绿色创新之间为倒 U 型关系的条件。因而，该结果再次支持第三章的假设 1，即随着企业获得的绿色补助金额的增多，企业绿色创新呈先上升后下降的变化趋势。

第四节 中介效应结果分析

一、绿色补助对中介变量影响的回归结果分析

在本书中，绿色导向（*GO*）、绿色组织学习能力（*GOLC*）和企业绿色战略行动（*GSA*）中大部分数据为0，因此本节将主要采用 Tobit 回归模型对方程（4.2）—（4.4）进行检验，并将回归结果呈现在表4-14。表4-14中（1）、（3）和（5）列只考虑了绿色补助（*subsidy*）对中介变量（*GO*、*GOLC* 和 *GSA*）的影响，（2）、（4）和（6）列加入了绿色补助平方项（$subsidy^2$）对中介变量的影响。

根据表4-14中（2）、（4）和（6）列的结果显示，绿色补助（*subsidy*）的系数均显著为正，而绿色补助的平方项（$subsidy^2$）均显著为负，因而均满足 Lind 和 Mehlum（2010）提出倒 U 型曲线的第一个条件。为了检验是否满足 Lind 和 Mehlum（2010）提出的倒 U 型曲线的第二和第三个条件，本书计算了在绿色补助（*subsidy*）最小值和最大值处的斜率、转折点和倒 U 型检测，并将计算结果呈现于表4-14下半部分。其计算结果表明绿色补助（*subsidy*）最小值和最大值处的斜率分别显著为正和显著为负，且转折点都位于绿色补助（*subsidy*）的取值范围内，满足倒 U 型曲线的第二和第三个条件。因而，回归结果证实了第三章假设 3a、4a 和 5a，即随着政府绿色补助力度的增加，企业绿色导向、绿色组织学习能力和绿色战略行动均呈现先上升后下降的变化趋势。

表4-14　　　　　　**绿色补助对中介变量的直接效应：Tobit 估计**

变量	*GO*		*GOLC*		*GSA*	
	（1）	（2）	（3）	（4）	（5）	（6）
subsidy	2.072***	7.678***	1.381***	3.003***	0.868***	3.851***
	(0.780)	(2.005)	(0.351)	(0.937)	(0.263)	(0.654)
$subsidy^2$		−11.646***		−3.065**		−5.770***
		(3.136)		(1.380)		(1.173)

续表

变量	GO		GOLC		GSA	
	（1）	（2）	（3）	（4）	（5）	（6）
控制变量	控制	控制	控制	控制	控制	控制
Area	控制	控制	控制	控制	控制	控制
Year	控制	控制	控制	控制	控制	控制
N	2644	2644	2644	2644	2618	2618
Pseudo R²	0.185	0.187	0.141	0.142	0.075	0.085
AIC value	6110.871	6100.314	5136.368	5130.031	4076.315	4037.896
最小值处斜率		7.674***		3.002***		3.848***
最大值处斜率		−11.626***		−2.077*		−5.713***
转折点		0.330		0.490		0.334
utest（p-value）		0.000		0.075		0.000

注：（1）***、**和*分别表示 p<0.01、p<0.05 和 p<0.10；（2）括号内为聚类到企业层面的标准误。

资料来源：作者根据 Stata 软件进行回归分析获得。

　　为了更直观地观察绿色补助与不同中介变量之间的倒 U 型关系，本书根据 Tobit 回归结果（未选择左归并于 0）绘制了图 4-4。根据图 4-4 可以发现，随着绿色补助力度的增加，企业绿色导向、绿色组织学习能力和绿色战略行动都呈现先上升后下降的趋势。

二、中介变量对绿色创新影响的回归结果分析

　　本节采用 Tobit 回归模型对方程（4.5）—（4.7）进行检验，即检验中介变量（GO、GOLC、GSA）对企业绿色创新（GI）的影响。表 4-15 中的回归结果表明企业绿色导向（GO）、绿色组织学习能力（GOLC）和绿色战略行动（GSA）均对企业的绿色创新有显著正向影响，支持第三章提出的假设 3c、4c 和 5c。

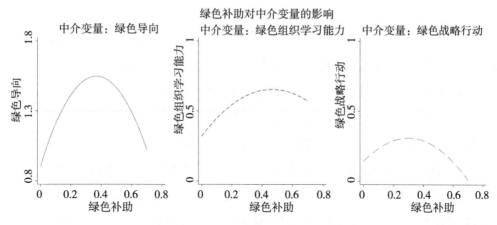

图 4-4　绿色补助对中介变量的影响

资料来源：根据 Stata 回归结果绘制。

表 4-15　　　　　　　中介变量对绿色创新的直接效应：**Tobit** 估计

变量	GI		
	（1）	（2）	（3）
GO	0.110***		
	（0.028）		
GOLC		1.068***	
		（0.048）	
GSA			0.301***
			（0.091）
控制变量	控制	控制	控制
Area	控制	控制	控制
Year	控制	控制	控制
N	2644	2644	2618
Pseudo R²	0.097	0.187	0.098
AIC value	5561.320	5019.064	5491.991

注：（1）***、**和*分别表示 $p<0.01$、$p<0.05$ 和 $p<0.10$；（2）括号内为聚类到企业层面的标准误。

资料来源：作者根据 Stata 软件进行回归分析获得。

三、中介变量的中介效应回归结果分析

本书对于中介效应的检验主要参考 Baron 和 Kenney（1986）提供的三步法。上节已证明了政府绿色补助对企业绿色创新的显著影响（完成了三步法第 1 步），并且也证明了绿色补助对企业绿色战略行动、绿色组织学习能力和绿色导向的显著影响（完成了三步法的第 2 步）。为了证明企业绿色导向、绿色组织学习能力和绿色战略行动为绿色补助与绿色创新之间的中介变量，只需将绿色补助和中介变量同时放入回归方程，检验绿色补助的系数是否仍显著。因而，本节将运用 Tobit 对模型（4.10）—（4.12）进行检验。表 4-16 中的（1）、（3）和（5）列只考虑了绿色补助（subsidy）对绿色创新（GI）的影响，（2）、（4）和（6）列加入了绿色补助平方项（$subsidy^2$）对绿色创新（GI）的影响。

表 4-16 第（1）列，当同时考虑绿色补助（subsidy）和企业绿色导向（GO）对绿色创新的影响时，绿色补助仍显著影响绿色创新，但相比表 4-5 第（1）列中的系数从 1.999 下降到 1.887，该结果支持假设 3d。类似的，当政府绿色补助（subsidy）和绿色组织学习能力（GOLC）同时加入回归方程后，绿色补助仍显著影响绿色创新，但系数相比表 4-5 第（1）列中的系数从 1.999 下降到 0.929，支持第三章假设 4d。同理可发现，当政府绿色补助（subsidy）和绿色战略行动（GSA）同时加入回归方程后，绿色补助仍显著影响绿色创新，但回归系数由 1.999 下降到 1.925，表明企业绿色战略行动在绿色补助和绿色创新之间起着部分中介作用，支持假设 5d。

表 4-16　　绿色补助和中介变量对绿色创新影响的回归结果：Tobit 估计

变量	GI					
	（1）	（2）	（3）	（4）	（5）	（6）
subsidy	1.887***	4.817***	0.929***	2.554***	1.925***	4.756***
	(0.455)	(1.134)	(0.296)	(0.732)	(0.458)	(1.112)
$subsidy^2$		−5.625***		−3.110***		−5.415***
		(1.879)		(1.188)		(1.815)

续表

变量	GI					
	（1）	（2）	（3）	（4）	（5）	（6）
GO	0.103***	0.096***				
	（0.028）	（0.028）				
GOLC			1.054***	1.045***		
			（0.049）	（0.049）		
GSA					0.287***	0.260***
					（0.090）	（0.091）
控制变量	控制	控制	控制	控制	控制	控制
Area	控制	控制	控制	控制	控制	控制
Year	控制	控制	控制	控制	控制	控制
N	2644	2644	2644	2644	2618	2618
Pseudo R^2	0.101	0.103	0.188	0.189	0.102	0.104
AIC value	5539.826	5528.721	5012.781	5008.939	5469.899	5460.005
最小值处斜率		4.815***		2.553***		4.754***
最大值处斜率		−4.506**		−2.601**		−4.220**
转折点		0.428		0.411		0.439
utest（p-value）		0.018		0.026		0.020

注：（1）***、**和*分别表示 p<0.01、p<0.05 和 p<0.10；（2）括号内为聚类到企业层面的标准误。

资料来源：作者根据 Stata 软件进行回归分析获得。

四、中介变量之间传导效应回归结果分析

本节将运用 Tobit 回归方法对模型（4.10）、（4.11）、（4.13）和（4.16）进行检验并将回归结果呈现于表 4-17。表 4-17 中的第（1）和（2）列显示绿色导向（GO）对绿色组织学习能力（GOLC）为显著正向影响，支持第三章假设 4f；绿色组织学习能力也对绿色战略行动有显著正向影响，支持第三章假设 5f。

表 4-17 中的第（3）列，当同时考虑企业绿色导向（GO）和绿色组织学习

能力（GOLC）对绿色创新的影响时，绿色导向仍显著影响绿色创新，相比表 4-15 第（1）列中的绿色导向（GO）系数从 0.110 下降到 0.055，该结果支持第三章假设 4g。同理可发现，当绿色组织学习能力（GOLC）和绿色战略行动（GSA）同时加入回归方程后，绿色组织学习能力（GOLC）仍显著影响绿色创新，但系数相比表 4-15 第（4）列由 1.068 下降到 1.059，该结果支持第三章假设 5g。

表 4-17　　　　　　　中介变量之间的传导效应：Tobit 估计

变量	GOLC	GSA	GI	
	(1)	(2)	(3)	(4)
GO	0.062 ***		0.055 ***	
	(0.021)		(0.020)	
GOLC		0.132 **	1.057 ***	1.059 ***
		(0.053)	(0.049)	(0.049)
GSA				0.138 **
				(0.057)
控制变量	控制	控制	控制	控制
Area	控制	控制	控制	控制
Year	控制	控制	控制	控制
N	2644	2618	2644	2618
Pseudo R^2	0.139	0.075	0.188	0.189
AIC value	5148.369	4075.513	5013.152	4947.222

注：（1） *** 、 ** 和 * 分别表示 $p<0.01$、$p<0.05$ 和 $p<0.10$；（2）括号内为聚类到企业层面的标准误。

资料来源：作者根据 Stata 软件进行回归分析获得。

五、Sobel 检验

本书对中介变量的 Sobel 检验结果展现于图 4-5，以更直观地了解绿色补助对绿色创新的直接效应以及各个中介变量之间的传导效应。图中系数 c 为被解释变量绿色补助对解释变量绿色创新的影响;系数 a 为绿色补助对中介变量(包括绿色导向、绿色组织学习能力和绿色战略行动)的影响;系数 b 是在控制绿色补助的影响后,中介变量对绿色创新的影响;系数 c' 是在控制中介变量的影响后,绿色补助对企业绿色创新的直接影响。此外,中介变量的中介效应(也叫间接效应)等于系数 $a * b$,其与绿色补助对绿色创新的总效应和直接效应的关系为: $c = c' + ab$(温忠麟和叶宝娟;2014)。

根据图 Sobel 检验结果,可以发现绿色组织学习能力的中介效应最强($ab = 1.22$),占绿色补助对绿色创新总效应的 50.37%。而绿色导向和绿色战略行动的中介效应相对较弱,只占绿色补助对绿色创新总效应的 7.41%($ab = 0.17$)和 5.23%($ab = 0.12$)。并且,绿色导向可以通过影响企业的绿色组织学习能力进而影响企业的绿色创新,此时绿色组织学习能力的中介效应占绿色导向对绿色创新总效应的 41.48%($ab = 0.02$)。虽然绿色组织学习能力也可以通过影响企业的绿色战略行动来影响企业的绿色创新绩效,但是此时绿色战略响的中介效应只占绿色组织学习能力和绿色创新总效应的 0.6%($ab = 0.004$),中介传导效应较低。

第五节 中介效应稳健性检验

一、内生性检验

上文中已表明政府绿色补助的发放是政府根据企业原有的绿色创新资源和能力进行甄别和筛选后的结果,因而政府补助与企业的绿色导向、绿色组织学习能力和绿色战略行动之间可能互为因果关系。绿色补助与企业导向、绿色组织学习能力和绿色战略行动之间的内生性问题会导致估计结果有偏差且不可靠,因此,本节将采用与第三节中相同的工具变量(同行业、同地区其他上市企业缴纳的绿色补助的均值)对内生性问题进行控制,并采用 IV-Tobit 进行检测。IV-Tobit 的回归结果显示绿色补助与绿色导向、绿色组织学习能力和绿色战略行动之间仍呈倒 U 型关系,支持假设 3a、4a 和 5a。此外,通过对 IV-Tobit 回归结果进行 Wald 外生性检验发现其检验结果均强烈拒绝其原假设,证实该工具变量的有效性。

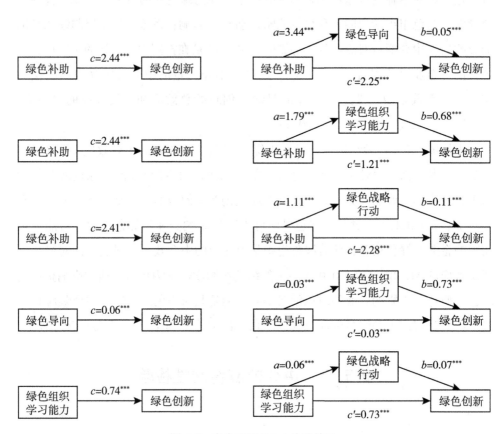

图 4-5 中介变量 Sobel 检验结果

资料来源：根据 Stata 的 Sobel 检验结果绘制。

表 4-18 绿色补助和排污费对绿色导向、绿色组织学习能力和

绿色战略行动的影响：**IV-Tobit** 估计

变量	IV-Tobit		
	（1） GO	（2） GOLC	（3） GSA
subsidy	25. 872 **	22. 665 ***	11. 857 ***
	（12. 516）	（5. 503）	（3. 613）
subsidy^2	−55. 141 *	−39. 453 ***	−15. 282 **
	（28. 161）	（11. 853）	（7. 759）

续表

变量	IV-Tobit		
	(1) *GO*	(2) *GOLC*	(3) *GSA*
控制变量	控制	控制	控制
Area	控制	控制	控制
Year	控制	控制	控制
N	2644	2644	2618
Log-likelihood	6131.414	6567.541	7078.055
AIC	−11944.828	−12917.082	−13838.109

注：（1） *** 、** 和 * 分别表示 p<0.01、p<0.05 和 p<0.10；（2）括号内为聚类到企业层面的标准误。

资料来源：作者根据 Stata 软件进行回归分析获得。

二、改变中介变量的测量方式

本节将采用绿色战略行动、绿色组织学习能力和绿色导向的不同测量方式，对上述模型（4.2）—（4.14）进行再次检验，并将回归结果分别呈现于表 4-19。在改变了对中介变量的测量方式后，回归结果仍显示绿色补助（*subsidy*）与绿色导向（*GO2*）和绿色战略行动（*GSA2*）之间为倒 U 型关系，再次支持假设 3a 和 5a。但是绿色补助（*subsidy*）与企业绿色组织学习能力（*GOLC2*）为显著的正向关系，不支持假设 4a。

表 4-19 改变中介变量的测量方式检验绿色补助
对中介变量的直接影响：Tobit 估计

变量	*GO2*		*GOLC2*		*GSA2*	
	(1)	(2)	(3)	(4)	(5)	(6)
subsidy	1.396 **	4.734 ***	1.354 ***	2.431 ***	2.976 ***	12.687 ***
	(0.551)	(1.425)	(0.338)	(0.888)	(1.328)	(3.026)

续表

变量	GO2		GOLC2		GSA2	
	（1）	（2）	（3）	（4）	（5）	（6）
$subsidy^2$		−6.892***		−2.015		−20.312***
		（2.201）		（1.347）		（5.645）
控制变量	控制	控制	控制	控制	控制	控制
Area	控制	控制	控制	控制	控制	控制
Year	控制	控制	控制	控制	控制	控制
N	2644	2644	2644	2644	2644	2644
Pseudo R^2	0.201	0.202	0.150	0.151	0.148	0.149
AIC value	5347.680	5341.281	4532.332	4530.349	7322.424	7310.907
最小值处斜率		4.731		2.431		12.679
最大值处斜率		−6.689		−0.908		−20.980
转折点		0.343		0.603		0.312
utest（p-value）		0.003		0.265		0.001

注：（1） ***、** 和 * 分别表示 p<0.01、p<0.05 和 p<0.10；（2）括号内为聚类到企业层面的标准误。

资料来源：作者根据 Stata 软件进行回归分析获得。

表 4-20 为检验不同中介变量对绿色创新的影响。结果表明，在改变中介变量的测量方式后，绿色导向（GO2）、绿色组织学习能力（GOLC2）和绿色战略行动（GSA2）对绿色创新都有显著的正向影响，支持第三章假设 3c、4c 和 5c。

表 4-20 改变中介变量的测量方式检验中介变量对绿色创新的影响：**Tobit 估计**

变量	GI		
	（1）	（2）	（3）
GO2	0.135***		
	（0.039）		

续表

变量	GI		
	（1）	（2）	（3）
GOLC2		1. 114 ***	
		（0. 064）	
GSA2			0. 054 ***
			（0. 016）
控制变量	控制	控制	控制
Area	控制	控制	控制
Year	控制	控制	控制
N	2644	2644	2644
Pseudo R²	0. 096	0. 164	0. 096
AIC value	5568. 188	5154. 911	5569. 536

注：（1）***、** 和 * 分别表示 p<0. 01、p<0. 05 和 p<0. 10；（2）括号内为聚类到企业层面的标准误。

资料来源：作者根据 Stata 软件进行回归分析获得。

表 4-21 为检验各个中介变量的中介效应的结果。将表 4-5 第（1）列的结果与表 4-21 第（1）、（3）和（5）列的结果相比，绿色补助（subsidy）的回归系数由 1. 999 分别下降到 1. 915、1. 137 和 1. 929，表明绿色导向（GO2）、绿色组织学习能力（GOLC2）和绿色战略行动（GSA2）均在绿色补助和绿色创新之间起着部分的中介作用，支持第三章假设 3d、4d 和 5d。

表 4-21　　　　　　改变中介变量的测量方式检验绿色补助和
中介变量对绿色创新的影响：Tobit 估计

变量	GI					
	（1）	（2）	（3）	（4）	（5）	（6）
subsidy	1. 915 ***	4. 933 ***	1. 137 ***	3. 261 ***	1. 929 ***	4. 957 ***
	（0. 457）	（1. 128）	（0. 337）	（0. 801）	（0. 456）	（1. 125）

续表

变量	GI					
	（1）	（2）	（3）	（4）	（5）	（6）
$subsidy^2$		-5.799^{***}		-4.072^{***}		-5.821^{***}
		（1.865）		（1.287）		（1.855）
GO2	0.125^{***}	0.117^{***}				
	（0.039）	（0.038）				
GOLC2			1.095^{***}	1.085^{***}		
			（0.064）	（0.065）		
GSA2					0.050^{***}	0.047^{***}
					（0.016）	（0.016）
控制变量	控制	控制	控制	控制	控制	控制
Area	控制	控制	控制	控制	控制	控制
Year	控制	控制	控制	控制	控制	控制
N	2644	2644	2644	2644	2644	2644
Pseudo R^2	0.100	0.102	0.166	0.168	0.100	0.102
AIC value	5546.090	5534.190	5145.447	5138.171	5547.080	5535.081

注：（1）　***、** 和 * 分别表示 $p<0.01$、$p<0.05$ 和 $p<0.10$；（2）括号内为聚类到企业层面的标准误。

资料来源：作者根据 Stata 软件进行回归分析获得。

表4-22 第（1）列显示绿色导向（GO2）对绿色组织学习能力（GOLC）为显著正向影响，支持假设 4f。但是第（2）列显示绿色组织学习能力对绿色战略行动没有显著影响，不支持第三章假设 5f。表 4-22 第（3）列，当同时考虑企业绿色导向（GO2）和绿色组织学习能力（GOLC2）对绿色创新的影响时，绿色导向仍显著影响绿色创新，相比表 4-20 第（1）列绿色导向（GO2）系数从 0.135 下降到 0.073，该结果支持假设 4g。表 4-22 第（4）列，当同时考虑企业绿色组织学习能力（GOLC2）和绿色战略行动（GSA2）对绿色创新的影响时，绿色组

织学习能力仍显著影响绿色创新，相比表 4-20 第（1）列绿色组织学习能力系数从 0.114 下降到 0.106。该结果支持假设 14。但是由于绿色组织学习能力（GOLC2）对绿色战略行动（GSA2）没有显著影响，因而需要进行 sobel 检验。Sobel 检验结果拒绝不存在中介传导的原假设，因而支持第三章的假设 5g。

表 4-22　　改变中介变量测量方式检验中介变量对绿色创新的传导效应：**Tobit** 估计

变量	GOLC2	GSA2	GI	
	（1）	（2）	（3）	（4）
GO2	0.073***		0.089***	
	(0.027)		(0.031)	
GOLC2		0.293	1.105***	1.106***
		(0.217)	(0.064)	(0.065)
GSA2				0.038***
				(0.013)
控制变量	控制	控制	控制	控制
Area	控制	控制	控制	控制
Year	控制	控制	控制	控制
N	2644	2644	2644	2644
Pseudo R^2	0.146	0.147	0.166	0.166
AIC value	4549.824	7325.031	5147.970	5147.837

注：（1）***、** 和 * 分别表示 p<0.01、p<0.05 和 p<0.10；（2）括号内为聚类到企业层面的标准误。

资料来源：作者根据 Stata 软件进行回归分析获得。

三、绿色补助的滞后效应

考虑到绿色补助对企业绿色导向、绿色组织学习能力、绿色战略行动以及绿色创新的影响都有一定的滞后性，因而本书在对方程（4.2）—（4.4）和方程（4.10）—（4.12）检验时，生成这些变量的 $t+1$ 期。表 4-23 为检验绿色补助对中介变量影响的回归结果。回归结果显示绿色补助（$subsidy$）与下一期的绿色组织学习能力（$GOLC_{t+1}$）和绿色战略行动（GSA_{t+1}）之间仍为倒 U 型关系，支持第三章假设 4a 和 5a。但是绿色补助与下一期的绿色导向（GO_{t+1}）不再是显著的倒 U 型关系，不支持第三章假设 3a。该结果可能的原因是绿色补助对企业的绿色导向并没有滞后效应，绿色补助的获得会在当期直接改变企业管理者的注意力焦点。

表 4-23　　　　绿色补助对中介变量的滞后效应：Tobit 估计

变量	GO_{t+1}		$GOLC_{t+1}$		GSA_{t+1}	
	（1）	（2）	（3）	（4）	（5）	（6）
$subsidy$	1.270	3.446	1.391***	3.014***	0.976***	3.836***
	(1.092)	(2.305)	(0.426)	(0.994)	(0.356)	(0.770)
$subsidy^2$		−4.567		−3.370**		−5.989***
		(4.375)		(1.615)		(1.336)
控制变量	控制	控制	控制	控制	控制	控制
$Area$	控制	控制	控制	控制	控制	控制
$Year$	控制	控制	控制	控制	控制	控制
N	1653	1653	1653	1653	1637	1637
Pseudo R^2	0.186	0.187	0.145	0.146	0.069	0.078
AIC value	4205.519	4206.043	3402.181	3397.483	2724.812	2702.289
最小值处斜率				3.012***		3.834***
最大值处斜率				−2.573*		−6.090***
转折点				0.447		0.320
utest（p-value）				0.078		0.000

注：（1）***、** 和 * 分别表示 $p<0.01$、$p<0.05$ 和 $p<0.10$；（2）括号内为聚类到企业层面的标准误。

资料来源：作者根据 Stata 软件进行回归分析获得。

表 4-24 为检验方程（4.10）—（4.12）的回归结果，即将绿色补

（subsidy）和下一期中介变量都加入回归方程中，检验各中介变量的中介效应。将表 4-9 中第（1）列的结果与表 4-24 第（1）、（3）、（5）列的结果相比，绿色补助（subsidy）的回归系数由 1.895 分别下降到 0.813、0.702 和 1.760，表明绿色战略行动、绿色组织学习能力和绿色导向均在绿色补助和绿色创新之间起着部分的中介作用，支持第三章假设 3d、4d 和 5d。

表 4-24　　　　绿色补助和中介变量对绿色创新的滞后效应：Tobit 估计

变量	GI_{t+1}					
	（1）	（2）	（3）	（4）	（5）	（6）
subsidy	1.813 ***	4.448 ***	0.702 *	1.711 *	1.760 ***	4.140 ***
	（0.592）	（1.310）	（0.394）	（0.913）	（0.601）	（1.302）
$subsidy^2$		−5.567 **		−2.116		−5.013 *
		（2.576）		（1.892）		（2.615）
GO_{t+1}	0.086 **	0.083 **				
	（0.034）	（0.033）				
$GOLC_{t+1}$			1.112 ***	1.107 ***		
			（0.049）	（0.049）		
GSA_{t+1}					0.270 ***	0.247 **
					（0.103）	（0.105）
控制变量	控制	控制	控制	控制	控制	控制
Area	控制	控制	控制	控制	控制	控制
Year	控制	控制	控制	控制	控制	控制
N	1653	1653	1653	1653	1637	1637
Pseudo R^2	0.097	0.099	0.198	0.198	0.100	0.101
AIC value	3683.721	3678.504	3283.675	3284.075	3637.334	3633.575

注：（1）***、** 和 * 分别表示 p<0.01、p<0.05 和 p<0.10；（2）括号内为聚类到企业层面的标准误。

资料来源：作者根据 Stata 软件进行回归分析获得。

四、改变计量模型

本书还将使用最小二乘（OLS）对方程（4.2）—（4.14）进行检验并将回归结果分别呈现于表 4-25、表 4-26、表 4-27 和表 4-28。表 4-25 的回归结果支持第三章假设 3a、4a 和 5a，即绿色补助与企业绿色导向、绿色组织学习能力和绿色战略行动之间都呈现倒 U 型关系。表 4-26 的回归结果再次支持第三章假设 3c、4c 和 5c，即企业绿色导向、绿色组织学习能力和绿色战略行动都会显著促进企业绿色创新绩效的提升。表 4-27 的回归结果也再次支持第三章假设 3d、4d 和 5d，即企业绿色导向、绿色组织学习能力和绿色战略行动为政府绿色补助与企业绿色创新之间的中介变量。表 4-27 的回归结果也支持第三章假设 4f、4g、5f 和 5g，即企业绿色导向可以通过影响企业绿色组织学习能力进而影响企业绿色创新绩效，以及企业绿色组织学习能力可以通过影响企业的绿色战略行动来影响企业绿色创新。

表 4-25　　　　　　　　**绿色补助对中介变量直接效应：OLS 估计**

变量	GO		GOLC		GSA	
	（1）	（2）	（3）	（4）	（5）	（6）
subsidy	1.037***	3.441***	0.723***	1.793***	0.149	1.106***
	（0.315）	（0.882）	（0.202）	（0.513）	（0.100）	（0.283）
subsidy^2		−4.656***		−2.073***		−1.848***
		（1.273）		（0.775）		（0.452）
控制变量	控制	控制	控制	控制	控制	控制
Area	控制	控制	控制	控制	控制	控制
Year	控制	控制	控制	控制	控制	控制
N	2644	2644	2644	2644	2618	2618
Adj-R^2	0.309	0.313	0.233	0.237	0.047	0.055
AIC value	9332.994	9320.728	4959.116	4946.328	3237.630	3217.519
最小值处斜率		1.105***		1.792***		1.105***

续表

变量	GO		GOLC		GSA	
	(1)	(2)	(3)	(4)	(5)	(6)
最大值处斜率		-1.957***		-1.643***		-1.957***
转折点		0.299		0.432		0.299
utest（p-value）		0.000		0.023		0.000

注：（1）　***、**和*分别表示 p<0.01、p<0.05 和 p<0.10；（2）括号内为聚类到企业层面的标准误。

资料来源：作者根据 Stata 软件进行回归分析获得。

表 4-26　　　　　　中介变量对绿色创新直接效应：OLS 估计

变量	GI		
	(1)	(2)	(3)
GO	0.059***		
	(0.015)		
GOLC		0.694***	
		(0.032)	
GSA			0.132**
			(0.051)
控制变量	控制	控制	控制
Area	控制	控制	控制
Year	控制	控制	控制
N	2644	2644	2618
Adj-R²	0.197	0.449	0.193
AIC value	6021.666	5026.492	5969.168

注：（1）　***、**和*分别表示 p<0.01、p<0.05 和 p<0.10；（2）括号内为聚类到企业层面的标准误。

资料来源：作者根据 Stata 软件进行回归分析获得。

表 4-27　　　　　　绿色补助和中介变量对绿色创新影响：OLS 估计

变量	GI					
	（1）	（2）	（3）	（4）	（5）	（6）
subsidy	0.809 ***	2.255 ***	0.455 ***	1.524 ***	0.839 ***	2.284 ***
	（0.211）	（0.542）	（0.150）	（0.352）	（0.210）	（0.528）
$subsidy^2$		−2.794 ***		−2.066 ***		−2.789 ***
		（0.836）		（0.530）		（0.808）
GO	0.056 ***	0.052 ***				
	（0.015）	（0.015）				
GOLC			0.727 ***	0.722 ***		
			（0.042）	（0.042）		
GSA					0.127 **	0.114 **
					（0.051）	（0.051）
控制变量	控制	控制	控制	控制	控制	控制
Area	控制	控制	控制	控制	控制	控制
Year	控制	控制	控制	控制	控制	控制
N	2644	2644	2644	2644	2618	2618
Adj-R^2	0.204	0.209	0.405	0.408	0.201	0.206
AIC value	5998.961	5982.912	5229.383	5218.161	5944.736	5928.985

注：（1）　***、** 和 * 分别表示 p<0.01、p<0.05 和 p<0.10；（2）括号内为聚类到企业层面的标准误。

资料来源：作者根据 Stata 软件进行回归分析获得。

表 4-28　　　　　　中介变量之间传导效应：OLS 估计

变量	GOLC	GSA	GI	
	（1）	（2）	（3）	（4）
GO	0.049 ***		0.025 **	
	（0.014）		（0.010）	

续表

变量	GOLC	GSA	GI	
	（1）	（2）	（3）	（4）
GOLC		0.059 **	0.688 ***	0.691 ***
		（0.026）	（0.033）	（0.032）
GSA				0.054 *
				（0.030）
控制变量	控制	控制	控制	控制
Area	控制	控制	控制	控制
Year	控制	控制	控制	控制
N	2644	2618	2644	2618
Adj-R^2	0.234	0.052	0.450	0.451
AIC value	4955.280	3222.670	5019.822	4962.105

注：（1）***、**和*分别表示 p<0.01、p<0.05 和 p<0.10；（2）括号内为聚类到企业层面的标准误。

资料来源：作者根据 Stata 软件进行回归分析获得。

五、排除排污费的干扰因素

由于样本中部分企业既获得了政府的绿色补助，也向政府缴纳了排污费。因而，为了控制排污费对企业绿色创新的影响干扰本章研究的重点，也就是绿色补助和中介变量对企业绿色创新的影响，将样本企业中缴纳排污费的观测值全部删除。通过对剩余样本进行检验，发现回归结果仍旧支持第三章中的假设 3d、4d 和 5d。为更直观地展示结果，本节只将 Sobel 检验的结果呈现于图 4-6。根据图 4-6 的结果，仍可以发现绿色组织学习能力的中介效应最强，占绿色补助对绿色创新总效应的 57.82%（ab = 1.48）。而绿色导向和绿色战略行动的中介效应相对较弱，只占绿色补助对绿色创新总效应的 6.47%（ab = 0.18）和 5.31%（ab = 0.14）。并且，绿色导向可以通过影响企业的绿色组织学习能力进而影响企业的绿色创新，此时绿色组织学习能力的中介效应占绿色导向对绿色创新总效应的

39.09%（$ab = 0.02$）。虽然绿色组织学习能力也可以通过影响企业的绿色战略行动来影响企业的绿色创新绩效，但是此时绿色战略影响的中介效应只占绿色组织学习能力和绿色创新总效应的0.4%（$ab = 0.003$），中介传导效应较低。

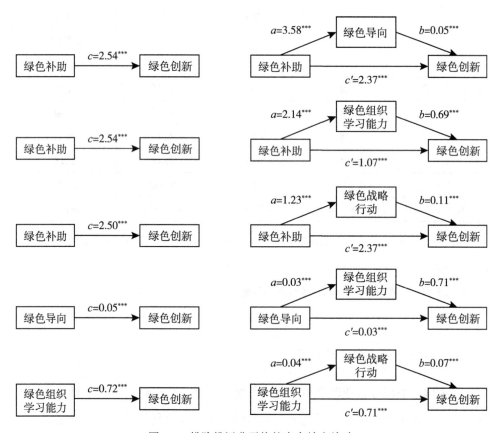

图4-6　排除排污费干扰的中介效应检验

资料来源：根据 Stata 的 sobel 检验结果绘制。

第六节　本章小结

本章以 A 股重污染企业为样本，主要探究政府绿色补助对企业绿色创新的影响，以及绿色补助如何通过影响企业绿色导向、绿色组织学习能力和绿色战略行动进而影响企业绿色创新绩效。通过实证研究，主要得出以下结论（表4-29列出本章对第三章与绿色补助相关的所有假设的验证结果）和启示：

表4-29   基于绿色补助视角的假设检验结果总结

第3章提出的部分假设	实证结果是否支持假设
H1：绿色补助与企业绿色创新之间呈倒 U 型关系。	支持
H3a：绿色补助与企业绿色向之间呈倒 U 型关系。	部分支持
H3c：企业绿色导向与绿色创新呈正向相关关系。	支持
H3d：企业绿色导向在绿色补助与企业绿色创新之间起中介效应。	支持
H4a：绿色补助与企业绿色组织学习能力之间呈倒 U 型关系。	部分支持
H4c：企业绿色组织学习能力与绿色创新之间呈正向相关关系。	支持
H4d：企业绿色组织学习能力在绿色补助与企业绿色创新之间起中介效应。	支持
H4f：企业绿色导向与绿色组织学习能力之间呈正向相关关系。	支持
H4g：企业绿色组织学习能力在绿色导向与绿色创新之间起中介效应。	支持
H5a：绿色补助与企业绿色战略行动之间呈倒 U 型关系。	支持
H5c：企业绿色战略行动与绿色创新之间呈正向相关关系。	支持
H5d：企业绿色战略行动在绿色补助与绿色创新之间起中介效应。	支持
H5f：企业绿色组织学习能力与绿色战略行动之间呈正向相关关系。	部分支持
H5g：企业绿色战略行动在绿色组织学习能力与绿色创新之间起中介效应。	支持

资料来源：作者总结整理获得。

（1）政府绿色补助会对重污染企业绿色创新活动同时产生补偿效应和挤出效应。随着绿色补助力度的增加，补偿效应的增加趋势逐渐减小，而挤出效应的增加趋势逐渐增大。因而绿色补助对企业绿色创新的净效应呈倒 U 型，即在绿色补助的初期阶段，绿色补助力度的增加会激励企业进行绿色创新，然而当超过最优的绿色补助力度后，绿色补助力度的继续增加会抑制企业进行绿色创新。根据本章第三节得到的倒 U 型的结果（转折点 $subsidy = 0.423$），通过计算转折点处的绿色补助均值约为 4356.9 万元 $\left(绿色补助均值 = \dfrac{0.423}{100} * 10300000000 = 43569000\right)$。

由于目前重污染上市企业获得绿色补助的均值约为 355.4 万元，尚未达到倒 U 型的极值点 4356.9 万元，总体来说绿色补助对于企业绿色创新活动仍处于激励阶段（即绿色补助的补偿效应仍显著大于挤出效应），政府可以继续对企业进行绿色补助。尽管现在政府绿色补助主要起到激励作用，但是为了减少依旧可能存在的绿色补助对企业绿色创新的挤出效应，政府在进行绿色补助发放决策时，必须对企业绿色创新活动的前期准备、资金投入、项目进展、完成状况等步骤进行跟踪调研，降低政府与企业间的信息不对称程度，减少企业利用信息不对称的机会主义行为，确保绿色补助效应最大化。此外，考虑到政府绿色补助力度过大，对企业绿色创新活动的挤出效应可能会显著加大，因而当政府绿色补助进行到一定阶段时，应注意减少绿色补助力度，避免显著抑制企业的自主绿色创新发展。

（2）政府绿色补助与企业绿色导向之间呈倒 U 型关系。该结果表明，随着绿色补助力度的增加，企业管理者为了获得绿色补助带来的"额外"收益，如减少自身的研发成本和创新风险以及获得投资和研发合作机会，则会在管理战略上更倾向于进行污染减排和绿色创新。但是，随着绿色补助力度的增加，企业会愈发依赖政府补助资金，企业管理者也将逐渐转为对如何迎合政府绿色补助发放要求的关注，减少了对企业绿色导向的关注。同样，根据本章第四节得到的绿色补助和企业绿色导向间的倒 U 型的结果，计算出转折点处的绿色补助均值为 3399 万元 $\left(\text{绿色补助均值} = \frac{0.33}{100} * 10300000000 = 33990000\right)$。因此，政府目前的平均绿色补助力度仍能显著促进企业对绿色导向的关注。

（3）政府绿色补助会对重污染绿色组织学习能力和企业绿色战略行动同时产生激励作用和抑制作用。随着绿色补助力度的增加，补偿效应的增加趋势逐渐减小，而挤出效应的增加趋势逐渐增大。因而绿色补助对企业绿色组织学习能力和企业绿色战略影响的净效应呈倒 U 型，即在绿色补助的初期阶段，绿色补助力度的增加会提升自身的绿色组织学习能力和激励企业做出绿色战略行动，然而当超过最优的绿色补助力度时，绿色补助力度的继续增加会抑制企业提升自身的绿色组织学习能力和做出绿色战略行动。根据本章第四节得到的绿色补助和绿色组织学习能力间的倒 U 型的结果，通过计算转折点处的绿色补助均值约为 5047 万元 $\left(\text{绿色补助均值} = \frac{0.49}{100} * 10300000000 = 50470000\right)$。同理，可计算绿色补助和绿色组织学习能力间倒 U 型转折处的绿色补助均值为 3440.2 万元 $\left(\text{绿色补助均值} = \frac{0.334}{100} * 10300000000 = 34402000\right)$。由于目前重污染上市企业获得绿色补助的均值约为 355.4 万元，尚未达到绿色补助和绿色组织学习能力（绿色战略行动）倒 U 型关系的极值点 5047.0（3440.2）万元。因此，政府目前的平均绿色补助力度仍能显著促进企业提升绿色组织学习能力和进行绿色战略行动。尽管现在政府绿色补助对企业仍有显著的激励作用，但是为了减少依旧可能存在的绿色补助对企业绿色组织学习能力和绿色战略行动的抑制效应，政府需对企业运用绿色补助的情况进行跟踪、调研和监督，以降低政府与企业间的信息不对称程度。

（4）企业绿色导向、绿色组织学习能力和绿色战略行动均可以显著促进企业绿色创新，该结果与曹洪军和陈泽文（2017）、Aboelmaged 和 Hashem（2019）和戴万亮和路文玲（2020）的研究发现一致。并且绿色导向对绿色组织学习能力以及绿色组织学习能力对绿色战略行动都可以产生积极的影响。该回归结果表明，企业应坚持绿色发展理念，形成良好的绿色导向，并将这种绿色导向融入企业的文化中。企业也应该积极地学习绿色知识和技术，一方面，企业应注重加强企业内部知识融合，鼓励企业科研团队间的交流和探讨；另一方面，企业应向同盟和竞争对手学习，获取新的知识、技术和经验，将获取的信息进行整合、转化和利用。此外，企业也要积极地开展绿色战略行动以促进企业绿色创新绩效的产生。

（5）政府绿色补助可以通过绿色导向、绿色组织学习能力和绿色战略行动来间接影响企业绿色创新，相比绿色战略行动和绿色导向，企业绿色组织学习能力的中介效应最强。这也意味着政府绿色补助主要通过影响企业绿色组织学习能力的改变，再影响绿色创新绩效的改变。

第五章 市场型环境规制与企业绿色创新：
基于排污费视角

第一节 研 究 设 计

本章大部分的变量测量方式和数据来源与第四章相同。因而，本章不再赘述，具体内容可详见第四章。本章会在下文详细叙述数据样本的改变、新增的变量和模型的改变。

一、样本和数据

本章节依旧选取中国 A 股重污染行业上市企业 2008—2017 年的数据为原始样本。与第四章对样本数据筛选的步骤类似，本章只是将第四章中筛选步骤的第（4）步改为，为了减少企业信息披露行为对研究排污费对绿色创新的实证结果，剔除排污费缺失或为 0 的样本。经过筛选，共计获得 268 家重污染上市企业数据和 1443 个样本观测值。本章样本数据的来源也与第四章一致，因此不在此赘述。

根据中国国家统计局对中国各区域的划分方法，对本章节的样本根据注册区域占比进行划分（如图 5-1）。可以发现样本数据中，经济更加发达的东部地区数据占比最高，为 45%。经济发展程度水平略低的中部和西部的样本数据占比差不多，均为 24%。东北地区的样本数据最低，仅占到 7%。

企业属性可以分为国营或国有控股、私营企业、中外合资、外商独资和集体企业等。根据企业属性对本章样本企业进行划分（如图 5-2），可以发现国营或国有控股企业的数据占比最高，约为 59%。私营企业占比较低，约为 34%。其他企业如中外合资、外商独资和集体企业等只占到样本数据的 7%。因此，本章样

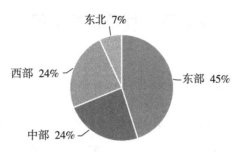

图 5-1 排污费样本企业注册区域占比

资料来源：作者根据 Excel 绘图获得。

本数据主要以国营或国有控股和私营企业为主。

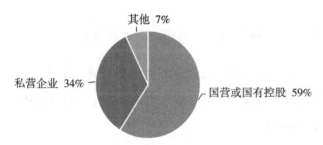

图 5-2 排污费样本企业所有制占比

资料来源：作者根据 Excel 绘图获得。

二、变量定义和测量

除采用了与第四章一致的变量测量方式（详见表 4-2），本章新增了企业年度排污费的数据。企业排污费的数据主要借鉴李青原和肖泽华（2020），通过对企业年报中公布的企业排污费进行收集和整理。为了增加可读性，本书用标准化后的排污费数据（记为 $charge$，$charge = \dfrac{排污费}{企业资产总计} * 100$）来衡量政府对企业收取排污费的力度。

第二节 计量模型设定

一、排污费对企业绿色创新的作用机制模型

为检验排污费对企业绿色创新的影响，本章构建的计量模型如下：

$$GI_{it} = \alpha_0 + \beta_1 charge_{it} + \gamma_n X + \sum Area + \sum Year + \varepsilon_{it} \quad (5.1)$$

在模型（5.1）中，GI_{it} 表示企业绿色创新，$charge_{it}$ 表示企业每年获得的排污费数据，β_1 为 $charge_{it}$ 的系数，也是该模型的核心估计系数。α_0 为回归的截距项，γ_n 为其余控制变量 X 的系数。$Area$ 和 $Year$ 为省份和年份的虚拟变量。ε_{it} 为随机扰动项。

二、排污费与企业绿色创新之间的中介机理模型

为了检验第三章中排污费与绿色创新之间的假设，将建立以下模型来验证。首先，为了验证排污费对绿色导向、绿色组织学习能力和绿色战略行动的直接效应，分别建立下列模型：

$$GO_{it} = \alpha_0 + \beta_1 charge_{it} + \gamma_n X + \sum Area + \sum Year + \varepsilon_{it} \quad (5.2)$$

$$GOLC_{it} = \alpha_0 + \beta_1 charge_{it} + \gamma_n X + \sum Area + \sum Year + \varepsilon_{it} \quad (5.3)$$

$$GSA_{it} = \alpha_0 + \beta_1 charge_{it} + \gamma_n X + \sum Area + \sum Year + \varepsilon_{it} \quad (5.4)$$

在模型（5.2）—（5.4）中，GO_{it} 代表企业绿色导向、$GOLC_{it}$ 代表企业的绿色组织学习能力、GSA_{it} 代表企业的绿色战略行动。$charge_{it}$ 表示企业每年获得的排污费数据，β_1 为 $charge_{it}$ 变量的系数，也是该模型的核心估计系数。α_0 为回归的截距项，γ_n 为其余控制变量 X 的系数。$Area$ 和 $Year$ 为省份和年份的虚拟变量。ε_{it} 为随机扰动项。

其次，为了检验加入绿色导向、绿色组织学习能力和绿色战略行动到模型（5.1）中是否会改变被解释变量（$charge$）对解释变量（GI）的影响，构建了以下模型：

$$GI_{it} = \alpha_0 + \beta_1 charg\,e_{it} + \beta_2 GO_{it} + \gamma_n X + \sum Area + \sum Year + \varepsilon_{it} \quad (5.5)$$

$$GI_{it} = \alpha_0 + \beta_1 charg\,e_{it} + \beta_2 GOLC_{it} + \gamma_n X + \sum Area + \sum Year + \varepsilon_{it} \quad (5.6)$$

$$GI_{it} = \alpha_0 + \beta_1 charg\,e_{it} + \beta_2 GSA_{it} + \gamma_n X + \sum Area + \sum Year + \varepsilon_{it} \quad (5.7)$$

在模型（5.5）—（5.7）中，GI_{it} 表示企业绿色创新。β_1 为 $charg\,e_{it}$ 变量的系数。β_2 为绿色导向、绿色组织学习能力和绿色战略行动的估计系数。其他变量和系数与上述模型一致。

第三节　实证结果分析

一、描述性统计

表 5-1 展现了本章节样本所有相关变量的描述性统计值。排污费（$charge$）的均值为 0.10，表明样本企业平均缴纳排污费约占总资产的 0.10%。此外，排污费（$charge$）的标准差约为 0.13，比均值略大，表明样本中各个企业之间缴纳的排污费差别较大。

表 5-1　　　　　　　　排污费样本变量描述性统计

变量代码	样本量	均值	标准差	P10	P25	中位数	P75	P90
GI	1443	0.621	0.900	0.000	0.000	0.000	1.099	1.946
GIi	1443	0.391	0.695	0.000	0.000	0.000	0.693	1.386
GIu	1443	0.383	0.668	0.000	0.000	0.000	0.693	1.386
$charge$	1443	0.103	0.139	0.007	0.024	0.057	0.119	0.242
GO	1443	1.146	1.786	0.000	0.000	0.000	2.000	4.000
$GOLC$	1443	0.489	0.733	0.000	0.000	0.000	0.847	1.609
GSA	1429	0.237	0.557	0.000	0.000	0.000	0.192	0.742
$size$	1443	22.584	1.250	20.978	21.714	22.464	23.443	24.227
lev	1443	0.513	0.192	0.240	0.370	0.536	0.666	0.747

续表

变量代码	样本量	均值	标准差	P10	P25	中位数	P75	P90
roa	1443	0.032	0.049	−0.011	0.006	0.025	0.053	0.095
tobinQ	1443	1.740	0.904	1.013	1.144	1.444	1.999	2.902
growth	1443	0.132	0.282	−0.170	−0.035	0.098	0.252	0.425
age	1443	2.775	0.302	2.398	2.565	2.833	2.996	3.135
soe	1443	0.631	0.483	0.000	0.000	1.000	1.000	1.000
board	1443	2.315	0.164	2.079	2.303	2.303	2.303	2.485
duality	1443	0.142	0.349	0.000	0.000	0.000	0.000	1.000

资料来源：作者根据 Stata 软件进行描述性统计分析获得。

企业绿色导向（GO）和绿色组织学习能力（GOLC）的均值分别为 1.14 和 0.489，而中位数都为 0，表明将近一半的样本企业没有形成良好的绿色导向且绿色组织学习能力不足。绿色战略行动（GSA）的均值为 0.24，表明平均的样本企业环保投资总额占企业总资产为 0.24%。然而，绿色战略行动（GSA）的中位数为 0，表明将近一半的样本企业没有绿色战略行动，并且企业间绿色战略行动差距大。样本其他控制变量的描述性统计值与第三章相似，因此不再详细描述。

二、基础回归结果分析

本节首先检验排污费（charge）对绿色创新（GI、GIi 和 GIu）的影响，并采用最小二乘回归模型和 Tobit 回归模型对此关系进行检验，其回归结果呈现于表 5-2。表 5-2 中第（1）—（4）列的回归结果均显示排污费（charge）的系数显著为正，表明排污费对企业绿色专利（GI）和绿色发明专利申请（GIi）有显著的正向促进作用。然而，第（5）和（6）列的回归结果中排污费（charge）的系数并不显著，表明排污费对企业绿色实用新型专利申请（GIu）并没有显著的促进作用。该结果与李青原和肖泽华（2020）一致，表明排污费对重污染企业的绿色发明专利的倒逼作用更显著。综上，排污费政策会倒逼企业绿色创新绩效的提升，支持第三章的假设 2。

表 5-2　　　　　　　　　排污费对绿色创新的影响：OLS 和 Tobit 估计

变量	GI		GIi		GIu	
	（1）OLS	（2）Tobit	（3）OLS	（4）Tobit	（5）OLS	（6）Tobit
charge	0.436***	1.148***	0.395**	1.305***	0.083	0.337
	（0.163）	（0.346）	（0.155）	（0.371）	（0.106）	（0.392）
size	0.345***	0.716***	0.236***	0.651***	0.222***	0.603***
	（0.026）	（0.055）	（0.021）	（0.061）	（0.021）	（0.058）
lev	0.356***	0.927***	0.144	0.721*	0.252**	0.830**
	（0.133）	（0.336）	（0.104）	（0.371）	（0.107）	（0.358）
roa	0.582	2.075*	0.342	1.756	0.238	2.177*
	（0.495）	（1.172）	（0.415）	（1.274）	（0.384）	（1.244）
tobinQ	0.015	−0.018	0.013	0.001	0.013	−0.095
	（0.024）	（0.073）	（0.019）	（0.080）	（0.018）	（0.081）
growth	−0.048	−0.046	−0.025	−0.035	−0.069	−0.148
	（0.076）	（0.178）	（0.062）	（0.193）	（0.058）	（0.191）
age	−0.452***	−1.089***	−0.376***	−1.168***	−0.273***	−0.914***
	（0.082）	（0.192）	（0.065）	（0.209）	（0.061）	（0.204）
soe	−0.04	−0.014	−0.034	−0.055	−0.013	0.02
	（0.053）	（0.117）	（0.043）	（0.128）	（0.042）	（0.123）
board	0.169	0.158	0.255*	0.539*	0.087	0.005
	（0.155）	（0.291）	（0.133）	（0.313）	（0.122）	（0.299）
duality	−0.148***	−0.340**	−0.103**	−0.319**	−0.069	−0.287**
	（0.054）	（0.136）	（0.044）	（0.150）	（0.042）	（0.146）
Constant	−6.827***	−15.800***	−4.763***	−15.074***	−4.613***	−14.135***
	（0.635）	（1.369）	（0.518）	（1.512）	（0.506）	（1.455）
控制变量	控制	控制	控制	控制	控制	控制
Area	控制	控制	控制	控制	控制	控制

续表

变量	GI		GIi		GIu	
	（1）OLS	（2）Tobit	（3）OLS	（4）Tobit	（5）OLS	（6）Tobit
$Year$	控制	控制	控制	控制	控制	控制
N	1443	1443	1443	1443	1443	1443
Adj-R^2	0.331		0.256		0.266	
Pseudo R^2		0.173		0.164		0.181
AIC value	3257.542	2970.299	2667.441	2415.882	2532.735	2352.614

　　注：（1）***、**和*分别表示 $p<0.01$、$p<0.05$ 和 $p<0.10$；（2）括号内为稳健标准误。

　　资料来源：作者根据 Stata 软件进行回归分析获得。

　　对于企业内部基本特征对于企业绿色创新的影响，该回归结果发现企业规模（$size$）和企业负债水平（lev）都对绿色创新有显著的正向影响，与先前的研究结果一致（王晓祺等，2020）。而企业成熟度（age）和二职合一（$duality$）都对绿色创新有显著的负向影响。企业成熟度的负向作用表明随着企业年龄的增加，企业规避和抵制高风险、高投入的绿色创新研发活动成为企业的主要惯性，而这种惯性会阻碍企业进行绿色创新（Wong，2013）。二职合一的负向影响是因为企业董事长和 CEO 的角色分离会影响企业的效率，从而削弱企业处理事情的能力，进而阻碍了企业绿色创新的发展。

　　三、基础回归结果稳健性检验

　　首先，考虑到排污费对企业绿色创新的倒逼效应和挤出效应也有可能存在一定的滞后性，因此本书再次对方程（5.1）检验时将企业绿色创新这一指标改为下一期的绿色创新，即将被解释变量从 GI_t、GIi_t 和 GIu_t 改为 GI_{t+1}、GIi_{t+1} 和 GIu_{t+1}。表 5-3 中回归结果依旧表明排污费（$charge$）显著促进企业绿色专利（GI_{t+1}）和绿色发明专利申请（GIi_{t+1}）的增加，但是对企业绿色实用新型专利申请（GIu_{t+1}）并没有显著的促进作用，支持第三章的假设 2。

表 5-3   排污费的滞后效应：OLS 和 Tobit 估计

变量	GI_{t+1}		GIi_{t+1}		GIu_{t+1}	
	（1）OLS	（2）Tobit	（3）OLS	（4）Tobit	（5）OLS	（6）Tobit
charge	0.496***	1.094***	0.448***	1.209***	0.139	0.276
	(0.167)	(0.345)	(0.155)	(0.372)	(0.103)	(0.410)
控制变量	控制	控制	控制	控制	控制	控制
Area	控制	控制	控制	控制	控制	控制
Year	控制	控制	控制	控制	控制	控制
N	1443	1443	1443	1443	1443	1443
Adj-R^2	0.333		0.277		0.283	
Pseudo R^2		0.160		0.164		0.180
AIC value	3380.793	3141.384	2863.935	2568.931	2709.692	2462.220

注：（1）***、**和*分别表示 $p<0.01$、$p<0.05$ 和 $p<0.10$；（2）括号内为稳健标准误。

资料来源：作者根据 Stata 软件进行回归分析获得。

其次，本书还使用泊松回归和负二项式回归来验证排污费（*charge*）对绿色创新（*GI*、*GIi* 和 *GIu*）的影响，以增加回归结果的稳健性，并将结果呈现于表 5-4。表 5-4 的回归结果依旧与表 5-2 的基础回归结果一致，证实了排污费对企业绿色创新的倒逼作用，尤其是对企业绿色发明专利（*GIi*）的倒逼作用。

表 5-4   排污费对绿色创新的影响：泊松和负二项估计

变量	*GI*		*GIi*		*GIu*	
	（1）泊松	（2）负二项	（3）泊松	（4）负二项	（5）泊松	（6）负二项
charge	1.030**	1.167***	1.817***	1.549***	−0.022	0.446
	(0.485)	(0.366)	(0.555)	(0.416)	(0.503)	(0.506)
控制变量	控制	控制	控制	控制	控制	控制
Area	控制	控制	控制	控制	控制	控制
Year	控制	控制	控制	控制	控制	控制

续表

变量	GI		GIi		GIu	
	（1）泊松	（2）负二项	（3）泊松	（4）负二项	（5）泊松	（6）负二项
N	1443	1443	1443	1443	1443	1443
Pseudo R^2	0.386	0.121	0.341	0.131	0.309	0.132
AIC value	7170.931	4459.168	4498.429	3233.320	4192.017	3174.539

注：（1）　***、**和*分别表示 p<0.01、p<0.05 和 p<0.10；（2）括号内为稳健标准误。

资料来源：作者根据 Stata 软件进行回归分析获得。

最后，由于本章的样本企业中既有向政府缴纳排污费的企业，也有获得政府绿色补助的企业。因此，本书为了控制绿色补助对企业绿色创新的影响会干扰本章研究的重点，也就是排污费对企业绿色创新的影响，将本章样本企业中获得绿色补助的观测值全部删除。本节对剩余样本（变为 613 个观测值）的回归结果见表 5-5。

表 5-5　排污费对绿色创新的影响（排除绿色补助的干扰）：OLS 和 Tobit 估计

变量	GI		GIi		GIu	
	（1）OLS	（2）Tobit	（3）OLS	（4）Tobit	（5）OLS	（6）Tobit
charge	0.852***	2.081***	0.715***	2.232***	0.27	1.117**
	(0.288)	(0.517)	(0.266)	(0.565)	(0.207)	(0.550)
控制变量	控制	控制	控制	控制	控制	控制
Area	控制	控制	控制	控制	控制	控制
Year	控制	控制	控制	控制	控制	控制
N	613	613	613	613	613	613
Adj-R^2	0.353		0.266		0.262	
Pseudo R^2		0.210		0.197		0.212
AIC value	1429.461	1275.624	1191.719	1048.849	1128.585	1022.066

注：（1）　***、**和*分别表示 p<0.01、p<0.05 和 p<0.10；（2）括号内为稳健标准误。

资料来源：作者根据 Stata 软件进行回归分析获得。

在排除了部分企业获得绿色补助的干扰因素后，回归的结果依旧显示排污费（*charge*）的系数显著为正，表明排污费对企业绿色专利（*GI*）和绿色发明专利申请（*GIi*）有显著的正向促进作用。此外，表 5-5 第（6）列的回归结果中排污费（*charge*）的系数也显著，表明排污费对企业绿色实用新型专利申请（*GIu*）有显著的促进作用，但是比第（2）和（4）列的回归系数都小。因此，该回归结果依旧表明排污费对重污染企业的绿色发明专利的倒逼作用更显著。总的来说，排污费政策会倒逼企业绿色创新绩效的提升，支持第三章的假设 2。

第四节　中介效应结果分析

一、排污费对中介变量影响的回归结果分析

为了检验排污费（*charge*）对企业绿色导向（*GO*）、绿色组织学习能力（*GOLC*）和绿色战略行动（*GSA*）的影响，本节采用最小二乘和 Tobit 回归模型对方程（5.2）—（5.4）进行一一检验，并将回归结果呈现在表 5-6。回归结果排污费（*charge*）系数都显著为正，表明排污费力度的增加显著促进了企业建立绿色导向、加强绿色组织学习能力和进行绿色战略行动。该实证结果支持第三章提出的假设 3b、4b 和 5b。

表 5-6　　　　　排污费对中介变量的直接效应：OLS 和 Tobit 估计

变量	GO		GOLC		GSA	
	（1）OLS	（2）Tobit	（3）OLS	（4）Tobit	（5）OLS	（6）Tobit
charge	0.889***	1.808***	0.327**	0.765***	0.259**	0.718***
	(0.330)	(0.615)	(0.149)	(0.234)	(0.113)	(0.246)
控制变量	控制	控制	控制	控制	控制	控制
Area	控制	控制	控制	控制	控制	控制
Year	控制	控制	控制	控制	控制	控制
N	1443	1443	1443	1443	1429	1429

续表

变量	GO		GOLC		GSA	
	(1) OLS	(2) Tobit	(3) OLS	(4) Tobit	(5) OLS	(6) Tobit
Adj-R^2	0.402		0.363		0.086	
Pseudo R^2		0.231		0.224		0.124
AIC value	5075.530	3364.415	2597.371	2684.717	2304.065	2466.595

注：（1）***、** 和 * 分别表示 $p<0.01$、$p<0.05$ 和 $p<0.10$；（2）括号内为稳健标准误。

资料来源：作者根据 Stata 软件进行回归分析获得。

二、中介变量对绿色创新影响的回归结果分析

本节采用最小二乘回归和 Tobit 回归模型并通过排污费样本来检验中介变量（GO、GOLC、GSA）对企业绿色创新（GI）的影响。表 5-7 中的回归结果表明企业绿色导向（GO）、绿色组织学习能力（GOLC）和绿色战略行动（GSA）均对企业的绿色创新有显著正向影响，支持第三章提出的假设 3c、4c 和 5c。

表 5-7　中介变量对绿色创新的直接效应（排污费样本）：OLS 和 Tobit 估计

变量	GI					
	(1) OLS	(2) Tobit	(3) OLS	(4) Tobit	(5) OLS	(6) Tobit
GO	0.099*** (0.016)	0.147*** (0.029)				
GOLC			0.610*** (0.039)	0.808*** (0.060)		
GSA					0.112*** (0.042)	0.212*** (0.079)
控制变量	控制	控制	控制	控制	控制	控制
Area	控制	控制	控制	控制	控制	控制

续表

变量	*GI*					
	（1）OLS	（2）Tobit	（3）OLS	（4）Tobit	（5）OLS	（6）Tobit
Year	控制	控制	控制	控制	控制	控制
N	1443	1443	1443	1443	1429	1429
Adj-R^2	0.351		0.486		0.331	
Pseudo R^2		0.177		0.219		0.172
AIC value	3214.686	2955.008	2878.831	2810.209	3227.917	2942.058

注：（1）***、**和*分别表示 p<0.01、p<0.05 和 p<0.10；（2）括号内为稳健标准误。

资料来源：作者根据 Stata 软件进行回归分析获得。

三、中介变量的中介效应回归结果分析

在本章已证明了排污费与企业绿色创新之间呈显著正向相关（完成了 Baron 和 Kenny（1986）提出三步法的第 1 步），并且证明了排污费对企业绿色导向、绿色组织学习能力和绿色战略行动都有显著的正向影响（完成了三步法的第 2 步）。因此，为了证明企业绿色导向、绿色组织学习能力和绿色战略行动为排污费与绿色创新之间的中介变量，只需验证三步法的第 3 步，即将排污费和中介变量同时加入回归方程中并检验排污费系数显著程度和系数大小的变化。因而，本节采用最小二乘法和 Tobit 回归对方程（5.5）—（5.7）进行检验。

表 5-8 第（1）和（2）列为排污费（*charge*）和绿色导向（*GO*）同时加入回归方程后的结果。第（1）和（2）列中排污费（*charge*）和绿色导向（*GO*）均显著。并且，相比表 5-2 第（1）和（2）列中排污费（*charge*）系数，表 5-8 第（1）和（2）列中排污费（*charge*）系数分别从 0.436 下降到 0.350 和从 1.148 下降到 0.973，表明企业绿色导向在排污费和绿色创新之间起着部分的中介作用，支持第三章的假设 3e。

表 5-8　　　　　**排污费和中介变量对绿色创新影响：OLS 和 Tobit 估计**

变量	GI					
	(1) OLS	(2) Tobit	(3) OLS	(4) Tobit	(5) OLS	(6) Tobit
charge	0.350**	0.973***	0.237*	0.753**	0.410**	1.124***
	(0.154)	(0.341)	(0.138)	(0.304)	(0.166)	(0.346)
GO	0.096***	0.139***				
	(0.016)	(0.029)				
GOLC			0.606***	0.797***		
			(0.039)	(0.060)		
GSA					0.106**	0.201**
					(0.042)	(0.079)
控制变量	控制	控制	控制	控制	控制	控制
Area	控制	控制	控制	控制	控制	控制
Year	控制	控制	控制	控制	控制	控制
N	1443	1443	1443	1443	1429	1429
Adj-R^2	0.353		0.486		0.334	
Pseudo R^2		0.180		0.221		0.175
AIC value	3211.398	2948.961	2877.757	2806.103	3222.867	2933.605

注：（1）***、**和*分别表示 $p<0.01$、$p<0.05$ 和 $p<0.10$；（2）括号内为稳健标准误。

资料来源：作者根据 Stata 软件进行回归分析获得。

表 5-8 第（3）和（4）列为排污费（charge）和绿色组织学习能力（GOLC）同时加入回归方程后的结果。第（3）和（4）列中排污费（charge）和绿色组织学习能力（GOLC）均显著为正，并且排污费系数相比于表 5-2 第（1）和（2）列中排污费系数均下降（从 0.436 下降到 0.237 和从 1.148 下降到 0.753），表明企业绿色组织学习能力在排污费和绿色创新之间起着部分的中介作用，支持第三

章的假设 4e。

表 5-8 第（5）和（6）列为排污费（*charge*）和绿色战略行动（*GSA*）同时加入回归方程后的结果。这两列结果均显示排污费（*charge*）和绿色战略行动（*GSA*）对绿色创新有显著正向的影响，并且排污费系数相比于表 5-2 第（1）和（2）列中排污费系数均下降（从 0.436 下降到 0.410 和从 1.148 下降到 1.124），表明绿色战略行动在排污费和绿色创新之间起着部分的中介作用，支持第三章的假设 5e。

四、中介变量之间传导效应回归结果分析

本节将采用 Tobit 回归模型并通过排污费样本来检验中介变量间的相互影响。表 5-9 第（1）和（2）列显示绿色导向（*GO*）对绿色组织学习能力（*GOLC*）为显著正向影响，再次支持第三章假设 4f；绿色组织学习能力也对绿色战略行动有显著正向影响，再次支持第三章假设 5f。

表 5-9 第（3）列，当同时考虑企业绿色导向（*GO*）和绿色组织学习能力（*GOLC*）对绿色创新的影响时，绿色导向仍显著影响绿色创新，相比表 5-7 第（2）列中的绿色导向（*GO*）系数从 0.147 下降到 0.077，该结果支持第三章假设 4g。同理可发现，当绿色组织学习能力（*GOLC*）和绿色战略行动（*GSA*）同时加入回归方程后，绿色组织学习能力（*GOLC*）仍显著影响绿色创新，但系数相比表 5-8 第（4）列由 0.808 下降到 0.800，该结果支持第三章假设 5g。

表 5-9　　　　中介变量之间的传导效应（排污费样本）：Tobit 估计

变量	*GOLC*	*GSA*	*GI*	
	（1）	（2）	（3）	（4）
GO	0.077 ***		0.095 ***	
	(0.019)		(0.026)	
GOLC		0.162 ***	0.776 ***	0.800 ***
		(0.050)	(0.060)	(0.061)

续表

变量	GOLC	GSA	GI	
	（1）	（2）	（3）	（4）
GSA				0.118 *
				（0.071）
控制变量	控制	控制	控制	控制
Area	控制	控制	控制	控制
Year	控制	控制	控制	控制
N	1443	1429	1443	1429
Pseudo R^2	0.225	0.125	0.223	0.220
AIC value	2679.652	2464.487	2798.666	2780.746

注：（1）＊＊＊、＊＊和＊分别表示 $p<0.01$、$p<0.05$ 和 $p<0.10$；（2）括号内为稳健标准误。

资料来源：作者根据 Stata 软件进行回归分析获得。

五、Sobel 检验

本书还将对中介变量的 sobel 检验结果展现于图 5-3，更直观地展现排污费对绿色创新的直接效应以及各个中介变量之间的传导效应。根据图 5-3 可以发现绿色组织学习能力的中介效应最强，占排污费对绿色创新总效应的 45.52%（ab = 0.20）。绿色导向和绿色战略行动的中介效应相对较弱，约占排污费对绿色创新总效应的 19.68%（ab = 0.09）和 6.29%（ab = 0.03）。并且，排污费样本数据再次表明绿色导向可以通过影响企业的绿色组织学习能力进而影响企业的绿色创新，此时绿色组织学习能力的中介效应占绿色导向对绿色创新总效应的 38.75%（ab = 0.04）。虽然绿色组织学习能力也可以通过影响企业的绿色战略行动来影响企业的绿色创新绩效，但是此时绿色战略响的中介效应只占绿色组织学习能力和绿色创新总效应的 0.63%（ab = 0.004），中介传导效应较低。

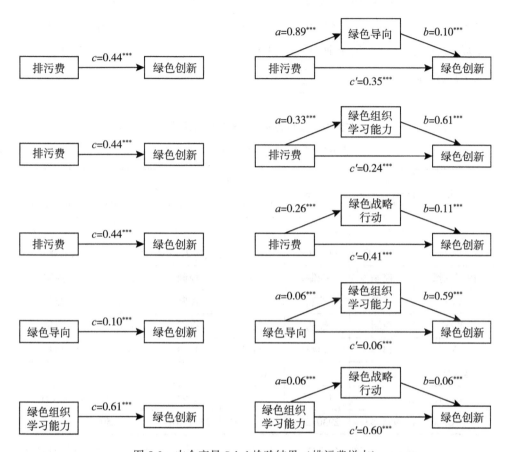

图 5-3 中介变量 Sobel 检验结果（排污费样本）

资料来源：根据 Stata 的 Sobel 检验结果绘制。

第五节 中介效应稳健性检验

一、改变中介变量的测量方式

本节将采用绿色战略行动、绿色组织学习能力和绿色导向的不同测量方式，对上述所有结果进行再次检验。表 5-10 为排污费对中介变量影响的回归结果。结果显示在改变中介变量的测量方式后，排污费（*charge*）依旧与绿色导向

（GO2）和绿色战略行动（GSA2）之间呈显著正向相关，支持第三章的假设 3b 和 5b。但是表 5-10 中第（3）和（4）列回归结果表明只有在采用 OLS 回归时，排污费（charge）会促进企业绿色组织学习能力（GOLC2）的提升，部分支持第三章的假设 4b。

表 5-10　　　　　　　　改变中介变量的测量方式检验排污费对
中介变量的影响：OLS 和 Tobit 估计

变量	GO2		GOLC2		GSA2	
	（1）OLS	（2）Tobit	（3）OLS	（4）Tobit	（5）OLS	（6）Tobit
charge	0.597 ***	1.272 ***	0.244 *	0.353	0.989 ***	2.294 ***
	（0.224）	（0.447）	（0.142）	（0.239）	（0.496）	（1.000）
控制变量	控制	控制	控制	控制	控制	控制
Area	控制	控制	控制	控制	控制	控制
Year	控制	控制	控制	控制	控制	控制
N	1443	1443	1443	1443	1443	1443
Adj-R^2	0.409		0.317		0.408	
Pseudo R^2		0.247		0.219		0.191
AIC value	3985.432	2930.223	2091.203	2361.676	6505.250	4146.110

注：（1）***、** 和 * 分别表示 $p<0.01$、$p<0.05$ 和 $p<0.10$；（2）括号内为稳健标准误。

资料来源：作者根据 Stata 软件进行回归分析获得。

表 5-11 为中介变量（GO2、GOLC2、GSA2）对企业绿色创新（GI）的影响。回归结果表明企业绿色导向（GO2）、绿色组织学习能力（GOLC2）和绿色战略行动（GSA2）均对企业的绿色创新有显著正向影响，支持第三章提出的假设 3c、4c 和 5c。

表 5-12 为检验方程（5.5）—（5.7）的回归结果。表 5-12 第（1）和（2）列中绿色导向（GO2）和排污费（charge）均显著。并且，相比表 5-2 第（1）和（2）列中排污费（charge）系数，表 5-12 第（1）和（2）列中排污费（charge）

系数分别从 0.436 下降到 0.369 和 1.148 下降到 1.014，表明企业绿色导向在排污费和绿色创新之间起着部分的中介作用，再次支持第三章的假设 3e。同理，通过比较表 5-12 第（3）和（4）列数据和表 5-2 第（1）和（2）列排污费系数，可以得出绿色组织学习能力也在排污费和绿色创新之间起着部分的中介作用，支持第三章的假设 4e。与之类似，通过比较表 5-12 第（5）和（6）列数据以及表 5-2 第（1）和（2）列排污费系数，可以得出绿色战略行动也在排污费和绿色创新之间起着部分的中介作用，支持假设 5e。

表 5-11　　　改变中介变量的测量方式检验中介变量对绿色创新的
影响（排污费样本）：OLS 和 Tobit 估计

变量	GI					
	（1）OLS	（2）Tobit	（3）OLS	（4）Tobit	（5）OLS	（6）Tobit
$GO2$	0.116***	0.176***				
	（0.022）	（0.042）				
$GOLC2$			0.661***	0.849***		
			（0.043）	（0.073）		
$GSA2$					0.040***	0.052***
					（0.009）	（0.018）
控制变量	控制	控制	控制	控制	控制	控制
$Area$	控制	控制	控制	控制	控制	控制
$Year$	控制	控制	控制	控制	控制	控制
N	1443	1443	1443	1443	1443	1443
Adj-R^2	0.342		0.458		0.338	
Pseudo R^2		0.175		0.207		0.172
AIC value	3232.975	2964.109	2953.860	2851.736	3243.360	2972.936

注：（1）***、** 和 * 分别表示 p<0.01、p<0.05 和 p<0.10；（2）括号内为稳健标准误。
资料来源：作者根据 Stata 软件进行回归分析获得。

表 5-12　　　　　改变中介变量的测量方式检验排污费和中介变量

对绿色创新的影响：OLS 和 Tobit 估计

变量	*GI*					
	（1）OLS	（2）Tobit	（3）OLS	（4）Tobit	（5）OLS	（6）Tobit
charge	0.369 **	1.014 ***	0.275 *	0.838 ***	0.397 ***	1.068 ***
	（0.160）	（0.343）	（0.153）	（0.313）	（0.161）	（0.344）
GO2	0.112 ***	0.164 ***				
	（0.022）	（0.042）				
GOLC2			0.656 ***	0.836 ***		
			（0.044）	（0.072）		
GSA2					0.039 ***	0.048 ***
					（0.009）	（0.018）
控制变量	控制	控制	控制	控制	控制	控制
Area	控制	控制	控制	控制	控制	控制
Year	控制	控制	控制	控制	控制	控制
N	1443	1443	1443	1443	1443	1443
Adj-R^2	0.345		0.459		0.340	
Pseudo R^2		0.177		0.209		0.175
AIC value	3229.174	2957.447	2951.922	2846.619	3238.653	2965.410

注：（1）　*** 、** 和 * 分别表示 $p<0.01$、$p<0.05$ 和 $p<0.10$；（2）括号内为稳健标准误。
资料来源：作者根据 Stata 软件进行回归分析获得。

表 5-13 为 Tobit 回归模型检验中介变量间相互影响的结果。表 5-13 第（1）和（2）列结果再次支持第三章假设 4f 和 5f；第（3）列和（4）列的回归结果再次支持第三章假设 4g 和 5g，即绿色导向可以通过影响绿色组织学习能力进而影响企业绿色创新；绿色组织学习能力可以影响绿色战略行动进而影响企业绿色创新。

表5-13 改变中介变量的测量方式检验中介变量对绿色创新的传导效应：Tobit估计

变量	GOLC2	GSA2	GI	
	（1）	（2）	（3）	（4）
GO2	0.098 ***		0.127 ***	
	（0.027）		（0.039）	
GOLC2		0.623 **	0.824 ***	0.834 ***
		（0.247）	（0.072）	（0.073）
GSA2				0.033 **
				（0.017）
控制变量	控制	控制	控制	控制
Area	控制	控制	控制	控制
Year	控制	控制	控制	控制
N	1443	1443	1443	1443
Pseudo R^2	0.223	0.191	0.210	0.208
AIC value	2350.784	4144.970	2843.046	2849.705

注：（1）***、** 和 * 分别表示 $p<0.01$、$p<0.05$ 和 $p<0.10$；（2）括号内为稳健标准误。

资料来源：作者根据 Stata 软件进行回归分析获得。

二、排污费的滞后效应

考虑到排污费对企业绿色战略行动、绿色组织学习能力、绿色导向以及绿色创新的影响都有一定的滞后性，因而本书在对方程（5.2）—（5.4）检验时，生成这些变量的 $t+1$ 期。表5-14为检验排污费对中介变量影响的回归结果。其结果表明排污费力度的增加显著促进了企业下一期的绿色导向和绿色战略行动，支持第三章提出的假设3b和5b。但是，只有Tobit回归结果显示排污费强度的增加会促进企业下一期的绿色组织学习能力，部分支持假设4b。

表5-15为检验方程（5.5）—（5.7）的回归结果，即将排污费和各个中介变量都加入回归方程中，检验各个中介变量的中介效应。表5-15回归结果中的

排污费（*charge*）系数均不显著，表明企业绿色导向、绿色组织学习能力和绿色战略行动（下一期）在排污费和企业绿色创新（下一期）之间可能起着完全的中介作用，支持第三章的假设 3e、4e 和 5e。

表 5-14　　　　　　排污费对中介变量的滞后效应：OLS 和 Tobit 估计

变量	GO_{t+1}		$GOLC_{t+1}$		GSA_{t+1}	
	(1) OLS	(2) Tobit	(3) OLS	(4) Tobit	(5) OLS	(6) Tobit
charge	0.726*	1.760**	0.173	0.464*	0.462***	1.086***
	(0.423)	(0.725)	(0.141)	(0.255)	(0.136)	(0.284)
控制变量	控制	控制	控制	控制	控制	控制
Area	控制	控制	控制	控制	控制	控制
Year	控制	控制	控制	控制	控制	控制
N	1114	1114	1114	1114	1102	1102
Adj-R^2	0.404		0.407		0.089	
Pseudo R^2		0.223		0.245		0.132
AIC value	4016.877	2813.542	1961.702	2116.253	1803.586	1932.327

注：（1）***、**和*分别表示 p<0.01、p<0.05 和 p<0.10；（2）括号内为稳健标准误。

资料来源：作者根据 Stata 软件进行回归分析获得。

表 5-15　　排污费和中介变量对绿色创新的滞后效应：OLS 和 Tobit 估计

变量	*GI*					
	(1) OLS	(2) Tobit	(3) OLS	(4) Tobit	(5) OLS	(6) Tobit
charge	0.252	0.568	0.21	0.516	0.272	0.629
	(0.189)	(0.403)	(0.173)	(0.358)	(0.202)	(0.409)
GO_{t+1}	0.085***	0.111***				
	(0.016)	(0.030)				

续表

变量	GI					
	（1）OLS	（2）Tobit	（3）OLS	（4）Tobit	（5）OLS	（6）Tobit
$GOLC_{t+1}$			0.604***	0.803***		
			（0.045）	（0.067）		
GSA_{t+1}					0.089*	0.149*
					（0.047）	（0.085）
控制变量	控制	控制	控制	控制	控制	控制
Area	控制	控制	控制	控制	控制	控制
Year	控制	控制	控制	控制	控制	控制
N	1114	1114	1114	1114	1102	1102
Adj-R^2	0.362		0.487		0.347	
Pseudo R^2		0.176		0.219		0.172
AIC value	2504.808	2397.880	2261.954	2277.857	2505.955	2381.447

注：（1）***、**和*分别表示 $p<0.01$、$p<0.05$ 和 $p<0.10$；（2）括号内为稳健标准误。

资料来源：作者根据 Stata 软件进行回归分析获得。

三、改变计量模型

本节还使用泊松回归和负二项式回归来验证各中介变量是否在排污费（charge）与绿色创新（GI）之间起到中介效应，以增加回归结果的稳健性，并将结果呈现于表 5-16。表 5-16 第（1）和（2）列为排污费（charge）和绿色导向（GO），同时加入回归方程后的结果。第（1）和（2）列中排污费（charge）和绿色导向（GO）均显著。并且，相比表 5-4 第（1）和（2）列中排污费（charge）系数，表 5-16 第（1）和（2）列中排污费（charge）系数分别从1.030 下降到 0.836 和从 1.167 下降到 0.883，表明企业绿色导向在排污费和绿色创新之间起着部分的中介作用，支持第三章的假设 3e。同理，可以发现企业绿色组织学习能力和绿色战略行动都在排污费和绿色创新之间起着部分的中介作用，支持第三章的假设 4e 和 5e。

表 5-16　　　　排污费和中介变量对绿色创新影响：泊松和负二项估计

变量	GI					
	(1)泊松	(2)负二项	(3)泊松	(4)负二项	(5)泊松	(6)负二项
charge	0.836**	0.883**	0.548	0.809**	1.002**	1.161***
	(0.406)	(0.351)	(0.424)	(0.345)	(0.496)	(0.367)
GO	0.146***	0.142***				
	(0.032)	(0.028)				
GOLC			0.658***	0.776***		
			(0.059)	(0.069)		
GSA					0.314***	0.240***
					(0.080)	(0.091)
控制变量	控制	控制	控制	控制	控制	控制
Area	控制	控制	控制	控制	控制	控制
Year	控制	控制	控制	控制	控制	控制
N	1443	1443	1443	1443	1429	1429
Pseudo R^2	0.400	0.125	0.471	0.147	0.396	0.123
AIC value	7011.231	4441.019	6203.651	4330.288	7011.947	4405.451

注：（1）***、** 和 * 分别表示 $p<0.01$、$p<0.05$ 和 $p<0.10$；（2）括号内为稳健标准误。

资料来源：作者根据 Stata 软件进行回归分析获得。

四、排除绿色补助的干扰因素

由于本章的样本企业中既有向政府缴纳排污费的企业，也有获得政府绿色补助的企业。因此，本书为了控制绿色补助对企业绿色创新的影响会干扰本章研究的重点，将本章样本企业中获得绿色补助的观测值全部删除，并对方程（5.5）—（5.7）进行重新检验。

表 5-17 第（1）和（2）列为排污费（charge）和绿色导向（GO）同时加入回归方程后的结果。第（1）和（2）列中排污费（charge）和绿色导向（GO）均显著。并且，相比表 5-5 第（1）和（2）列中排污费（charge）系数，表 5-17 第（1）和（2）列中排污费（charge）系数分别从 0.852 下降到 0.789 和从 2.081 下降到 1.915，表明企业绿色导向在排污费和绿色创新之间起着部分的中介作用，支持第三章的假设 3e。同理，可以发现企业绿色组织学习能力和绿色战略行动都在排污费和绿色创新之间起着部分的中介作用，支持第三章的假设 4e 和 5e。

表 5-17　　　排污费和中介变量对绿色创新影响（排除绿色补助的干扰）：

OLS 和 Tobit 估计

变量	GI					
	（1）OLS	（2）Tobit	（3）OLS	（4）Tobit	（5）OLS	（6）Tobit
charge	0.789 ***	1.915 ***	0.547 **	1.562 ***	0.809 ***	2.030 ***
	(0.269)	(0.509)	(0.244)	(0.471)	(0.294)	(0.513)
GO	0.098 ***	0.149 ***				
	(0.023)	(0.043)				
GOLC			0.534 ***	0.644 ***		
			(0.067)	(0.093)		
GSA					0.182 ***	0.392 ***
					(0.068)	(0.131)
控制变量	控制	控制	控制	控制	控制	控制
Area	控制	控制	控制	控制	控制	控制
Year	控制	控制	控制	控制	控制	控制
N	613	613	613	613	604	604
Adj-R^2	0.374		0.471		0.358	
Pseudo R^2		0.218		0.241		0.215
AIC value	1410.117	1265.636	1307.932	1231.873	1405.414	1252.235

注：（1）***、** 和 * 分别表示 p<0.01、p<0.05 和 p<0.10；（2）括号内为稳健标准误。

资料来源：作者根据 Stata 软件进行回归分析获得。

第六节　本章小结

本章同样以 A 股重污染企业为样本，主要探究排污费征收对企业绿色创新的影响以及排污费如何通过影响企业绿色导向、绿色组织学习能力和绿色战略行动进而影响企业绿色创新绩效。通过实证研究，主要得出以下结论（表 5-18 列出本章对第三章中与排污费相关的所有假设的验证结果）和启示：

表 5-18　　　　　　　　　　**基于排污费视角的假设检验结果总结**

第 3 章提出的部分假设	实证结果是否支持假设
H2：排污费与企业绿色创新之间呈正向相关关系。	支持
H3b：排污费与企业绿色导向之间呈正向相关关系。	支持
H3c：企业绿色导向与绿色创新呈正向相关关系。	支持
H3e：企业绿色导向在排污费与企业绿色创新之间起中介效应。	支持
H4b：排污费与企业绿色组织学习能力之间呈正向相关关系。	支持
H4c：企业绿色组织学习能力与绿色创新呈正向相关关系。	支持
H4e：企业绿色组织学习能力在排污费与企业绿色创新之间起中介效应。	支持
H4f：企业绿色导向与绿色组织学习能力之间呈正向相关关系。	支持
H4g：企业绿色组织学习能力在绿色导向与绿色创新之间起中介效应。	支持
H5b：排污费与企业绿色战略行动之间呈正向相关关系。	支持
H5c：企业绿色战略行动与绿色创新之间呈正向相关关系。	支持
H5e：企业绿色战略行动在排污费与企业绿色创新之间起中介效应。	支持
H5f：企业绿色组织学习能力与绿色战略行动之间呈正向相关关系。	支持
H5g：企业绿色战略行动在绿色组织学习能力与绿色创新之间起中介效应。	支持

资料来源：作者总结整理获得。

（1）排污费对企业绿色创新具有显著的正向作用，并且排污费对企业绿色发明专利的促进作用更明显，证实了排污费政策的有效性。尽管目前我国于 2018

年1月1日起已正式废除了征收30多年的排污费，并由环境保护税取代。但是环境保护税的相关规定依旧遵循排污费制度中的大部分规定，并存在许多相似之处（卢洪友等，2018）。因此，该结果表明政府可以通过不断完善现阶段的环境保护税政策以充分发挥其倒逼效应从而激励企业进行绿色创新活动。

（2）排污费对企业绿色导向、绿色组织学习能力和绿色战略行动都有显著的正向影响。该结果表明排污费可以有效地促进企业形成良好的绿色导向、绿色组织学习能力和积极地进行绿色战略行动。因此，政府可以充分运用现阶段的环境保护税政策以倒逼企业或激励企业形成良好的绿色发展理念、加强企业内部和外部的绿色组织学习能力和积极地进行绿色战略行动。

（3）通过运用排污费的样本数据，再次发现企业绿色导向、绿色组织学习能力和绿色战略行动可以显著促进企业绿色创新绩效的增强。

（4）排污费可以通过绿色导向、绿色组织学习能力和绿色战略行动来间接影响企业绿色创新。相比绿色导向和绿色战略行动，企业绿色组织学习能力的中介效应最强。这意味着排污费主要通过影响企业绿色组织学习能力的改变，影响企业绿色创新水平的改变。

第六章　市场型环境规制与企业绿色创新：权变因素分析

第一节　研究设计

一、样本和数据

本章节将选取中国 A 股重污染行业上市企业 2008—2017 年的绿色补助和排污费数据作为本章的两个样本，来探讨企业和外部情境因素对不同的市场型环境规制对企业绿色创新的有效性进行分析。

本章样本数据的数据来源也与第三章和第四章一致，因此不在此赘述。

二、变量定义和描述性统计

除了采用与第四章和第五章一致的变量测量方式（详见表 4-2），本章新增了以下几个变量。

财务约束：财务约束是指企业财务状况无法满足日常生产、研发和营销活动等资金需要（Lamont 等，2001；方明月，2014）。解学梅等（2020）主要采用资产负债率来衡量财务约束，并认为企业的资产负债率会影响企业进行绿色创新活动的资金需求来影响企业绿色创新绩效。因此，本书通过解学梅等（2020）的做法，采用企业资产负债率来衡量企业的财务约束。

冗余资源：冗余资源是指企业超出其最低需求的资源存积（Bourgeois，1981）。本书主要借鉴 Berrone 等（2013）采用企业净利润率来衡量企业的冗余资源。冗余资源的变量代码为 *slack*。

企业规模 2：本书借鉴齐绍洲等（2018）、He 和 Jiang（2019）、任胜钢等（2019）等的做法，取企业员工数量的自然对数作为企业规模的另一种测量方式。企业规模 2 的变量代码为 $employ$。

制度环境：本书根据新《环保法》实施前后生成制度环境改变的哑变量来研究制度环境改变对市场型环境规制与企业绿色创新之间关系的影响。制度环境的变量代码为 $envirlaw$。

直接规制：本书通过生成企业是否为重点监控企业的哑变量来研究直接规制对市场型环境规制与企业绿色创新之间关系的影响。直接规制的变量代码为 $monitor$。

市场化水平：本书采用王小鲁等（2019）报告的中国分省份市场化指数来控制市场化水平对企业绿色创新的影响。市场化水平的变量代码为 $mkindex$。

表 6-1　　　　　　　　　　第六章新增变量描述性统计

变量代码	绿色补助样本							
	样本量	均值	标准差	P10	P25	中位数	P75	P90
$slack$	2623	6.34	8.70	0.12	1.51	4.98	10.75	16.91
$employ$	2612	8.11	1.02	6.80	7.40	8.08	8.77	9.43
$envirlaw$	2644	0.38	0.49	0.00	0.00	0.00	1.00	1.00
$mkindex$	2644	7.20	1.97	4.70	5.86	7.24	8.70	9.76
$monitor$	2644	0.17	0.37	0.00	0.00	0.00	0.00	1.00
变量代码	排污费样本							
	样本量	均值	标准差	P10	P25	中位数	P75	P90
$slack$	1434	5.12	8.62	−1.75	0.95	4.09	9.61	14.99
$employ$	1418	8.24	1.07	6.81	7.42	8.25	9.01	9.70
$envirlaw$	1443	0.37	0.48	0.00	0.00	0.00	1.00	1.00
$mkindex$	1443	6.74	1.98	4.42	5.34	6.63	8.06	9.63
$monitor$	1443	0.24	0.43	0.00	0.00	0.00	0.00	1.00

资料来源：作者根据 Stata 软件进行描述性统计分析获得。

第二节 计量模型设定

一、财务约束的调节效应模型

为检验财务约束对绿色补助与企业绿色创新的调节作用，首先构建财务约束和绿色补助的交乘项，以及财务约束和绿色补助平方项的交乘项，然后将这些变量加入模型（4.1）来加以验证。此计量模型如下：

$$GI_{it} = \alpha_0 + \beta_1 subsid\, y_{it} + \beta_2 subsid\, y_{it}^2 + \beta_3 le\, v_{it} + \beta_4 subsid\, y_{it} * le\, v_{it} + \beta_5 subsid\, y_{it}^2$$
$$* le\, v_{it} + \gamma_n X + \sum Area + \sum Year + \varepsilon_{it} \tag{6.1}$$

在模型（6.1）中，$le\, v_{it}$ 表示企业每年的资产负债率，$subsid\, y_{it} * le\, v_{it}$ 是企业每年绿色补助和资产负债率的交乘项，$subsid\, y_{it}^2 * le\, v_{it}$ 是企业每年绿色补助平方项和资产负债率的交乘项，β_3、β_4 和 β_5 分别为上述解释变量的系数。模型（6.1）中的其余变量和系数与模型（4.1）一致。

此外，为检验财务约束对排污费与企业绿色创新的调节作用，本书构建了财务约束和排污费的交乘项，并将其加入模型（5.1）加以验证。此计量模型如下：

$$GI_{it} = \alpha_0 + \beta_1 charg\, e_{it} + \beta_2 le\, v_{it} + \beta_3 charg\, e_{it} * le\, v_{it} + \gamma_n X$$
$$+ \sum Area + \sum Year + \varepsilon_{it} \tag{6.2}$$

在模型（6.2）中，$le\, v_{it}$ 表示企业每年的资产负债率，$charg\, e_{it} * le\, v_{it}$ 是企业每年缴纳排污费和资产负债率的交乘项，β_2 和 β_3 分别为上述解释变量的系数。模型（6.2）中的其余变量和系数与模型（5.1）一致。

二、冗余资源的调节效应模型

同上，为检验冗余资源对绿色补助与企业绿色创新的调节作用，本章构建了冗余资源和绿色补助的交乘项，以及冗余资源和绿色补助平方项的交乘项，并将这些变量加入模型（4.1）。此计量模型如下：

$$GI_{it} = \alpha_0 + \beta_1 subsid\, y_{it} + \beta_2 subsid\, y_{it}^2 + \beta_3 slac\, k_{it} + \beta_4 subsid\, y_{it} * slac\, k_{it} + \beta_5 subsid\, y_{it}^2$$
$$* slac\, k_{it} + \gamma_n X + \sum Area + \sum Year + \varepsilon_{it} \tag{6.3}$$

在模型（6.3）中，$slack_{it}$ 表示企业每年的资产负债率，$subsidy_{it} * slack_{it}$ 是企业每年绿色补助和资产负债率的交乘项，$subsidy_{it}^2 * slack_{it}$ 是企业每年绿色补助平方项和资产负债率的交乘项，β_3、β_4 和 β_5 分别为上述解释变量的系数。模型（6.3）中的其余变量和系数与模型（4.1）和模型（6.1）一致。

同上，为检验冗余资源对排污费与企业绿色创新的调节作用，本章将冗余资源和排污费的交乘项加入模型（5.1）进行检验。此计量模型如下：

$$GI_{it} = \alpha_0 + \beta_1 charge_{it} + \beta_2 slack_{it} + \beta_3 charge_{it} * slack_{it} + \gamma_n X$$
$$+ \sum Area + \sum Year + \varepsilon_{it} \tag{6.4}$$

在模型（6.4）中，$slack_{it}$ 表示企业每年的资产负债率，$charge_{it} * slack_{it}$ 是企业每年缴纳排污费和资产负债率的交乘项，β_2 和 β_3 分别为上述解释变量的系数。模型（6.4）中的其余变量和系数与模型（5.1）和模型（6.2）一致。

第三节　绿色补助与企业绿色创新的权变因素影响结果分析

本节主要运用第四章绿色补助的样本，研究企业内部资源特征和外部情境因素对绿色补助和绿色创新之间关系的影响。

一、财务约束的调节效应结果分析

本节采用最小二乘回归模型对方程（6.1）进行检验，即检验财务约束对绿色补助与企业绿色创新关系的调节效应，其回归结果见表6-2。为了测试倒 U 型关系中财务约束的两种调节效应（分为倒 U 型转折点偏移效应和倒 U 型曲线变平滑或陡峭效应），本书借鉴 Haans 等（2016）提出的检测步骤进行检验。假设被解释变量 Y 与解释变量 X、X^2、XZ、X^2Z 和 Z 之间的关系表示为 $Y = \beta_0 + \beta_1 X + \beta_2 X^2 + \beta_3 XZ + \beta_4 X^2 Z + \beta_5 Z$。首先，需要检测转折点是否显著向左或向右位移。为了检验转折点的偏移，需先求出上述关系式的转折点，为 $X^* = \dfrac{-\beta_1 - \beta_3 Z}{2\beta_2 + 2\beta_4 Z}$，可以发现转折点的变化是随着 Z 的变化而变化。进而为了了解转折点如何随着 Z 的变化而变化，对 X^* 这个等式求导，得出 $\dfrac{\partial X^*}{\partial Z} = \dfrac{\beta_1 \beta_4 - \beta_2 \beta_3}{2(\beta_2 + \beta_4 Z)^2}$。由于分母严格大于零，所以转折点偏移的方向取决于分子的符号，如果 $\beta_1\beta_4 - \beta_2\beta_3$ 为正，则转折点会随着 Z 的增大而向右偏移；如果 $\beta_1\beta_4 - \beta_2\beta_3$ 为正，则转折点会随着 Z 的增大而向左偏移。为了更准确地检验转折点是否发生偏移，Haans 等（2016）认为必须评估方程式 $\dfrac{\partial X^*}{\partial Z} = \dfrac{\beta_1\beta_4 - \beta_2\beta_3}{2\,(\beta_2 + \beta_4 Z)^2}$ 整体是否显著不为零。其次，需要检测倒 U 型曲线是否显著地变平滑或者变陡峭。根据 Haans 等（2016）的推导结果，发现倒 U 型曲线变平滑或者变陡峭只取决于 β_4 的符号和显著性。当 β_4 显著为正时，倒 U 型曲线会变平缓；而当 β_4 显著为负时，倒 U 型曲线会变陡峭。

第三章的假设 6a 和 6b 分别预测财务约束会缓和绿色补助和企业绿色创新的倒 U 型关系，也会使倒 U 型关系的转折点向右偏移。表 6-2 中绿色补助平方项和财务约束的交叉项（$subsidy^2 \times lev$）均显著为正，表明财务约束使得绿色补助与企业绿色创新（GI、GIi、GIu）之间的倒 U 型关系曲线变得平缓。另外，通过计算发现，当企业财务约束由小变大时，政府绿色补助与企业绿色创新（GI、GIi 和 GIu）之间倒 U 型曲线的转折点会显著向右移动。因此，回归结果支持第三章的假设 6a 和 6b。

表 6-2　　　财务约束对绿色补助与绿色创新关系的调节效应：Tobit 估计

变量	GI	GIi	GIu
	（1）	（2）	（3）
$subsidy$	10.250 ***	10.007 ***	8.523 **
	（3.309）	（3.097）	（3.749）
$subsidy^2$	−19.198 ***	−21.749 ***	−16.633 **
	（6.608）	（6.215）	（7.986）

① 即通过检验当财务约束 Z 等于均值时或加减 1 个标准差时，上述公式 $\dfrac{\beta_1\beta_4 - \beta_2\beta_3}{2\,(\beta_2 + \beta_4 Z)^2}$ 是否显著大于 0。$\dfrac{\beta_1\beta_4 - \beta_2\beta_3}{2\,(\beta_2 + \beta_4 Z)^2}$ 是否显著大于 0 是根据 Stata 的"$nlcom$"命令来检测。

续表

变量	GI	GIi	GIu
	（1）	（2）	（3）
lev	0.382	0.253	0.487
	（0.392）	（0.405）	（0.414）
subsidy×lev	−9.070*	−8.847	−8.572
	（5.510）	（5.440）	（6.160）
$subsidy^2×lev$	22.511**	26.742***	20.266*
	（9.996）	（9.560）	（11.954）
控制变量	控制	控制	控制
Area	控制	控制	控制
Year	控制	控制	控制
N	2628	2628	2628
Pseudo R^2	0.095	0.099	0.102
AIC value	5546.501	5528.993	4352.881

注：（1）***、**和*分别表示 $p<0.01$、$p<0.05$ 和 $p<0.10$；（2）括号内为聚类到企业层面的标准误。

资料来源：作者根据 Stata 软件进行回归分析获得。

本书参照 Wang 等（2020）和于飞等（2019），以图形方式描绘了企业不同程度的财务约束在绿色补助和绿色创新（GI、GIi 和 GIu）之间的曲线关系。通过将财务约束分为高、中、低三个水平（均值+1 个标准差、均值、均值−1 个标准差），以更直观的方式描述不同程度财务约束的调节作用。如图 6-1 所示，在企业面对更多的财务约束时，绿色补助和绿色创新的倒 U 型曲线向右移动并变得相对平缓。

二、冗余资源的调节效应结果分析

本节采用最小二乘回归模型对方程（6.3）进行检验，即检验冗余资源对绿色补助与企业绿色创新关系的调节效应，其回归结果见表 6-3。第三章的假设 7a

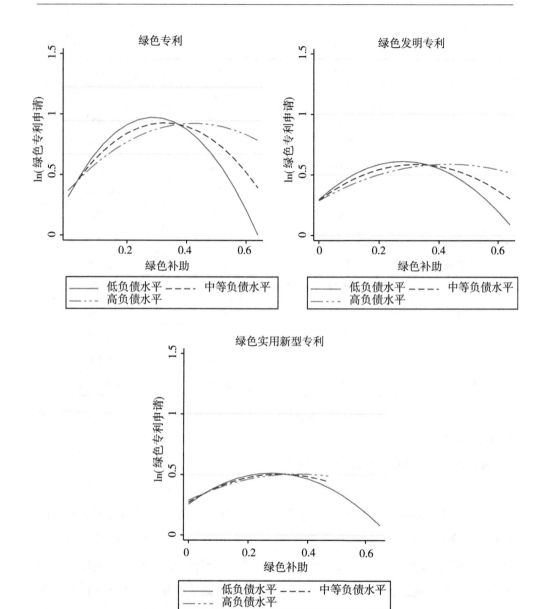

图 6-1　财务约束在绿色补助与绿色创新之间的调节作用

资料来源：作者根据 Stata 软件绘图获得。

和 7b 分别预测冗余资源会强化绿色补助和企业绿色创新的倒 U 型关系，也会使倒 U 型关系的转折点向左偏移。表 6-3 中绿色补助平方项和冗余资源的交叉项均

（*subsidy*²×*slack*）显著为负，表明冗余资源使得绿色补助与企业绿色创新（*GI*、
GIi 和 *GIu*）之间的倒 U 型关系曲线变得陡峭。另外，通过计算发现当企业冗余
资源由小变大时，政府绿色补助与企业绿色创新（*GI*、*GIi* 和 *GIu*）之间倒 U 型
曲线的转折点并没有显著的变化①。因此，回归结果只支持第三章的假设 7a。

表 6-3　　　冗余资源对绿色补助与绿色创新关系的调节效应：**Tobit 估计**

变量	*GI*	*GIi*	*GIu*
	（1）	（2）	（3）
subsidy	3.000 **	2.779 **	2.057
	（1.172）	（1.303）	（1.311）
*subsidy*²	−2.57	−2.205	−1.864
	（1.831）	（2.053）	（2.138）
slack	−0.018 ***	−0.014 **	−0.018 ***
	（0.006）	（0.006）	（0.006）
subsidy×*slack*	0.529 ***	0.452 ***	0.465 **
	（0.173）	（0.159）	（0.210）
*subsidy*²×*slack*	−1.134 ***	−0.974 ***	−1.158 ***
	（0.359）	（0.356）	（0.410）
控制变量	控制	控制	控制
Area	控制	控制	控制
Year	控制	控制	控制
N	2623	2623	2623
Pseudo R²	0.102	0.107	0.105
AIC value	5504.192	4330.501	4156.335

注：（1）　*** 、** 和 * 分别表示 p<0.01、p<0.05 和 p<0.10；（2）括号内为聚类到企业
层面的标准误。

资料来源：作者根据 Stata 软件进行回归分析获得。

---

①　即通过检验当财务约束 Z 等于均值时或加减 1 个标准差时，上述公式 $\dfrac{\beta_1\beta_4-\beta_2\beta_3}{2(\beta_2+\beta_4 Z)^2}$
是否显著大于 0 或显著小于 0。

　　同上，本书以图形方式描绘了企业不同水平的冗余资源对绿色补助和绿色创新（*GI* 和 *GIi*）倒 U 型关系的调节作用。通过将冗余资源分为高、中、低三个水平（均值+1 个标准差、均值、均值−1 个标准差），来观察绿色补助与绿色创新关系的变化。如图 6-2 所示，当企业拥有更丰富的冗余资源时，绿色补助和绿色创新的倒 U 型曲线向左移动并变得更加陡峭。

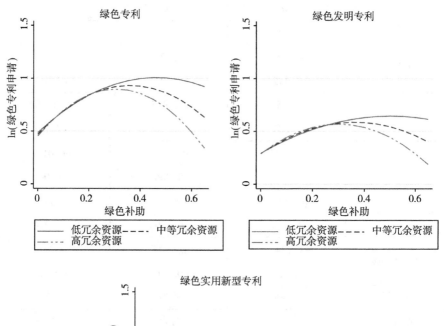

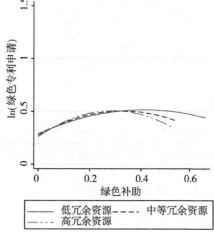

图 6-2　冗余资源在绿色补助与绿色创新之间的调节作用

资料来源：作者根据 Stata 软件绘图获得。

三、企业规模的异质性影响结果分析

本节首先根据企业规模（*employ*）中位数，将样本分为大规模和中小规模企业。然后，采用最小二乘回归和 Tobit 回归模型对大规模企业和小规模企业进行检验，回归结果见表 6-4。表 6-4 中的所有回归结果显示绿色补助（*subsidy*）均显著为正，绿色补助的平方项（*subsidy*²）均显著为负，因此无论是大规模还是中小规模的企业，绿色补助与其绿色创新的关系均为倒 U 型。

表 6-4　　　　　　　　　　企业规模异质性检验（绿色补助样本）

变量	大规模企业		中小规模企业	
	（1）OLS	（2）Tobit	（3）OLS	（4）Tobit
subsidy	2.180 ***	3.787 ***	2.370 ***	6.321 ***
	(0.767)	(1.391)	(0.810)	(1.969)
*subsidy*²	−2.604 ***	−4.243 **	−3.122 **	−7.854 **
	(0.984)	(1.873)	(1.393)	(3.449)
控制变量	控制	控制	控制	控制
Area	控制	控制	控制	控制
Year	控制	控制	控制	控制
N	1338	1338	1306	1306
Adj-R²	0.252		0.093	
Pseudo R²		0.128		0.074
AIC value	3205.362	3117.694	2731.485	2379.792
最小值处斜率	2.179 ***	3.785 ***	2.368 ***	6.318 ***
最大值处斜率	−2.136 **	−3.246 **	−2.805 **	−6.697 **
转折点	0.419	0.446	0.379	0.402
utest（p-value）	0.010	0.045	0.036	0.044

注：（1）***、** 和 * 分别表示 p<0.01、p<0.05 和 p<0.10；（2）括号内为聚类到企业层面的标准误。

资料来源：作者根据 Stata 软件进行回归分析获得。

第三章的假设 8a 和 8b 分别预测大规模企业相比于中小规模企业，政府绿色补助和其绿色创新的倒 U 型关系在上升阶段会更加陡峭，并且倒 U 型关系的转折点向右偏移。为了验证实证结果是否支持假设 8a 和 8b，本书分别计算了绿色补助（subsidy）最小值和最大值处的斜率以及转折点，并将计算结果呈现于表6-4 的下半部分。根据结果显示，大规模企业比中小规模企业倒 U 型关系的上升阶段更加平缓（OLS 结果比较最小处斜率 2.179<2.368；Tobit 结果比较最小处斜率 3.785<6.318），但转折点确实更偏右（OLS 结果转折点比较 0.419>0.379；Tobit 结果转折点比较 0.446>0.402），因而只支持本章节的假设 8b，不支持假设8a。该结果表明绿色补助对中小规模企业绿色创新的促进作用更大，与 Bai 等（2019）发现的结果一致。可能的原因是，相比于大规模企业，获得绿色补助对于中小规模企业来说更能缓解其资金压力。并且，绿色补助传递的积极信号可以为中小规模企业获得更多的外部投资和合作研发机会，中小规模企业管理者为了获得外部投资者持续的信任以及合作研发者持续的合作，会将注意力集中于绿色创新活动中。

本书以图形方式描绘了不同企业规模对绿色补助和绿色创新（GI）关系的影响。如图 6-3 所示，当企业规模更大时，绿色补助和绿色创新的倒 U 型曲线更平缓，并且转折点相对偏右，表明绿色补助对中小规模企业的促进作用更强。但是总体来说，大规模企业的绿色创新绩效比中小规模企业绿色创新绩效更高。

四、企业所有制的异质性影响结果分析

本节首先根据企业所有制属性（soe），将样本分为国有企业和非国有企业。然后，采用最小二乘回归和 Tobit 回归模型对子样本进行检验，主要回归结果见表 6-5。表 6-5 中的结果均显示绿色补助（subsidy）的系数显著为正，绿色补助的平方项（subsidy²）的系数显著为负，表明国有企业和非国有企业的绿色补助与绿色创新之间都呈倒 U 型关系。

第三章的假设 9a 和 9b 分别预测国有企业相比于非国有企业，政府绿色补助和其绿色创新的倒 U 型关系更加陡峭，并且倒 U 型关系的转折点向右偏移。为了验证实证结果是否支持假设 9a 和 9b，本书分别计算了绿色补助（subsidy）最小值和最大值处的斜率和转折点，并将计算结果呈现于表 6-5。根据结果显示，

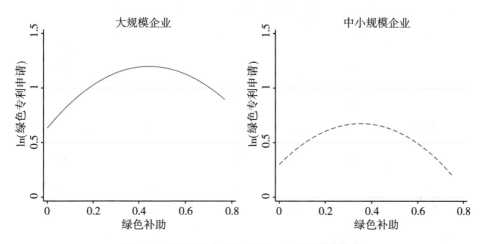

图 6-3　绿色补助与绿色创新：企业规模异质性

资料来源：作者根据 Stata 软件绘图获得。

相比于非国有企业，国有企业倒 U 型关系的上升阶段更加陡峭（OLS 结果比较最小处斜率 3.071>2.047；Tobit 结果比较最小处斜率 5.888>4.720），并且转折点确实更偏右（OLS 结果转折点比较 0.428>0.289；Tobit 结果转折点比较 0.454>0.304）。但是下降阶段也更加陡峭（OLS 结果比较最大处斜率 | −2.872 | < | −3.822 |；Tobit 结果比较最大处斜率 | −4.855 | < | −8.166 |）。因而，该实证结果只支持 9b 假设和部分支持 9a 假设。该实证结果表明相比于非国有企业，国有企业绿色创新效率更高并且国有企业高管也更重视绿色创新，因而绿色补助对国有企业的补偿效应更高。并且，该结果表明绿色补助对国有企业和非国有企业的挤出效应没有显著的不同。

表 6-5　　　　　　　　　企业属性异质性检验（绿色补助样本）

变量	国有企业		非国有企业	
	（1）OLS	（2）Tobit	（3）OLS	（4）Tobit
subsidy	3.073 ***	5.890 ***	2.049 **	4.723 **
	（0.687）	（1.367）	（0.892）	（1.996）

续表

变量	国有企业		非国有企业	
	（1）OLS	（2）Tobit	（3）OLS	（4）Tobit
$subsidy^2$	−3.587***	−6.483***	−3.542**	−7.776*
	（0.968）	（1.993）	（1.714）	（4.586）
控制变量	控制	控制	控制	控制
Area	控制	控制	控制	控制
Year	控制	控制	控制	控制
N	1405	1405	1239	1239
Adj-R^2	0.269		0.127	
Pseudo R^2		0.142		0.083
AIC value	3247.387	2973.097	2755.284	2566.011
最小值处斜率	3.071***	5.888***	2.047**	4.720***
最大值处斜率	−2.872***	−4.855**	−3.822**	−8.166*
转折点	0.428	0.454	0.289	0.304
utest（p-value）	0.002	0.012	0.030	0.080

注：（1）***、**和*分别表示 $p<0.01$、$p<0.05$ 和 $p<0.10$；（2）括号内为聚类到企业层面的标准误。

资料来源：作者根据 Stata 软件进行回归分析获得。

同上，本书以图形方式描绘了不同属性对绿色补助和绿色创新（*GI*）关系的影响。如图 6-4 所示，相比于非国有企业，国有企业政府绿色补助和其绿色创新的倒 U 型关系的上升阶段更加陡峭，并且倒 U 型关系的转折点略为偏右。

五、制度环境的异质性影响结果分析

首先，本节将先验证新《环保法》实施前后是否会对企业绿色创新有显著的促进作用，并将最小二乘和 Tobit 回归结果呈现于表 6-6。表 6-6 的回归结果表明

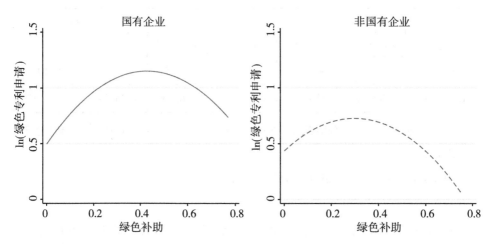

图 6-4　绿色补助与绿色创新：企业所有制异质性

资料来源：作者根据 Stata 软件绘图获得。

新《环保法》实施后，重污染企业的绿色创新水平显著提高，支持第三章的假设 10a。并且，通过比较新《环保法》实施对企业绿色发明专利和绿色实用新型专利的影响〔比较第（3）和（5）列；比较第（4）和（6）列〕，可以发现新《环保法》实施对企业绿色实用新型专利的促进作用更强。

表 6-6　　　　新《环保法》对企业绿色创新的影响（绿色补助样本）

变量	GI		GIi		GIu	
	（1）OLS	（2）Tobit	（3）OLS	（4）Tobit	（5）OLS	（6）Tobit
envirlaw	0.418***	0.938***	0.284***	0.944***	0.306***	0.997***
	(0.104)	(0.265)	(0.079)	(0.300)	(0.075)	(0.297)
控制变量	控制	控制	控制	控制	控制	控制
Area	控制	控制	控制	控制	控制	控制
Year	控制	控制	控制	控制	控制	控制
N	2644	2644	2644	2644	2644	2644
Adj-R²	0.187		0.152		0.145	

续表

变量	GI		Gli		Glu	
	（1）OLS	（2）Tobit	（3）OLS	（4）Tobit	（5）OLS	（6）Tobit
Pseudo R^2		0.092		0.098		0.101
AIC value	6052.143	5583.736	4769.125	4386.469	4536.243	4190.87

注：（1）***、** 和 * 分别表示 p<0.01、p<0.05 和 p<0.10；（2）括号内为聚类到企业层面的标准误。

资料来源：作者根据 Stata 软件进行回归分析获得。

其次，本节根据新《环保法》正式实施的年份，将样本企业分为新《环保法》实施前和实施后的子样本，然后采用最小二乘和 Tobit 回归模型对子样本进行回归检验。表 6-7 中的所有回归结果显示绿色补助（subsidy）均显著为正，绿色补助的平方项（subsidy^2）均显著为负，因而无论是新《环保法》实施前还是实施后，绿色补助与其绿色创新的关系均为倒 U 型。

表 6-7　　　　　　　　制度环境异质性检验结果（绿色补助样本）

变量	新《环保法》实施前		新《环保法》实施后	
	（1）OLS	（2）Tobit	（3）OLS	（4）Tobit
subsidy	2.491***	5.718***	2.402**	4.569**
	（0.550）	（1.209）	（1.033）	（1.915）
subsidy^2	−2.958***	−6.241***	−4.322**	−7.558**
	（0.860）	（1.978）	（2.031）	（3.819）
控制变量	控制	控制	控制	控制
Area	控制	控制	控制	控制
Year	控制	控制	控制	控制
N	1639	1639	1005	1005
Adj-R^2	0.204		0.18	
Pseudo R^2		0.116		0.087

续表

变量	新《环保法》实施前		新《环保法》实施后	
	(1) OLS	(2) Tobit	(3) OLS	(4) Tobit
AIC value	3443.711	3146.825	2532.386	2420.854
最小值处斜率	2.490***	5.715***	2.400**	4.566***
最大值处斜率	−2.412***	−4.627**	−4.762**	−7.957**
转折点	0.421	0.458	0.278	0.302
utest (p-value)	0.005	0.019	0.025	0.042

注：(1) ***、** 和 * 分别表示 $p<0.01$、$p<0.05$ 和 $p<0.10$；(2) 括号内为聚类到企业层面的标准误。

资料来源：作者根据 Stata 软件进行回归分析获得。

第三章的假设 10b 和 10c 分别预测新《环保法》实施后相比于实施前，政府绿色补助和企业绿色创新的倒 U 型关系在上升阶段更加陡峭，并且倒 U 型关系的转折点向右偏移。为了验证实证结果是否支持假设 10b 和 10c，本书分别计算了绿色补助（subsidy）最小值和最大值处的斜率以及转折点，并将计算结果呈现于本章的下半部分。根据结果显示，新《环保法》实施后相比于实施前，企业绿色补助与绿色创新的倒 U 型关系只有在下降过程中斜率更陡峭，但是转折点向左偏移，该结果不支持假设 10b 和 10c。该实证结果表明制度环境的改变不会影响绿色补助对绿色创新的影响。

制度环境的改变并没有显著改变绿色补助对企业绿色创新的影响，该结果可能的原因是政府绿色补助会传递给外部投资者和利益相关者反映企业绿色创新资源、能力、发展潜力和信用的高识别度、高品质和高强度的积极信号，降低了外部投资者与企业之间的信息不对称程度，使企业更容易获得外部融资机会以及合作研发活动，有利于促进企业提升绿色创新绩效。因此，新《环保法》的实施并不会显著加强绿色补助所传递的积极信号，也不会增加企业获得融资机会和合作机会，就不会显著影响绿色创新绩效。

同上，本书以图形方式绘制了新《环保法》实施前后对绿色补助和绿色创新关系的影响。如图 6-5 所示，在新《环保法》实施后，绿色补助和绿色创新的倒 U 型曲线转折点略向左偏移，并且倒 U 型下降阶段更加陡峭。

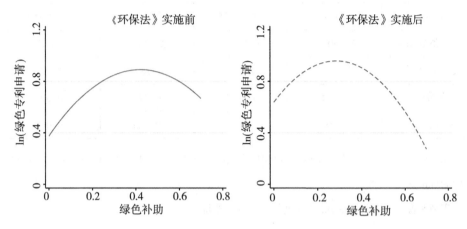

图 6-5 绿色补助与绿色创新：制度环境异质性

资料来源：作者根据 Stata 软件绘图获得。

六、直接规制的异质性影响结果分析

本节根据企业是否属于重点污染监控企业，将样本分为重点和非重点污染监控企业，主要回归结果见表 6-8。表 6-8 第（3）和（4）列的结果显示绿色补助（$subsidy$）均显著为正，绿色补助的平方项（$subsidy^2$）均显著为负，表明绿色补助与非重点监控企业的绿色创新之间呈倒 U 型关系。第（1）和（2）列的结果中只有绿色补助（$subsidy$）显著为正，而绿色补助的平方项（$subsidy^2$）均不显著，表明绿色补助与重点监控企业的绿色创新之间呈正向相关的关系，该结果不支持假设 11a 和 11b。该结果可能的原因是，重点监控企业为了不再受到政府的直接监控，会尽可能地进行绿色创新以有效地削减污染减排量，并早日达到排放标准。因而，即使重点监控企业获得的绿色补助的程度逐渐增大，企业也不会对政府产生过度的依赖心理，而是主要依靠自身的绿色创新资金来进行绿色创新活动。并且，重点监控企业受到政府的直接监控，企业管理者将绿色补助用于徇私的可能性大大减小。

表 6-8 重点污染监控企业异质性检验（绿色补助样本）

变量	重点监控企业		非重点监控企业	
	（1）OLS	（2）Tobit	（3）OLS	（4）Tobit
$subsidy$	2.075*	3.779**	2.492***	5.603***
	（1.106）	（1.706）	（0.567）	（1.249）
$subsidy^2$	−1.857	−3.121	−3.267***	−7.000***
	（1.530）	（2.336）	（0.869）	（2.149）
控制变量	控制	控制	控制	控制
$Area$	控制	控制	控制	控制
$Year$	控制	控制	控制	控制
N	445	445	2199	2199
Adj-R^2	0.222		0.178	
Pseudo R^2		0.127		0.094
AIC value	1135.152	1152.675	4884.19	4419.604

注：（1）***、** 和 * 分别表示 $p<0.01$、$p<0.05$ 和 $p<0.10$；（2）括号内为聚类到企业层面的标准误。

资料来源：作者根据 Stata 软件进行回归分析获得。

同上，本书以图形方式绘制了是否属于重点污染监控企业对绿色补助和绿色创新关系的影响。如图 6-6 所示，绿色补助与非重点监控企业的绿色创新之间呈倒 U 型关系；而绿色补助与重点监控企业的绿色创新之间呈正向相关的关系。

七、市场化水平的异质性影响结果分析

本节首先根据市场化水平（$mkindex$）的中位数，将样本分为位于高市场化水平地区和低市场化水平地区的企业。然后采用最小二乘回归和 Tobit 模型分别对两个子样本进行检验，并将回归结果呈现于表 6-9。表 6-9 中结果均显示绿色补助（$subsidy$）与企业绿色创新（GI）呈倒 U 型关系，无论企业是位于高市场化水平地区还是低市场化水平地区。

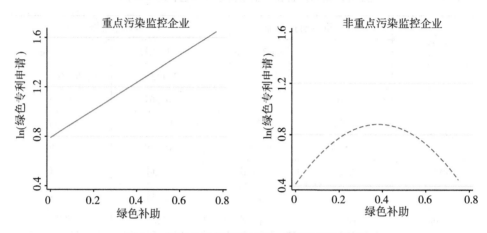

图 6-6　绿色补助与绿色创新：直接规制异质性

资料来源：作者根据 Stata 软件绘图获得。

表 6-9　　　　　　　　市场化水平异质性检验（绿色补助样本）

变量	高市场化水平		低市场化水平	
	（1）OLS	（2）Tobit	（3）OLS	（4）Tobit
subsidy	2.569***	5.348***	2.099***	4.643***
	(0.870)	(1.629)	(0.594)	(1.392)
$subsidy^2$	−3.172**	−6.346**	−2.719***	−5.704**
	(1.277)	(2.510)	(0.978)	(2.447)
控制变量	控制	控制	控制	控制
Area	控制	控制	控制	控制
Year	控制	控制	控制	控制
N	1312	1312	1332	1332
Adj-R^2	0.178		0.229	
Pseudo R^2		0.083		0.132
AIC value	3103.01	2936.062	2916.637	2628.185
最小值处斜率	2.568***	5.346***	2.098***	4.641***
最大值处斜率	−2.689**	−5.170**	−2.408***	−4.811**

续表

变量	高市场化水平		低市场化水平	
	（1）OLS	（2）Tobit	（3）OLS	（4）Tobit
转折点	0.405	0.421	0.386	0.407
utest（p-value）	0.021	0.028	0.015	0.048

注：（1）***、**和*分别表示 p<0.01、p<0.05 和 p<0.10；（2）括号内为聚类到企业层面的标准误。

资料来源：作者根据 Stata 软件进行回归分析获得。

第三章的假设 12a 和 12b 分别预测高市场化水平地区企业相比于低市场化水平地区企业，政府绿色补助和其绿色创新的倒 U 型关系在上升阶段会更加陡峭，并且倒 U 型关系的转折点向右偏移。为了验证实证结果是否支持假设，本书将计算的绿色补助（*subsidy*）最小值和最大值处的斜率以及转折点结果呈现于表 6-9。结果显示高市场化水平地区企业相比于低市场化水平地区企业，倒 U 型关系的上升阶段确实更加陡峭，并且倒 U 型转折点向右偏移，支持第三章的 12a 和 12b 假设。

同上，本书以图形方式绘制了企业位于不同市场化水平对绿色补助和绿色创新关系的影响。如图 6-7 所示，当企业位于高市场化水平地区，绿色补助和绿色创新的倒 U 型曲线在上升阶段会更加陡峭，并且转折点向右偏移。

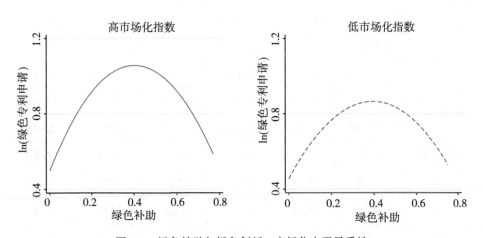

图 6-7　绿色补助与绿色创新：市场化水平异质性

资料来源：作者根据 Stata 软件绘图获得。

第四节　排污费与企业绿色创新的权变因素影响结果分析

本节主要运用第五章排污费的样本，研究企业内部资源、特征和外部情境因素对排污费和绿色创新关系之间关系的影响。

一、财务约束的调节效应结果分析

本节采用最小二乘回归和 Tobit 回归对方程（6.2）进行检验，即检验财务约束对排污费与企业绿色创新关系的调节效应，其回归结果见表6-10。表6-10第（1）—（4）列中排污费与财务约束的交互项对企业绿色创新存在显著的负向作用，表明财务约束负向调节排污费和企业绿色创新关系，支持第三章的假设6c。

表6-10　财务约束对排污费与绿色创新关系的调节效应：OLS 和 Tobit 估计

变量	GI		GIi		GIu	
	（1）OLS	（2）Tobit	（3）OLS	（4）Tobit	（5）OLS	（6）Tobit
charge	1.236***	2.854***	1.176***	3.299***	0.439*	1.695*
	(0.456)	(0.855)	(0.407)	(0.899)	(0.265)	(0.968)
lev	0.539***	1.355***	0.323***	1.247***	0.333***	1.157***
	(0.156)	(0.390)	(0.122)	(0.431)	(0.120)	(0.419)
charge×lev	−1.830**	−4.034**	−1.786**	−4.821**	−0.814	−3.155
	(0.888)	(1.862)	(0.744)	(1.999)	(0.573)	(2.088)
控制变量	控制	控制	控制	控制	控制	控制
Area	控制	控制	控制	控制	控制	控制
Year	控制	控制	控制	控制	控制	控制
N	1443	1443	1443	1443	1443	1443
Adj-R^2	0.333		0.259		0.266	

续表

变量	GI		GIi		GIu	
	(1) OLS	(2) Tobit	(3) OLS	(4) Tobit	(5) OLS	(6) Tobit
Pseudo R^2		0.174		0.166		0.182
AIC value	3254.605	2967.592	2662.359	2412.016	2533.123	2352.337

注：(1) ***、**和*分别表示 p<0.01、p<0.05 和 p<0.10；(2) 括号内为稳健标准误。

资料来源：作者根据 Stata 软件进行回归分析获得。

为了更直观地观察财务约束在排污费和企业绿色创新关系中的调节作用，本书绘制了图 6-8。根据图 6-8，可以发现当企业财务约束水平较低时，排污费和绿色创新之间线性关系的斜率较大，说明较低的企业财务约束水平能够增强排污费对企业绿色创新的积极影响。

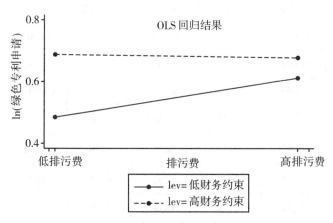

图 6-8　财务约束在排污费和企业绿色创新关系中的调节作用

资料来源：作者根据 Stata 软件绘制获得。

二、冗余资源的调节效应结果分析

本节采用最小二乘回归和 Tobit 回归对方程（6.4）进行检验，并将回归结果呈现于表 6-11。表 6-11 为冗余资源在排污费和企业绿色创新关系中调节作用的检验结果。表 6-11 中结果均显示排污费与冗余资源的交互项对企业绿色创新不存在显著影响，表明冗余资源并不调节排污费和企业绿色创新关系，不支持第三章假设 7c 和 7d。冗余资源没有显著调节排污费和企业绿色创新之间的正向关系。该结果可能的原因是当企业拥有的冗余资源越丰富时，排污费的征收对企业挤出效应和倒逼效应都加强，因而排污费对企业绿色创新的净效应并不会随企业冗余资源的改变而发生变化。

表 6-11 冗余资源对排污费与绿色创新关系的调节效应：OLS 和 Tobit 估计

变量	GI		GIi		GIu	
	(1) OLS	(2) Tobit	(3) OLS	(4) Tobit	(5) OLS	(6) Tobit
charge	0.384**	1.037***	0.309**	0.981**	0.102	0.426
	(0.163)	(0.392)	(0.131)	(0.472)	(0.125)	(0.422)
slack	−0.004	−0.008	−0.004	−0.009	−0.002	−0.002
	(0.003)	(0.007)	(0.002)	(0.008)	(0.002)	(0.007)
charge×slack	0.008	0.016	0.014	0.044	−0.005	−0.012
	(0.011)	(0.028)	(0.009)	(0.037)	(0.010)	(0.029)
控制变量	控制	控制	控制	控制	控制	控制
Area	控制	控制	控制	控制	控制	控制
Year	控制	控制	控制	控制	控制	控制
N	1434	1434	1434	1434	1434	1434
Adj-R^2	0.331		0.256		0.266	
Pseudo R^2		0.172		0.163		0.180
AIC value	3243.939	2967.373	2657.152	2413.925	2523.768	2352.402

注：（1）***、**和*分别表示 p<0.01、p<0.05 和 p<0.10；（2）括号内为稳健标准误。

资料来源：作者根据 Stata 软件进行回归分析获得。

三、企业规模的异质性影响结果分析

本节根据本章样本企业的企业规模（*employ*）的中位数，将样本企业分为大规模企业和中小规模企业，然后采用最小二乘和 Tobit 回归模型检验企业规模异质性的影响，并将回归结果呈现于表 6-12。表 6-12 的结果显示只有对中小规模企业收取排污费，排污费才对企业的绿色创新有显著的正向影响。该结果不支持第三章假设 8c。该结果可能的原因是，相比于大规模企业，中小规模企业具有较少的组织结构优势，因而可以更加灵活地改变企业战略，进行绿色创新活动（Noci & Verganti，2002）。此外，中小规模企业对环境规制和利益相关者的压力更加敏感（Noci & Verganti，2002；Darnall 等，2010），因而排污费的征收更有可能倒逼中小规模企业进行绿色创新。

表 6-12　　　　　　　　　**企业规模异质性检验（排污费样本）**

变量	大规模企业		中小规模企业	
	（1）OLS	（2）Tobit	（3）OLS	（4）Tobit
charge	−0.31	−1.069	0.577***	1.658***
	(0.357)	(0.674)	(0.181)	(0.422)
控制变量	控制	控制	控制	控制
Area	控制	控制	控制	控制
Year	控制	控制	控制	控制
N	731	731	712	712
Adj-R^2	0.378		0.249	
Pseudo R^2		0.195		0.186
AIC value	1795.948	1743.132	1295.104	1161.541

注：（1）***、** 和 * 分别表示 $p<0.01$、$p<0.05$ 和 $p<0.10$；（2）括号内为稳健标准误。

资料来源：作者根据 Stata 软件进行回归分析获得。

四、企业所有制的异质性影响结果分析

本节根据企业所有制属性（soe），将样本企业分为国有企业和非国有企业，然后采用最小二乘和 Tobit 回归模型检验企业所有制异质性的影响。表 6-13 回归结果表明排污费（charge）对国有企业和非国有企业的绿色创新都有显著的正向影响。通过比较国有企业和非国有企业样本间排污费的系数，可以发现国有企业样本的排污费系数更大，表明排污费对国有企业的倒逼效应更明显，支持第三章的假设 9c。

表 6-13　　　　　　　　　企业所有制异质性检验（排污费样本）

变量	国有企业		非国有企业	
	（1）OLS	（2）Tobit	（3）OLS	（4）Tobit
charge	0.604***	1.545***	0.445*	1.051**
	(0.223)	(0.497)	(0.262)	(0.473)
控制变量	控制	控制	控制	控制
Area	控制	控制	控制	控制
Year	控制	控制	控制	控制
N	910	910	533	533
Adj-R^2	0.384		0.330	
Pseudo R^2		0.219		0.183
AIC value	2039.619	1851.163	1175.749	1087.512

注：（1）***、**和*分别表示 $p<0.01$、$p<0.05$ 和 $p<0.10$；（2）括号内为稳健标准误。

资料来源：作者根据 Stata 软件进行回归分析获得。

五、制度环境的异质性影响结果分析

首先，本节将根据排污费的样本再次验证新《环保法》实施后是否会对企业

绿色创新有显著的促进作用，并将最小二乘和 Tobit 回归结果呈现于表 6-14。表 6-14 的回归结果表明新《环保法》实施后，重污染企业的绿色创新水平显著提高，支持第三章的假设 10a。并且，回归结果再次表明新《环保法》的实施对企业绿色实用新型专利的促进作用更强。

表 6-14　　　　新《环保法》对企业绿色创新的影响（排污费样本）

变量	GI		GIi		GIu	
	（1）OLS	（2）Tobit	（3）OLS	（4）Tobit	（5）OLS	（6）Tobit
envirlaw	1.036***	2.686***	0.629***	2.104***	0.693***	2.462***
	（0.148）	（0.354）	（0.117）	（0.373）	（0.113）	（0.367）
控制变量	控制	控制	控制	控制	控制	控制
Area	控制	控制	控制	控制	控制	控制
Year	控制	控制	控制	控制	控制	控制
N	1443	1443	1443	1443	1443	1443
Adj-R^2	0.328		0.251		0.263	
Pseudo R^2		0.169		0.159		0.178
AIC value	3263.521	2979.324	2674.836	2425.869	2535.01	2355.941

注：（1）***、** 和 * 分别表示 $p<0.01$、$p<0.05$ 和 $p<0.10$；（2）括号内为稳健标准误。

资料来源：作者根据 Stata 软件进行回归分析获得。

其次，本节根据新《环保法》正式实施的年份，将样本企业分为新《环保法》实施前和实施后的两个子样本，再采用最小二乘回归模型和 Tobit 回归模型对两个子样本进行检验。表 6-15 回归结果表明新《环保法》实施前，排污费（charge）对绿色创新没有显著的影响；而新《环保法》实施后，排污费（charge）对绿色创新有显著的正向影响。该实证结果支持第三章的假设 10d，表明排污费在新《环保法》实施后对企业绿色创新的倒逼作用更加显著。

表 6-15 　　　　　　新《环保法》实施前后异质性检验（排污费样本）

变量	新《环保法》实施前		新《环保法》实施后	
	（1）OLS	（2）Tobit	（3）OLS	（4）Tobit
charge	0.168	0.75	0.731**	1.294***
	(0.179)	(0.534)	(0.319)	(0.449)
控制变量	控制	控制	控制	控制
Area	控制	控制	控制	控制
Year	控制	控制	控制	控制
N	906	906	537	537
Adj-R^2	0.287		0.363	
Pseudo R^2		0.170		0.189
AIC value	1917.043	1689.338	1318.885	1287.109

注：（1）***、**和*分别表示 p<0.01、p<0.05 和 p<0.10；（2）括号内为稳健标准误。

资料来源：作者根据 Stata 软件进行回归分析获得。

六、直接规制的异质性影响结果分析

本节根据企业是否为重点监控企业（*monitor*），将排污费样本企业分为重点监控企业和非重点监控企业，然后采用 OLS 和 Tobit 回归模型检验直接规制的异质性影响。表 6-16 第（1）—（2）列结果分别表明排污费（*charge*）对重点监控企业的绿色创新有显著的正向影响。并且，表 6-16 的 Tobit 回归结果表明排污费对非重点监控企业绿色创新绩效也有显著的正向影响。通过比较排污费对重点和非重点监控企业绿色创新的影响，发现排污费对重点监控企业绿色创新的倒逼效应更强，支持第三章的假设 11c。

表 6-16 直接规制异质性检验（排污费样本）

变量	重点监控企业		非重点监控企业	
	（1）OLS	（2）Tobit	（3）OLS	（4）Tobit
charge	0.882 **	1.321 ***	0.257	0.935 **
	（0.412）	（0.505）	（0.161）	（0.469）
控制变量	控制	控制	控制	控制
Area	控制	控制	控制	控制
Year	控制	控制	控制	控制
N	350	350	1093	1093
Adj-R^2	0.358		0.276	
Pseudo R^2		0.199		0.159
AIC value	897.512	911.075	2347.552	2079.777

注：（1）***、**和*分别表示 $p<0.01$、$p<0.05$ 和 $p<0.10$；（2）括号内为稳健标准误。

资料来源：作者根据 Stata 软件进行回归分析获得。

七、市场化水平的异质性影响结果分析

本节根据样本数据中市场化水平（*mkindex*）的中位数，将样本分为位于高市场化水平地区和低市场化水平地区的企业。为了验证市场化水平异质性的影响，本节采用 OLS 和 Tobit 回归模型检验市场化水平的异质性影响，并将回归结果呈现于表 6-17。表 6-17 的结果显示位于高市场化水平地区的企业，对企业征收排污费会显著促进企业进行绿色创新，支持第三章的假设 12c。

表 6-17 市场化水平异质性检验（排污费样本）

变量	高市场化水平		低市场化水平	
	（1）OLS	（2）Tobit	（3）OLS	（4）Tobit
charge	0.520 **	1.137 ***	0.078	0.726
	（0.220）	（0.388）	（0.241）	（0.742）

续表

变量	高市场化水平		低市场化水平	
	（1）OLS	（2）Tobit	（3）OLS	（4）Tobit
控制变量	控制	控制	控制	控制
Area	控制	控制	控制	控制
Year	控制	控制	控制	控制
N	774	774	669	669
Adj-R^2	0.352		0.331	
Pseudo R^2		0.171		0.215
AIC value	1800.534	1718.145	1454.017	1265.602

注：（1）***、**和*分别表示 p<0.01、p<0.05 和 p<0.10；（2）括号内为稳健标准误。

资料来源：作者根据 Stata 软件进行回归分析获得。

第五节　本 章 小 结

本章通过选取 2008—2017 年中国重污染上市企业获得的绿色补助和排污费为样本，探讨企业内部资源（财务约束和冗余资源）、特征（企业规模和企业所有制）和外部情境因素（制度环境、直接规制和市场化水平）对市场型环境规制与企业绿色创新之间关系的影响。通过详细的实证检验，本章主要得出以下结论（表 6-18 列出本章所有假设和实证检验结果）和启示：

表 6-18　　　　　　　　基于权变视角的假设检验结果总结

第 3 章提出的部分假设	实证结果是否支持假设
H6a：财务约束缓和了绿色补助和企业绿色创新的倒 U 型关系。	支持
H6b：财务约束使绿色补助和企业绿色创新的倒 U 型关系的转折点向右偏移。	支持

第3章提出的部分假设	实证结果是否支持假设
H6c：财务约束负向调节了排污费和企业绿色创新的正向相关关系。	支持
H7a：冗余资源强化了绿色补助和企业绿色创新的倒U型关系。	支持
H7b：冗余资源使绿色补助和企业绿色创新的倒U型关系的转折点向左偏移。	不支持
H7c：冗余资源正向调节了排污费和企业绿色创新的正向相关关系。	不支持
H7d：冗余资源负向调节了排污费和企业绿色创新的正向相关关系。	不支持
H8a：大规模企业相比于中小规模企业，政府绿色补助和其绿色创新的倒U型关系在上升阶段会更加陡峭。	不支持
H8b：大规模企业相比于中小规模企业，政府绿色补助和企业绿色创新的倒U型关系的转折点向右偏移。	支持
H8c：与中小规模企业相比，排污费对大规模企业绿色创新的影响更显著。	不支持
H9a：国有企业相比于非国有企业，政府绿色补助和企业绿色创新的倒U型关系更加陡峭。	部分支持
H9b：国有企业相比于非国有企业，政府绿色补助和企业绿色创新的倒U型关系的转折点向右偏移。	支持
H9c：与非国有企业相比，排污费对国有企业绿色创新的影响更显著。	支持
H10a：新《环保法》的实施会激励企业绿色创新。	支持
H10b：新《环保法》实施后相比于实施前，政府绿色补助和其绿色创新的倒U型关系在上升阶段会更加陡峭。	不支持
H10c：新《环保法》实施后相比于实施前，政府绿色补助和企业绿色创新的倒U型关系的转折点向右偏移。	不支持
H10d：与新《环保法》实施前相比，排污费在新《环保法》实施后对企业绿色创新的影响更显著。	支持
H11a：相比于非重点监控企业，政府绿色补助与重点监控企业绿色创新的倒U型关系更加陡峭。	不支持
H11b：相比于非重点监控企业，政府绿色补助与重点监控企业绿色创新的倒U型关系的转折点向右偏移。	不支持

续表

第 3 章提出的部分假设	实证结果是否支持假设
H11c：与非重点监控企业相比，排污费对重点监控企业绿色创新的影响更显著。	支持
H12a：高市场化水平地区企业相比于低市场化水平地区企业，政府绿色补助和其绿色创新的倒 U 型关系在上升阶段会更加陡峭。	支持
H12b：高市场化水平地区企业相比于低市场化水平地区企业，政府绿色补助和企业绿色创新的倒 U 型关系的转折点向右偏移。	支持
H12c：与低市场化水平地区的企业相比，排污费对高市场水平地区的企业绿色创新的影响更显著。	支持

资料来源：作者总结整理获得。

（1）财务约束缓和了绿色补助和企业绿色创新的倒 U 型关系，也促使倒 U 型关系的转折点向右偏移。究其背后的原因是当企业面临更高的财务约束时，政府绿色补助对于这些企业的补偿效应和挤出效应都更低。尽管相比低财务约束企业，对财务约束更高的企业进行绿色补助，其净激励效应相对较低，但是净效应的转折点更偏右。这表明对高财务约束企业进行绿色补助时，更难达到转折点。

（2）财务约束负向调节了排污费和企业绿色创新之间的正向关系。主要的原因是当企业面临更高的财务约束时，排污费对企业的倒逼效应降低，但是挤出效应却较高。因此，对财务约束更高的企业进行排污费征收，排污费对企业绿色创新的净激励作用更低。

（3）冗余资源强化了绿色补助和企业绿色创新的倒 U 型关系。出现该调节效应的原因可能是高冗余资源水平的企业的创新效率更高，因而获得的绿色补助后对这些企业的补偿效应更大。

（4）冗余资源没有显著调节排污费和企业绿色创新之间的正向关系。该结果可能的原因是当企业拥有的冗余资源越丰富时，排污费的征收对企业挤出效应和倒逼效应加强，因而排污费对企业绿色创新的净效应并不会随企业冗余资源的改变而发生变化。

（5）相比于大规模企业，绿色补助和排污费对中小规模企业绿色创新的正向促进作用更大。绿色补助对中小规模企业激励作用更大的原因可能是，绿色补助一方面可以显著缓解中小规模企业面临的资金短缺和融资压力；另一方面绿色补助传递的积极信号可以为中小规模企业获得更多的外部投资和合作研发机会，中小规模企业管理者为了获得外部投资者持续的信任以及合作研发者持续的合作，更会将注意力集中于绿色创新活动中。排污费对中小规模企业倒逼作用更强的原因可能是，相比于大企业，中小规模企业具有较少的组织结构优势，因而可以更加灵活地改变企业战略，进行绿色创新活动（Noci & Verganti，2002）。此外，中小规模企业对环境规制和利益相关者的压力更加敏感（Noci & Verganti，2002；Darnall 等，2010），因而排污费的征收更有可能倒逼中小规模企业进行绿色创新。

（6）相比于非国有企业，绿色补助和排污费对国有企业绿色创新的正向促进作用更大。政府绿色补助和国有企业绿色创新的倒 U 型关系相比于非国有企业在上升阶段更加陡峭，并且倒 U 型关系的转折点向右偏移。该结果表明国有企业相比非国有企业绿色创新效率更高并且国有企业高管也更重视绿色创新，因而绿色补助对国有企业的补偿效应更高。该结果与已有部分文献的结论一致，即国有企业相比于非国有企业的绿色创新效率可能会更高（Bai 等，2019；Ouyang 等，2020）。绿色补助和排污费对国有企业的激励效应和倒逼效应更强，可能是因为其不仅拥有更高层次的人才、更加先进的研究平台、更充沛的研发资金、更高的市场地位和更强大的市场影响力，并且国有企业的高管更关注资源的有效利用和环境保护（Bai 等，2019；Ouyang 等，2020）。

（7）新《环保法》的实施对重污染企业绿色创新有显著的促进作用，该结果与王晓祺等（2020）的结论一致。制度环境的改变并没有显著改变绿色补助对企业绿色创新的影响，该结果可能的原因是政府绿色补助会传递给外部投资者和利益相关者反映企业绿色创新资源、能力、发展潜力和信用的高识别度、高品质和高强度的积极信号，降低了外部投资者与企业之间的信息不对称程度，使企业更容易获得外部融资机会以及合作研发活动，有利于促进企业提升绿色创新绩效。因此，新《环保法》的实施并不会显著加强绿色补助所传递的积极信号，也不会加强企业获得融资机会和合作机会，就不会显著影响绿色创新绩效。

（8）但是制度环境却显著改变了排污费对绿色创新的影响。该结果表明新《环保法》的实施后，企业外部利益相关者会通过关注企业是否缴纳排污费来判断企业是否违法。此时，排污费传递给企业利益相关者的反映企业绿色治理不足的消极信号会从低识别度转为高识别度，导致企业获得外部融资和研发活动的机会将大大减少，进而增加企业的融资压力。企业因而更加关注排污费所传递给利益相关者的反映企业绿色治理能力不足的信号，并试图通过加大绿色创新活动来降低企业的污染排放以获得政府、企业利益相关者和公众对其环境治理绩效的认可。该结论的启示是政府应不断提高其环保执法力度。

（9）相比于非重点监控企业，绿色补助和排污费对重点监控企业绿色创新有显著的促进作用。这是因为，重点监控企业为了不再受到政府的直接监控，会尽可能地进行绿色创新以有效地削减污染减排量，争取早日达到排放标准并获得政府的认可。

（10）市场化水平的提升显著促进了绿色补助和排污费对企业绿色创新的激励和倒逼效应。首先，政府绿色补助对高市场化水平地区企业绿色创新的补偿效应更大。该结果与刘虹等（2012）和李万福等（2017）的研究结果一致，即企业所在地的市场化水平越高、竞争水平越激烈以及法律制度环境越健全，政府的绿色补助更有可能拉动和刺激企业的绿色创新活动。其次，排污费对高市场化水平地区企业绿色创新的倒逼效应更强。该结论的启示是，各地区应不断提高市场化水平和不断完善当地的法律法规，形成良好的市场环境、政治环境和法律环境以保护企业的知识产权、鼓励企业间的良性竞争、促进市场资源的有效分配来激励企业绿色创新绩效的提升。

第七章　研究结论和展望

第一节　研究结论

近年来，我国的环境规制政策越来越重视市场型环境规制政策。主要的原因可能在于，随着我国经济由高速增长转向高质量发展、市场机制在资源配置方面的能力不断提升以及社会公众环保意识的加强，市场型环境规制较命令控制型环境规制的优势日渐凸显（张坤民等，2007；王班班和齐绍洲，2016；齐绍洲等，2018；李青原和肖泽华，2020）在市场型环境规制的主要政策工具或措施中，绿色补助、排污费作为最直接的、最普遍的市场型环境规制手段对企业绿色创新具有重要的影响，因此也成为国内外学者研究的重点之一。

本书通过对已有相关文献进行梳理和总结，发现对于市场型环境规制与企业绿色创新的研究还存在以下几点需要扩展和补充。首先，现有研究中有许多学者构建绿色补助和排污费对企业绿色创新的作用机制（如 Milliman & Prince，1989；许士春等，2012；赵爱武等，2016），但是这些模型大多是偏宏观的经济模型，而鲜有文献通过运用管理学的理论机制设计理论框架，并详细和完整地解释市场型环境规制对企业绿色创新的作用机制。其次，尽管目前已有大量文献运用波特假说为主要的逻辑框架或采用新制度理论和利益相关者理论来研究市场型环境规制对绿色创新的影响，但是只有部分研究探讨了市场型环境规制与企业绿色创新之间的中介传导机制（如张小军，2012；解学梅等，2020；于飞等，2020）和少数研究在讨论绿色补助和排污费这两种普遍的市场型环境规制时考虑了中介传导机制（如郭进，2019；李俊遐，2019；王旭和褚旭，2019）。再次，虽然也有一些文献在研究市场型环境规制如绿色补助和排污费对企业绿色创新影响时考虑了企业特征和地区分布等因素的影响（如，顾正娣，2016；Bai 等，2019；王永贵和李霞，2023），但是缺乏探讨中国特色的典型外部情境因素如何影响市场型环境规制（绿色补助和排污费）与企业绿色创新之间的影响。

因此，基于上述分析，本书将依托于现有文献，希望通过理论模型构建和实证检验来探究市场型环境规制（绿色补助和排污费）对企业绿色创新的作用机制，揭示二者之间的中介机理和探寻影响二者之间关系的权变因素。

（1）理论分析

本书首先基于信号理论和注意力基础观，构建了市场型环境规制影响企业绿色创新的 RSA 作用机制框架。RSA 框架是深入探究绿色补助和排污费如何通过作用于资源配置、信号传递和注意力配置进而影响企业的绿色创新的关键。在进行具体的理论分析时，本书提出绿色补助和排污费可以通过对企业资源配置、信号传递和注意力配置来影响企业的绿色创新绩效，但是两者环境规制政策的影响是显著不同的。如绿色补助通过改变企业管理者所面临的外部环境（面临的外部合作机会增加）和内部环境（面临的融资压力减小），促使企业管理者的注意力将会从关注可预测项目活动或企业融资问题转移到关注企业的绿色创新项目并提升了企业绿色创新的效率（Yi 等，2021）；而排污费则是通过使企业管理者反思企业自身工艺流程或产品生产中的污染问题，促使企业注意力转移到被利益相关者认可的行动和战略（胡元林和杨雁坤，2015；Grossman & Helpman，2018）。

其次，本书将借助战略管理的经典理论框架"刺激—响应—结果"，并结合注意力基础观、组织学习能力和资源基础观构建市场环境规制影响企业绿色创新绩效的 OCA 中介机理模型。本书认为企业对市场型环境规制的响应机制是最为重要和不可或缺的一环，是破解"环境规制-绿色创新"两者间"黑箱"的关键。因此，本书对企业响应机制这个"黑箱"中所需要解决的三个问题（企业会如何进行战略决策、企业是否会培养自身组织学习能力以及企业是否会有实质性的行动来回应市场型环境规制）进行深入剖析。为了更好地理解和剖析市场型环境规制对企业绿色创新的中介传导机理，本书将企业反应具象化为企业绿色导向的形成、绿色组织学习能力的培养和绿色战略行动的实施。在进行具体的理论分析时，本书也探讨了绿色补助和排污费这两个不同特征的环境规制政策如何通过对企业绿色导向、绿色组织学习能力和绿色战略行动有不同的影响，进而影响企业的绿色创新。

最后,本书构建了影响"环境规制-绿色创新"关系的内外权变因素影响框架,并主要考虑了企业微观特征(资源冗余、财务约束、企业规模和企业所有制)和具有中国特色的外部情境因素(制度环境、直接规制、市场化水平)对"环境规制-绿色创新"的权变作用。

(2)实证检验

本书通过收集中国 A 股重污染上市企业 2008—2017 年的数据作为样本,采用多种回归方法(最小二乘法、Tobit 回归、泊松回归和负二项式回归)对基于 RSA 作用机制框架、OCA 中介机理模型和内外权变因素影响框架构建的应用模型进行实证检验。本书的实证结果大部分支持提出的研究假设,主要发现可以总结为以下几点。

第一,不同的市场型环境规制政策对绿色创新有不同的影响。通过实证检验,本书发现政府的绿色补助程度与企业绿色创新呈倒 U 型关系,但是目前我国重污染上市企业获得的绿色补助仍未到达倒 U 型的极值点,因而绿色补助仍主要呈现激励作用。并且,本书也发现排污费征收强度的增加与企业绿色创新呈正向相关关系。该结果表明市场型环境规制是促进企业绿色创新绩效提升的重要政策,因此政府可以加强双向激励作用。一方面,政府可以适当加强对企业绿色创新活动的补助或扶持以发挥其激励作用;另一方面,政府可以加强对企业的污染收费标准和完善现阶段的环境保护税政策以充分发挥其倒逼作用。

第二,绿色导向、绿色组织学习能力和绿色战略行动在绿色补助和排污费与绿色创新之间起到中介传导作用,不仅为本书所构建的 OCA 中介机理提供了支持,也为破解环境规制与企业绿色创新之间的黑箱提供了实证依据。本书实证研究结果发现,绿色补助和排污费都可以通过影响企业的绿色导向、绿色组织学习能力和绿色战略行动,进而影响企业的绿色创新绩效。并且,绿色补助和排污费都是主要通过影响企业的绿色组织学习能力来影响企业的绿色创新。

第三,财务约束和冗余资源对绿色补助和排污费与企业绿色创新之间关系的调节作用不同,证实了企业所拥有的资源会影响市场型环境规制对企业绿色创新的作用机制。本书实证结果发现,当企业面临的资源约束越小和拥有的冗余资源越丰富,政府绿色补助对企业绿色创新的激励作用越明显。而当企业面临的资源约束越小，排污费征收对企业绿色创新的倒逼作用也越明显。

第四，企业特征和具有中国特色的外部情境因素会显著地影响绿色补助和排污费与企业绿色创新之间的关系，为理解和探寻市场型环境规制对企业绿色创新作用机制的边界条件提供实证依据。本书的实证结果主要发现，绿色补助和排污费对中小规模企业、国有企业、高市场水平地区企业和重点监控企业绿色创新的激励和倒逼作用更强。并且，排污费在新《环保法》实施后对企业绿色创新的倒逼作用更显著。

第二节　建议和启示

（1）环境治理政策建议

首先，政府应完善法律法规。各地区应不断提高市场化水平和不断完善当地的法律法规，形成良好的市场环境、政治环境和法律环境。因为更健全的法律制度环境可以通过保护企业的知识产权、鼓励企业间的良性竞争、促进市场资源的有效分配来激励企业绿色创新绩效的提升。

其次，政府应加强双向激励。一方面，政府可以适当加强对企业绿色创新活动的补助或扶持。现在我国政府绿色补助仍为激励作用，但是为了减少依旧可能存在的绿色补助对企业绿色创新的挤出效应，政府在进行绿色补助发放决策时，必须对企业绿色创新活动的前期准备、资金投入、项目进展、完成状况等步骤进行跟踪调研，以降低政府与企业间的信息不对称，减少企业利用信息不对称的机会主义行为，确保绿色补助最大化效应。此外，考虑到政府绿色补助力度过大，对企业绿色创新活动的挤出效应可能会显著加大，因而当政府绿色补助到了一定阶段时，应注意减小绿色补助力度，避免显著抑制企业的自主绿色创新动机。另一方面，政府可以不断完善现阶段的环境保护税政策以充分发挥其倒逼效应以激励企业进行绿色创新活动。虽然我国实施30多年的排污费已于2018年被环境保护税取代，但是环境保护税的相关规定与排污费的规定仍有许多相似之处。

再次，政府应重视政策引导。由于环境规制对企业绿色创新的影响存在明显的企业异质性，因此，在落实环境规制时应充分考虑企业之间的群体差异，如针对资源基础薄弱（如财务约束大、冗余资源少等）的企业，政府可通过采取加大绿色信贷、绿色保险等手段帮助企业拓宽绿色研发方面的融资渠道，并建立相应的资金监管机制，防范企业的机会主义行为。

最后，政府应健全监管机制。建立并完善环保监管体制机制，加强监管人员的管理执行力，提高环境管理的效率。建立健全公众参与环保管理机制，一方面，实行奖励报告制度，充分调动社会公众、媒体的积极性；另一方面，建立信息公开制度，确保政府执法信息公开透明，公众信访举报渠道高效便捷。

（2）企业管理启示

第一，企业管理者应更新绿色经营理念。环境保护已成全球关注的重点议题，企业管理者应充分认识到环境保护的重要意义。在面对环境规制带来的压力时，企业应以可持续发展为己任，以绿色发展为导向，将绿色经营理念贯穿于生产经营管理的全过程、全方位。在此基础上，进一步建立绿色环保的企业文化，不断提高企业管理者与员工的绿色环保意识。建立并完善绿色经营活动的监督管理机制与奖惩措施。

第二，企业应学习绿色知识。企业应全面了解国内外的环保政策、污染排放的要求与标准，学习国内外先进的绿色生产技术，通过产品创新或工艺创新以降低成本或生产差异化产品，从而形成新的企业竞争优势；在此基础上结合实际，提升自身的绿色技术创新水平，形成企业新的核心竞争优势。

第三，企业应落实绿色战略计划。为适应可持续发展的要求，企业应结合实际制订合适的绿色战略计划，并分阶段稳步落实。首先，企业应改变传统战略逻辑，从被动适应环境规制要求转向局部生产经营过程主动实施环保减排措施，如改善生产设备、排污设备，从企业末端流程保证污染的减少以达到改善环境污染的目的；其次，探寻源头，积极开展绿色创新研发并推进创新成果转化，努力将绿色创新技术有效渗透到生产经营的全业务流程，实现从源头到末端标本兼治的绿色环保战略。

第三节　研究局限和未来研究方向

综上所述，本书不仅为现有理论研究进行了一些补充和扩展，也为我国环境政策的制定和企业环境管理的方向提供了建议和启示。但是本书还存在诸多的不足和局限，需要在未来研究中进行深入探讨。

首先，出于数据的限制，本书在研究市场型环境规制对企业的作用机制时，有一些潜在的影响并未得到实证的检验。如绿色补助可能传递给企业利益相关者反映企业绿色创新能力的积极信号，进而增加企业的外部融资机会和合作机会。文中的一些理论分析和假设都是基于此而提出的。但是由于数据的限制，并没有对绿色补助和排污费的信号传递作用进行实证检验。因此未来研究可以继续检验绿色补助和排污费所传递出的信号如何影响企业利益相关者的投资行为。

第二，本书在研究排污费与绿色创新的关系时，主要假设排污费对绿色创新既存在线性的倒逼效应，也存在线性的挤出效应。但是排污费对绿色创新的倒逼效应可能存在门槛效应。由于本书采用的数据主要是非平衡面板数据，如果转化为平衡面板数据，则会导致失去较多的数据。因此，未来的研究可以试图探究排污费对绿色创新的门槛效应。

第三，本书所构建的 OCA 模型中主要探讨的是市场型环境规制对企业绿色创新的中介机理。考虑到我国环境规制种类的丰富性和多样性，未来研究还可以逐步将 OCA 模型应用于其他类型的环境规制政策。

第四，本书所构建的 OCA 模型中市场型环境规制与企业绿色创新的机制可能还有不完善的地方。比如已有一些研究发现企业知识基础、知识管理、吸收能力对于绿色创新也有着举足轻重的影响（Xie 等，2019；于飞等，2019）。因此将在后续研究中考察其他影响企业绿色创新的中介传导因素以丰富本书的理论和实证研究。

第五，本书所构建的 OCA 模型中绿色导向、绿色组织学习能力和绿色战略行动之间可能存在互为因果的情况，因此在未来研究中将试图寻找合适的工具变量以厘清这些变量间的相互影响。

第六，本书在分析内外权变因素对"环境规制-绿色创新"的影响时，还可以考虑其他权变因素的影响。比如，我国企业管理方式和社会文化都比较独特，有可能影响企业绿色导向和绿色组织学习能力的构建，因此未来可以对这些方面进行重点研究。此外，我国企业也格外重视建立政企关系，未来也可以探索政企关系会如何影响"环境规制-绿色创新"的关系。

第七，考虑到数据的可获得性，本书在衡量绿色战略行动时，主要采用企业环保支出的数据和根据企业社会责任报中提取的企业环境治理的数据。但是企业绿色战略行动包括企业为实现污染治理、改善生态环境和提高环境绩效而做出的一系列资源投入（李冬伟，2016；杨勇和吕克亭，2020），因此仅用环保支出的数据或环境治理数据来衡量企业绿色战略行动可能有失偏颇。本书其他的变量如绿色组织学习能力，也限于二手数据的可获得性，可能没有得到精准的测量。因此将在未来研究中探寻其他更合适的测量方式来衡量企业的绿色组织学习能力、绿色战略行动等。

参 考 文 献

[1] 白俊红. 中国的政府 R&D 资助有效吗? 来自大中型工业企业的经验证据 [J]. 经济学 (季刊), 2011, 10 (04): 1375-1400.

[2] 步丹璐, 王晓艳. 政府补助、软约束与薪酬差距 [J]. 南开管理评论, 2014, 17 (02): 23-33.

[3] 曹洪军, 陈泽文. 内外环境对企业绿色创新战略的驱动效应——高管环保意识的调节作用 [J]. 南开管理评论, 2017, 20 (06): 95-103.

[4] 陈晨. 环境规制对企业绿色创新及绩效的影响研究 [D]. 辽宁大学, 2019.

[5] 陈力田, 赵晓庆, 魏致善. 企业创新能力的内涵及其演变: 一个系统化的文献综述 [J]. 科技进步与对策, 2012, 29 (14): 154-160.

[6] 陈玲, 杨文辉. 政府研发补贴会促进企业创新吗? ——来自中国上市公司的实证研究 [J]. 科学学研究, 2016, 34 (03): 433-442.

[7] 陈晓, 李美玲, 张壮壮. 环境规制、政府补助与绿色技术创新——基于中介效应模型的实证研究 [J]. 工业技术经济, 2019, 38 (09): 18-25.

[8] 陈璇, 钱维. 新《环保法》对企业环境信息披露质量的影响分析 [J]. 中国人口·资源与环境, 2018, 28 (12): 76-86.

[9] 褚媛媛. 企业环保支出、政府环保补助对绿色技术创新的影响研究 [D]. 西南交通大学, 2019.

[10] 崔广慧, 姜英兵. 环境规制对企业环境治理行为的影响——基于新《环保法》的准自然实验 [J]. 经济管理, 2019, 41 (10): 54-72.

[11] 戴鸿轶, 柳卸林. 对环境创新研究的一些评论 [J]. 科学学研究, 2009, 27 (11): 1601-1610.

[12] 戴魁早, 刘友金. 行业市场化进程与创新绩效——中国高技术产业的经验

分析 [J]. 数量经济技术经济研究, 2013, 30 (09): 37-54.

[13] 戴万亮, 路文玲. 环保舆论压力对制造企业绿色创新能力的影响——领导环保意识与组织绿色学习的链式中介效应 [J]. 科技进步与对策, 2020, 37 (09): 131-137.

[14] 范丹, 孙晓婷. 环境规制、绿色技术创新与绿色经济增长 [J]. 中国人口·资源与环境, 2020, 30 (06): 105-115.

[15] 范莉莉, 褚媛媛. 企业环保支出、政府环保补助与绿色技术创新 [J]. 资源开发与市场, 2019, 35 (01): 20-25.

[16] 范庆泉, 张同斌. 中国经济增长路径上的环境规制政策与污染治理机制研究 [J]. 世界经济, 2018, 41 (08): 171-192.

[17] 方军雄. 市场化进程与资本配置效率的改善 [J]. 经济研究, 2006 (05): 50-61.

[18] 方军雄. 所有制、市场化进程与资本配置效率 [J]. 管理世界, 2007 (11): 27-35.

[19] 方明月. 市场竞争、财务约束和商业信用——基于中国制造业企业的实证分析 [J]. 金融研究, 2014 (02): 111-124.

[20] 顾正娣. 环境规制对企业绿色技术创新影响研究 [D]. 东南大学, 2016.

[21] 郭进. 环境规制对绿色技术创新的影响——"波特效应"的中国证据 [J]. 财贸经济, 2019, 40 (03): 147-160.

[22] 郭英远, 张胜, 张丹萍. 环境规制、政府研发资助与绿色技术创新：抑制或促进？——一个研究综述 [J]. 华东经济管理, 2018, 32 (07): 40-47.

[23] 郭玥. 政府创新补助的信号传递机制与企业创新 [J]. 中国工业经济, 2018 (09): 98-116.

[24] 何欢浪, 岳咬兴. 策略性环境政策：环境税和减排补贴的比较分析 [J]. 财经研究, 2009, 35 (02): 136-143.

[25] 何小钢. 绿色技术创新的最优规制结构研究——基于研发支持与环境规制的双重互动效应 [J]. 经济管理, 2014, 36 (11): 144-153.

[26] 胡元林, 杨雁坤. 环境规制下企业环境战略转型的过程机制研究——基于动态能力视角 [J]. 科技管理研究, 2015, 35 (03): 220-224.

[27] 江旭，沈奥．未吸收冗余、绿色管理实践与企业绩效的关系研究［J］.管理学报，2018，15（04）：539-547.

[28] 姜楠．环境处罚能够威慑并整治企业违规行为吗？——基于国家重点监控企业的分析［J］.经济与管理研究，2019，40（07）：102-115.

[29] 焦豪，杨季枫，应瑛．动态能力研究述评及开展中国情境化研究的建议［J］.管理世界，2021（05）：191-210.

[30] 金刚，沈坤荣．以邻为壑还是以邻为伴？——环境规制执行互动与城市生产率增长．管理世界，2018（12）：43-55.

[31] 李爱玲，王振山．政府研发资助能否帮助企业获得外部融资［J］.中国科技论坛，2015（12）：115-119.

[32] 李百兴，王博．新环保法实施增大了企业的技术创新投入吗？——基于PSM-DID方法的研究［J］.审计与经济研究，2019，34（01）：87-96.

[33] 李博博．环境规制、研发补贴与绿色创新的关系［D］.郑州大学，2018.

[34] 李冬伟．环境可见度视角下企业绿色响应驱动研究——基于上市公司数据的分析［J］.科学学与科学技术管理，2016，37（12）：53-61.

[35] 李虹，娄雯，田马飞．企业环保投资、环境管制与股权资本成本——来自重污染行业上市公司的经验证据［J］.审计与经济研究，2016，31（02）：71-80.

[36] 李建军，刘元生．中国有关环境税费的污染减排效应实证研究［J］.中国人口·资源与环境，2015，25（08）：84-91.

[37] 李俊遐．环保补贴、绿色创新与企业价值［D］.暨南大学，2019.

[38] 李楠，于金．政府环保政策对企业技术创新的影响［J］.世界科技研究与发展，2016，38（05）：932-936.

[39] 李青青，朱泰玉，高兵．环境规制对企业绿色创新的影响研究［J］.科技创业月刊，2020，33（08）：7-14.

[40] 李青原，肖泽华．异质性环境规制工具与企业绿色创新激励——来自上市企业绿色专利的证据［J］.经济研究，2020，55（09）：192-208.

[41] 李婉红，毕克新，曹霞．环境规制工具对制造企业绿色技术创新的影响——以造纸及纸制品企业为例［J］.系统工程，2013，31（10）：112-

122.

[42] 李婉红. 排污费制度驱动绿色技术创新的空间计量检验——以 29 个省域制造业为例 [J]. 科研管理, 2015, 36 (06): 1-9.

[43] 李万福, 杜静, 张怀. 创新补助究竟有没有激励企业创新自主投资——来自中国上市公司的新证据 [J]. 金融研究, 2017 (10): 130-145.

[44] 李维安, 张耀伟, 郑敏娜, 等. 中国上市公司绿色治理及其评价研究 [J]. 管理世界, 2019, 35 (05): 126-133.

[45] 李伟伟. 中国环境政策的演变与政策工具分析 [J]. 中国人口·资源与环境, 2014, 24 (S2): 107-110.

[46] 李香菊, 贺娜. 地区竞争下环境税对企业绿色技术创新的影响研究 [J]. 中国人口·资源与环境, 2018, 28 (09): 73-81.

[47] 李新安. 环境规制、政府补贴与区域绿色技术创新——基于我国省域空间面板数据的实证研究 [J]. 经济经纬, 2021: 1-15.

[48] 李怡娜, 叶飞. 制度压力、绿色环保创新实践与企业绩效关系——基于新制度主义理论和生态现代化理论视角 [J]. 科学学研究, 2011, 29 (12): 1884-1894.

[49] 李永友, 沈坤荣. 我国污染控制政策的减排效果——基于省际工业污染数据的实证分析 [J]. 管理世界, 2008 (07): 7-17.

[50] 刘海英, 郭文琪. 环境税与研发补贴政策组合的绿色技术创新诱导效应 [J]. 科技管理研究, 2021, 41 (01): 194-202.

[51] 刘海运, 李越, 宋丹. 环境税收与政府创新补贴对企业绿色工艺创新的影响研究 [J]. 湖南师范大学自然科学学报, 2021 (02): 34-40.

[52] 刘虹, 肖美凤, 唐清泉. R&D 补贴对企业 R&D 支出的激励与挤出效应——基于中国上市公司数据的实证分析 [J]. 经济管理, 2012, 34 (04): 19-28.

[53] 刘津汝, 曾先峰, 曾倩. 环境规制与政府创新补贴对企业绿色产品创新的影响 [J]. 经济与管理研究, 2019, 40 (06): 106-118.

[54] 刘霄. 政府环保补助、环保研发投入与企业环境绩效的研究 [D]. 安徽大学, 2019.

[55] 刘晓璇. 环境规制、高管薪酬激励与企业环保投资 [D]. 东北财经大学, 2019.

[56] 卢洪友, 邓谭琴, 余锦亮. 财政补贴能促进企业的"绿化"吗？——基于中国重污染上市公司的研究 [J]. 经济管理, 2019a, 41 (04): 5-22.

[57] 卢洪友, 刘啟明, 祁毓. 中国环境保护税的污染减排效应再研究——基于排污费征收标准变化的视角 [J]. 中国地质大学学报（社会科学版）, 2018, 18 (05): 67-82.

[58] 卢洪友, 刘啟明, 徐欣欣, 等. 环境保护税能实现"减污"和"增长"么？——基于中国排污费征收标准变迁视角 [J]. 中国人口·资源与环境, 2019b, 29 (06): 130-137.

[59] 吕永龙, 梁丹. 环境政策对环境技术创新的影响 [J]. 环境污染治理技术与设备, 2003 (07): 89-94.

[60] 倪娟. 政治关联对民营企业环保投资的影响研究 [D]. 中南财经政法大学, 2018.

[61] 牛海鹏, 杜雯翠, 朱艳春. 排污费征收、技术创新与污染排放 [J]. 经济与管理评论, 2012, 28 (04): 51-56.

[62] 彭海珍, 任荣明. 环境政策工具与企业竞争优势 [J]. 中国工业经济, 2003 (07): 75-82.

[63] 彭佳颖. 市场激励型环境规制对企业竞争力的影响研究 [D]. 湖南大学, 2019.

[64] 彭江平, 喻仪, 徐莉萍, 等. 政府补助信号效应的实证研究 [J]. 工业技术经济, 2019, 38 (01): 141-150.

[65] 彭维. 环境规制对绿色技术创新的影响效应研究 [D]. 江西财经大学, 2020.

[66] 彭雪蓉, 刘洋, 赵立龙. 企业生态创新的研究脉络、内涵澄清与测量 [J]. 生态学报, 2014, 34 (22): 6440-6449.

[67] 彭雪蓉, 魏江. 利益相关者环保导向与企业生态创新——高管环保意识的调节作用 [J]. 科学学研究, 2015, 33 (07): 1109-1120.

[68] 齐绍洲, 林屾, 崔静波. 环境权益交易市场能否诱发绿色创新？——基于

我国上市公司绿色专利数据的证据 [J]. 经济研究, 2018, 53 (12): 129-143.

[69] 任胜钢, 郑晶晶, 刘东华, 等. 排污权交易机制是否提高了企业全要素生产率——来自中国上市公司的证据 [J]. 中国工业经济, 2019 (05): 5-23.

[70] 任曙明, 吕镯. 融资约束、政府补贴与全要素生产率——来自中国装备制造企业的实证研究 [J]. 管理世界, 2014 (11): 10-23.

[71] 申香华. 银行风险识别、政府财政补贴与企业债务融资成本——基于沪深两市 2007—2012 年公司数据的实证检验 [J]. 财贸经济, 2014 (09): 62-71.

[72] 苏昕, 刘昊龙. 多元化经营对研发投入的影响机制研究——基于组织冗余的中介作用 [J]. 科研管理, 2018, 39 (01): 126-134.

[73] 孙剑, 李崇光, 程国强. 企业环保导向、环保策略与绩效关系研究——来自武汉城市圈 "两型社会" 建设试验区的调查 [J]. 管理学报, 2012, 9 (06): 927-935.

[74] 谭志东. 环保政策演进对企业环保投资的影响: 从 "督企" 到 "督政" [D]. 中南财经政法大学, 2019.

[75] 唐国平, 李龙会. 股权结构、产权性质与企业环保投资——来自中国 A 股上市公司的经验证据 [J]. 财经问题研究, 2013 (03): 93-100.

[76] 万伦来, 朱泳丽, 万小雨. 排污费、环保补助与中国工业两阶段环境效率——来自中国 30 个省份的经验数据 [J]. 生态经济, 2016, 32 (08): 47-52.

[77] 汪涛, 于雪, 崔楠. 基于注意力基础观的企业内部研发与合作创新交互效应研究——财务松弛和信息技术的调节作用 [J]. 研究与发展管理, 2020, 32 (01): 1-12.

[78] 王班班, 齐绍洲. 市场型和命令型政策工具的节能减排技术创新效应——基于中国工业行业专利数据的实证 [J]. 中国工业经济, 2016 (06): 91-108.

[79] 王兵, 吴延瑞, 颜鹏飞. 环境管制与全要素生产率增长: APEC 的实证研究 [J]. 经济研究, 2008 (05): 19-32.

［80］王炳成，李洪伟．绿色产品创新影响因素的结构方程模型实证分析［J］．中国人口·资源与环境，2009，19（05）：168-174.

［81］王刚刚，谢富纪，贾友．R&D补贴政策激励机制的重新审视——基于外部融资激励机制的考察［J］．中国工业经济，2017（02）：60-78.

［82］王红建，李青原，邢斐．金融危机、政府补贴与盈余操纵——来自中国上市公司的经验证据［J］．管理世界，2014（07）：157-167.

［83］王红梅．中国环境规制政策工具的比较与选择——基于贝叶斯模型平均（BMA）方法的实证研究［J］．中国人口·资源与环境，2016，26（09）：132-138.

［84］王曦，唐瑭．环境治理模式的转变：新《环保法》的最大亮点［J］．经济界，2014（05）：9-10.

［85］王小鲁，樊纲，胡李鹏．中国分省份市场化指数报告（2018）［M］．北京：社会科学文献出版社，2019：216-220.

［86］王晓祺，郝双光，张俊民．新《环保法》与企业绿色创新："倒逼"抑或"挤出"？［J］．中国人口·资源与环境，2020，30（07）：107-117.

［87］王旭，褚旭．中国制造业绿色技术创新与融资契约选择［J］．科学学研究，2019，37（02）：351-361.

［88］王旭，王兰．难辞其咎的大股东：绿色创新导向下政府补贴对绿色创新驱动乏力的新解释［J］．研究与发展管理，2020，32（02）：24-36.

［89］王旭，杨有德，王兰．信息披露视角下政府补贴对绿色创新的影响：从"无的放矢"到"对症下药"［J］．科技进步与对策，2020，37（15）：135-143.

［90］王宇．企业网络、组织学习对技术创新的作用关系研究［D］．吉林大学，2013.

［91］王永贵，李霞．促进还是抑制：政府研发补助对企业绿色创新绩效的影响［J］．中国工业经济，2023，419（02）：131-149.

［92］温湖炜，钟启明．环境保护税改革能否撬动企业绿色技术创新——来自中国排污费征收标准变迁的启示［J］．贵州财经大学学报，2020（03）：91-100.

［93］ 温忠麟，叶宝娟．中介效应分析：方法和模型发展［J］．心理科学进展，
2014，22（05）：731-745.

［94］ 吴超，杨树旺，唐鹏程，等．中国重污染行业绿色创新效率提升模式构建
［J］．中国人口·资源与环境，2018，28（05）：40-48.

［95］ 吴磊，贾晓燕，吴超，等．异质型环境规制对中国绿色全要素生产率的影
响［J］．中国人口·资源与环境，2020，30（10）：82-92.

［96］ 夏文蕾．宏观经济政策、绿色技术创新与企业绩效［D］．湖北工业大学，
2018.

［97］ 解维敏，唐清泉，陆姗姗．政府 R&D 资助，企业 R&D 支出与自主创
新——来自中国上市公司的经验证据［J］．金融研究，2009（06）：86-99.

［98］ 解学梅，王若怡，霍佳阁．政府财政激励下的绿色工艺创新与企业绩效：
基于内容分析法的实证研究［J］．管理评论，2020，32（05）：109-124.

［99］ 解学梅，朱琪玮．企业绿色创新实践如何破解"和谐共生"难题？［J］．
管理世界，2021，37（01）：128-149.

［100］ 解学梅，韩宇航．本土制造业企业如何在绿色创新中实现"华丽转
型"？——基于注意力基础观的多案例研究［J］．管理世界，2022，38
（03）：76-106.

［101］ 徐保昌，谢建国．排污征费如何影响企业生产率：来自中国制造业企业的
证据［J］．世界经济，2016，39（08）：143-168.

［102］ 徐建中，贯君，林艳．制度压力、高管环保意识与企业绿色创新实践——
基于新制度主义理论和高阶理论视角［J］．管理评论，2017，29（09）：
72-83.

［103］ 徐业坤．国有企业高管政治晋升研究进展［J］．中南财经政法大学学报，
2019（04）：36-45.

［104］ 许庆瑞，王伟强，吕燕．中国企业环境技术创新研究［J］．中国软科学，
1995（05）：16-20.

［105］ 许士春，何正霞，龙如银．环境规制对企业绿色技术创新的影响［J］．科
研管理，2012（06）：67-74.

［106］ 杨飞．环境税、环境补贴与清洁技术创新：理论与经验［J］．财经论丛，

2017（08）：19-27.

[107] 杨佳．科技型中小规模企业融资约束、政府补助与创新能力［D］．西南大学，2016.

[108] 杨兴，郑荷花．解读《排污费征收使用管理条例》［J］．生态经济，2006：32-35.

[109] 杨勇，吕克亭．制造业企业绿色响应对创新绩效的影响研究［J］．生态经济，2020，36（11）：54-59.

[110] 游达明，朱桂菊．不同竞合模式下企业生态技术创新最优研发与补贴［J］．中国工业经济，2014（08）：122-134.

[111] 于飞，胡查平，刘明霞．网络密度、高管注意力配置与企业绿色创新：制度压力的调节作用［J］．管理工程学报，2021，35（02）：55-66.

[112] 于飞，胡泽民，袁胜军．打开制度压力与企业绿色创新之间的黑箱——知识耦合的中介作用［J］．预测，2020，39（02）：1-9.

[113] 于飞，刘明霞，王凌峰，等．知识耦合对制造企业绿色创新的影响机理——冗余资源的调节作用［J］．南开管理评论，2019，22（03）：54-65.

[114] 于飞．制度环境、企业社会责任行为与利益相关者关系质量研究［D］．武汉大学，2014.

[115] 于连超，张卫国，毕茜．环境税对企业绿色转型的倒逼效应研究［J］．中国人口·资源与环境，2019，29（07）：112-120.

[116] 原毅军，谢荣辉．环境规制与工业绿色生产率增长——对"强波特假说"的再检验［J］．中国软科学，2016（07）：144-154.

[117] 张杰，陈志远，杨连星，等．中国创新补贴政策的绩效评估：理论与证据［J］．经济研究，2015，50（10）：4-17.

[118] 张坤民，温宗国，彭立颖．当代中国的环境政策：形成、特点与评价［J］．中国人口·资源与环境，2007（02）：1-7.

[119] 张平，张鹏鹏，蔡国庆．不同类型环境规制对企业技术创新影响比较研究［J］．中国人口·资源与环境，2016，26（04）：8-13.

[120] 张琦，郑瑶，孔东民．地区环境治理压力、高管经历与企业环保投资——一项基于《环境空气质量标准（2012）》的准自然实验［J］．经济研究，

2019, 54（06）：183-198.

［121］ 张倩. 环境规制对绿色技术创新影响的实证研究——基于政策差异化视角的省级面板数据分析［J］. 工业技术经济，2015，34（07）：10-18.

［122］ 张小军. 企业绿色创新战略的驱动因素及绩效影响研究［D］. 浙江大学，2012.

［123］ 赵爱武，杜建国，关洪军. 环境税情景下企业环境技术创新模拟［J］. 管理科学，2016，29（01）：40-52.

［124］ 赵晶，郭海. 公司实际控制权、社会资本控制链与制度环境［J］. 管理世界，2014（09）：160-171.

［125］ 赵玉民，朱方明，贺立龙. 环境规制的界定、分类与演进研究［J］. 中国人口·资源与环境，2009，19（06）：85-90.

［126］ 郑石明，罗凯方. 大气污染治理效率与环境政策工具选择——基于 29 个省市的经验证据［J］. 中国软科学，2017（09）：184-192.

［127］ Aboelmaged, M. , Hashem, G. Absorptive capacity and green innovation adoption in SMEs：The mediating effects of sustainable organisational capabilities［J］. Journal of Cleaner Production, 2019, 220：853-863.

［128］ Alegre, J. , Chiva, R. Assessing the impact of organizational learning capability on product innovation performance：An empiricaltest［J］. Technovation, 2008, 28（6）：315-326.

［129］ Ambec, S. , Cohen, M. A. , Elgie, S. , et al. The Porter Hypothesis at 20：Can Environmental Regulation Enhance Innovation and Competitiveness?［J］. Review of Environmental Economics and Policy, 2013, 7（1）：2-22.

［130］ Argyris, C. , Schön, D. A. Organizational learning：A theory of action perspective［M］. MA：Addison-Wesley Publishing Company, 1978.

［131］ Arouri, M. , Caporale, G. M. , Rault, C. , et al. Environmental Regulation and Competitiveness：Evidence from Romania［J］. Ecological Economics, 2012, 81：130-139.

［132］ Azagra-Caro, J. , Archontakis, F. , Gutierrez-Gracia, A. , et al. Faculty support for the objectives of university-industry relations versus degree of R&D

cooperation: The importance of regional absorptive capacity [J]. Research Policy, 2006, 35 (1): 37-55.

[133] Bai, Y. , Hua, C. , Jiao, J. , et al. Green efficiency and environmental subsidy: Evidence from thermal power firms in China [J]. Journal of Cleaner Production, 2018, 188: 49-61.

[134] Bai, Y. , Song, S. , Jiao, J. , et al. The impacts of government R&D subsidies on green innovation: Evidence from Chinese energy-intensivefirms [J]. Journal of Cleaner Production, 2019, 233: 819-829.

[135] Banerjee, S. B. Managerial perceptions of corporate environmentalism: interpretations from industry and strategic implications for organizations [J]. Journal of Management Studies, 2001, 38 (4): 488-513.

[136] Barney, J. B. Firm Resources and Sustained Competitive Advantage [J]. Journal of Management, 1991, 17 (1): 99-120.

[137] Baron, R. M. , Kenny, D. A. The moderator-mediator variable distinction in social psychological research: conceptual, strategic, and statistical considerations [J]. Journal of Personality and Social Psychology, 1986, 51 (6): 1173-1182.

[138] Berger, A. N. , Udell, G. F. The economics of small business finance: The roles of private equity and debt markets in the financial growth cycle [J]. Journal of Banking and Finance, 1998, 22 (6-8): 613-673.

[139] Berrone, P. , Fosfuri, A. , Gelabert, L. , et al. Necessity as the mother of 'green' inventions: Institutional pressures and environmental innovations [J]. Strategic Management Journal, 2013, 34 (8): 891-909.

[140] Bianchi, M. , Murtinu, S. , Scalera, V. G. R&D Subsidies as Dual Signals in Technological Collaborations [J]. Research Policy, 2019, 48 (9): 103821.

[141] Borghesi, S. , Cainelli, G. , Mazzanti, M. Linking emission trading to environmental innovation: Evidence from the Italian manufacturing industry [J]. Research Policy, 2015, 44 (3): 669-683.

[142] Bourgeois, L. J. On Measurement of Organizational Slack [J]. The Academy

of Management Review, 1981, 6（1）: 29-39.

［143］ Bowen, F. E. Environmental visibility: a trigger of green organizational response?［J］. Business Strategy and the Environment, 2000, 9（2）: 92-107.

［144］ Brunnermeier, S. B., Cohen, M. A. Determinants of environmental innovation in US manufacturing industries［J］. Journal of Environmental Economics and Management, 2003, 45（2）: 278-293.

［145］ Calantone, R. J., Cavusgil, S. T., Zhao, Y. Learning orientation, firm innovation capability, and firm performance［J］. Industrial Marketing Management, 2002, 31（6）: 515-524.

［146］ Chan, R. Y. K., He, H., Chan, H. K., et al. Environmental orientation and corporate performance: The mediation mechanism of green supply chain management and moderating effect of competitive intensity［J］. Industrial Marketing Management, 2012, 41（4）: 621-630.

［147］ Chang, C. The Influence of Corporate Environmental Ethics on Competitive Advantage: The Mediation Role of Green Innovation［J］. Journal of Business Ethics, 2011, 104（3）: 361-370.

［148］ Chen, W., Miller, K. D. Situational and institutional determinants of firms' R&D search intensity［J］. Strategic Management Journal, 2007, 28（4）: 369-381.

［149］ Chen, Y. The Driver of Green Innovation and Green Image-Green Core Competence［J］. Journal of Business Ethics, 2008, 81（3）: 531-543.

［150］ Chen, Y., Chang, C. Utilize structural equation modeling（SEM）to explore the influence of corporate environmental ethics: the mediation effect of green human capital［J］. Quality & Quantity, 2013, 47（1）: 79-95.

［151］ Chen, Y., Lai, S., Wen, C. The Influence of Green Innovation Performance on Corporate Advantage in Taiwan［J］. Journal of Business Ethics, 2006, 67（4）: 331-339.

［152］ Chiva, R., Alegre, J., Lapiedra, R. Measuring organisational learning capability among the workforce [J]. International Journal of Manpower, 2007, 28 (3/4): 224-242.

[153] Cleff, T., Rennings, K. Determinants of environmental product and process innovation [J]. European Environment, 1999, 9 (5): 191-201.

[154] Cohen, W. M., Klepper, S. Firm size and the nature of innovation within industries: The case of process and product R&D [J]. Review of Economics and Statistics, 1996, 78 (2): 223-243.

[155] Coombes, P., Wong, S. C. Y. Chairman and CEO-one job or two? [J]. The McKinsey Quarterly, 2004, 2.

[156] Cuerva, M. C., Triguero-Cano, Á., Córcoles, D. Drivers of green and non-green innovation: empirical evidence in Low-Tech SMEs [J]. Journal of Cleaner Production, 2014, 68: 104-113.

[157] Damanpour, F., Evan, W. M. Organizational Innovation and Performance: The Problem of "Organizational Lag" [J]. Administrative Science Quarterly, 1984, 29 (3): 392-409.

[158] Dan, M., Geiger, S. W. A reexamination of the organizational slack and innovation relationship [J]. Journal of Business Research, 2015, 68 (12): 2683-2690.

[159] Darnall, N., Henriques, I., Sadorsky, P. Adopting Proactive Environmental Strategy: The Influence of Stakeholders and FirmSize [J]. Journal of Management Studies, 2010, 47 (6): 1072-1094.

[160] Downing, P. B., White, L. J. Innovation in pollution control [J]. Journal of Environmental Economics and Management, 1986, 13 (1): 18-29.

[161] Eggers, J. P., Kaplan, S. Cognition and renewal: Comparing CEO and organizational effects on incumbent adaptation to technical change [J]. Organization Science, 2009, 20 (2): 461-477.

[162] Eiadat, Y., Kelly, A., Roche, F., et al. Green and competitive? An empirical test of the mediating role of environmental innovation strategy [J]. Journal of World Business, 2008, 43 (2): 131-145.

[163] Feng, L. , Zhao, W. , Li, H. , et al. The Effect of Environmental Orientation on Green Innovation: Do Political Ties Matter? [J]. Sustainability, 2018, 10 (12): 4674.

[164] Field, B. C. , Field, M. K. Environmental economics: an introduction [M]. 4th ed. New York: McGraw Hill, 2016.

[165] Fiol, M. , Lyles, M. Organizational Learning [J]. Academy of Management Review, 1985, 10 (4): 803-813.

[166] Fussler, C. , James, P. Driving eco-innovation: A breakthrough discipline for innovation and sustainability [M]. London: Pitman, 1996.

[167] García-Quevedo, Jose, Segarra-Blasco, et al. Financial constraints and the failure of innovation projects [J]. Technological Forecasting and Social Change, 2018, 127: 127-140.

[168] Geiger, S. W. , Cashen, L. H. A Multidimensional Examination of Slack and Its Impact on Innovation [J]. Journal of Managerial Issues, 2002, 14 (1): 68-84.

[169] George, G. Slack Resources and the Performance of Privately Held Firms [J]. Academy of Management Journal, 2005, 48 (4): 661-676.

[170] Gibson, C. B. , Randel, A. E. , Earley, P. C. Understanding Group Efficacy: An Empirical Test of Multiple Assessment Methods [J]. Group and Organization Management, 2000, 25 (1): 67-97.

[171] Goh, S. , Richards, G. Benchmarking the learning capability of organizations [J]. European Management Journal, 1997, 15 (5): 575-583.

[172] Gramkow, C. , Anger-Kraavi, A. Could fiscal policies induce green innovation in developing countries? The case of Brazilian manufacturing sectors [J]. Climate Policy, 2018, 18 (2): 246-257.

[173] Grossman, G. M. , Helpman, E. Growth, Trade, and Inequality [J]. Econometrica, 2018, 86 (1): 37-83.

[174] Guo, Y. , Wang, L. , Yang, Q. Do corporate environmental ethics influence firms' green practice? The mediating role of green innovation and the

moderating role of personalties [J]. Journal of Cleaner Production, 2020, 266: 122054.

[175] Guo, Y. , Xia, X. , Zhang, S. , et al. Environmental Regulation, Government R&D Funding and Green Technology Innovation: Evidence from China Provincial Data [J]. Sustainability, 2018, 10 (4): 940.

[176] Haans, R. F. J. , Pieters, C. , He, Z. Thinking about U: Theorizing and testing U and inverted U-shaped relationships in strategy research [J]. Strategic Management Journal, 2016, 37 (7): 1177-1195.

[177] Halme, M. , Korpela, M. Responsible Innovation Toward Sustainable Development in Small and Medium-Sized Enterprises: a Resource Perspective [J]. Business Strategy and the Environment, 2014, 23 (8): 547-566.

[178] Hart, S. L. , Dowell, G. A Natural-Resource-Based View of the Firm: Fifteen Years After [J]. Journal of Management, 2011, 37 (5): 1464-1479.

[179] Hart, S. L. A natural resource-based view of the firm [J]. Academy of Management Review, 1995, 20 (4): 986-1014.

[180] Hart, S. L. Beyond Greening: Strategies for a Sustainable World [J]. Harvard Business Review, 1997 (1): 66-76.

[181] He, X. , Jiang, S. Does gender diversity matter for green innovation? [J]. Business Strategy and the Environment, 2019, 28 (7): 1341-1356.

[182] Helfat, C. E. , Peteraf, M. A. The Dynamic Resource-Based View: Capability Lifecycles [J]. Strategic Management Journal, 2003, 24 (10): 997-1010.

[183] Hillman, A. J. , Cannella, A. A. , Paetzold, R. L. The Resource Dependence Role of Corporate Directors: Strategic Adaptation of Board Composition in Response to Environmental Change [J]. Journal of Management Studies, 2010, 37 (2): 235-256.

[184] Hitt, M. A. , Bierman, L. , Shimizu, K. Direct and Moderating Effects of Human Capital on Strategy and Performance in Professional Service Firms: A Resource-Based Perspective [J]. Academy of Management Journal, 2001, 44 (1): 13-28.

[185] Hoegl, M., Gibbert, M., Mazursky, D. Financial constraints in innovation projects: When is less more? [J]. Research Policy, 2008, 37 (8): 1382-1391.

[186] Hojnik, J., Ruzzier, M. What drives eco-innovation? A review of an emerging literature [J]. Environmental Innovation and Societal Transitions, 2016, 19: 31-41.

[187] Horbach, J. Determinants of environmental innovation—New evidence from German panel data sources [J]. Research Policy, 2008, 37 (1): 163-173.

[188] Horbach, J., Oltra, V., Belin, J. Determinants and Specificities of Eco-Innovations Compared to Other Innovations—An Econometric Analysis for the French and German Industry Based on the Community Innovation Survey [J]. Industry and Innovation, 2013, 20 (6): 523-543.

[189] Horbach, J., Rammer, C., Rennings, K. Determinants of eco-innovations by type of environmental impact — The role of regulatory push/pull, technology push and market pull [J]. Ecological Economics, 2012, 78: 112-122.

[190] Hu, J., Pan, X., Huang, Q. Quantity or quality? The impacts of environmental regulation on firms' innovation – Quasi-natural experiment based on China's carbon emissions trading pilot [J]. Technological Forecasting and Social Change, 2020, 158: 120122.

[191] Huang, J. W., Li, Y. H. Green Innovation and Performance: The View of Organizational Capability and Social Reciprocity [J]. Journal of Business Ethics, 2017, 145 (2): 309-324.

[192] Huber, G. P. Organizational Learning: The Contributing Processes and the Literatures [J]. Organization Science, 1991, 2 (1): 88-115.

[193] Jaffe, A. B., Palmer, K. L. Environmental Regulation and Innovation: A Panel Data Study [J]. Review of Economics and Statistics, 1997, 79 (4): 610-619.

[194] Jaffe, A. B., Peterson, S. R., Portney, P. R., et al. Environmental regulation and the competitiveness of US manufacturing: What does the evidence

tell us? [J]. Journal of Economic Literature, 1995, 33 (1): 132-163.

[195] Jiménez-Jiménez, D. , Sanz-Valle, R. Innovation, organizational learning, and performance [J]. Journal of Business Research, 2011, 64 (4): 408-417.

[196] Kemp, R. , Arundel, A. Survey indicators for environmental innovation [J]. STEP Group, 1998.

[197] Kemp, R. , Pearson, P. Final report MEI project about measuring eco-innovation [EB/OL]. http: //www. merit. unu. edu/MEI/deliverables/MEI% 20D15%20Final%20report%20about%20measuring%20eco-innovation. pdf.

[198] Kesidou, E. , Wu, L. Stringency of environmental regulation and eco-innovation: Evidence from the eleventh Five-Year Plan and green patents [J]. Economics Letters, 2020, 190: 109090.

[199] King, A. , Lenox, M. Exploring the Locus of Profitable Pollution Reduction [J]. Management Science, 2002, 48 (2): 289-299.

[200] Kleer, R. Government R&D subsidies as a signal for private investors [J]. Research Policy, 2010, 39 (10): 1361-1374.

[201] Kohn, R. E. Porter's Combination Tax and Subsidy for Controlling Pollution [J]. Journal of Environmental Systems, 1990, 20 (3): 179-188.

[202] Kraft, P. S. , Bausch, A. How Do Transformational Leaders Promote Exploratory and Exploitative Innovation? Examining the Black Box through MASEM [J]. Journal of Product Innovation Management, 2016, 33 (6): 687-707.

[203] Kraus, S. , Rehman, S. U. , García, F. J. S. Corporate social responsibility and environmental performance: The mediating role of environmental strategy and green innovation [J]. Technological Forecasting and Social Change, 2020, 160: 120262.

[204] Lamont, O. , Polk, C. , Saaá-Requejo, J. Financial Constraints and Stock Returns [J]. Review of Financial Studies, 2001, 14 (2): 529-554.

[205] Lanoie, P. , Laurent-Lucchetti, J. , Johnstone, N. , et al. Environmental Policy, Innovation and Performance: New Insights on the Porter Hypothesis

[J]. Journal of Economics & Management Strategy, 2011, 20 (3): 803-842.

[206] Lee, M. H., Tsai, C. C. Exploring high school students' and teachers' preferences toward the constructivist Internet-based learning environments in Taiwan [J]. Educational Studies, 2005, 31 (2): 149-167.

[207] Liao, Y., Tsai, K. Innovation intensity, creativity enhancement, and eco-innovation strategy: The roles of customer demand and environmental regulation [J]. Business Strategy and the Environment, 2019, 28 (2): 316-326.

[208] Lin, W., Cheah, J., Azali, M., et al. Does firm size matter? Evidence on the impact of the green innovation strategy on corporate financial performance in the automotive sector [J]. Journal of Cleaner Production, 2019, 229: 974-988.

[209] Lind, J., Mehlum, H. With or Without U? - The appropriate test for a U-shaped relationship [J]. Halvor Mehlum, 2010, 72 (1): 109-118.

[210] Liu, W., Wei, Q., Huang, S. Q., et al. Doing Good Again? A Multilevel Institutional Perspective on Corporate Environmental Responsibility and Philanthropic Strategy [J]. International Journal of Environmental Research and Public Health, 2017, 14 (10): 1283-1298.

[211] Martínez-Ros, E., Kunapatarawong, R. Green innovation and knowledge: The role of size [J]. Business Strategy and the Environment, 2019, 28 (6): 1045-1059.

[212] Meuleman, M., De Maeseneire, W. Do R&D Subsidies Affect SMEs' Access to External Financing? [J]. Research Policy, 2012, 41 (3): 580-591.

[213] Milliman, S. R., Prince, R. Firm incentives to promote technological change in pollution control [J]. Journal of Environmental Economics and Management, 1989, 17: 247-265.

[214] Milliman, S. R., Prince, R. Firm incentives to promote technological change in pollution control: Reply [J]. Journal of Environmental Economics and Management, 1992, 22 (3): 292-296.

[215] Noci, G., Verganti, R. Managing 'green' product innovation in small firms [J]. R&D Management, 2010, 29 (1): 3-15.

[216] Noori, J. , Nasrabadi, M. B. , Yazdi, N. , et al. Innovative performance of Iranian knowledge-based firms: Large firms or SMEs? [J]. Technological Forecasting and Social Change, 2017, 122 (Sep.): 179-185.

[217] Nord, W. R. , Tucker, S. Implementing Routine and Radical Innovation [M]. Lexington, MA: Lexington Books, 1987.

[218] Ocasio, W. Towards an Attention-Based View of the Firm [J]. Strategic Management Journal, 1997, 18 (S1): 187-206.

[219] OECD. OSLO Manual: Guidelines for Collecting and Interpreting Innovation Data [M]. 2rd ed. Paris and Luxembourg: OECD/Euro-stat, 1997.

[220] OECD . Eco-innovation in industry-enabling green growth [Z]. http: // www. oecd. org/document/62/0, 3746, de_34968570_34968855_44452670_ 1_1_1_1,00. html.

[221] Oltra, V. , Jean, M. S. Sectoral systems of environmental innovation: An application to the French automotive industry [J]. Technological Forecasting and Social Change, 2009, 76 (4): 567-583.

[222] Ouyang, X. , Li, Q. , Du, K. How does environmental regulation promote technological innovations in the industrial sector? Evidence from Chinese provincial panel data [J]. Energy Policy, 2020, 139: 111310.

[223] Pacheco, L. M. , Alves, M. F. R. , Liboni, L. B. Green absorptive capacity: A mediation-moderation model of knowledge for innovation [J]. Business Strategy and the Environment, 2018, 27 (8): 1502-1513.

[224] Palmer, K. , Oates, W. E. , Portney, O. R. Tightening Environmental Standards: The Benefit-Cost or the No-Cost Paradigm? [J]. Journal of Economic Perspectives, 1995, 9 (4): 119-132.

[225] Papagiannakis, G. , Lioukas, S. Values, attitudes and perceptions of managers as predictors of corporate environmental responsiveness [J]. Journal of Environmental Management, 2012, 100: 41-51.

[226] Peteraf, M. A. The cornerstones of competitive advantage: A resource-based view [J]. Strategic Management Journal, 1993, 14 (3): 179-191.

[227] Pickman, H. A. The effect of environmental regulation on environmental innovation [J]. Business Strategy and the Environment, 1998, 7 (4): 223-233.

[228] Popp, D. R&D Subsidies and Climate Policy: Is There a "Free Lunch"? [J]. Climatic Change, 2006, 77 (3-4): 311-341.

[229] Porter, M. E., van der Linde, C. Toward a New Conception of the Environment-Competitiveness Relationship [J]. Journal of Economic Perspectives, 1995, 9 (4): 97-118.

[230] Porter, M. E. America's Green Strategy [J]. Scientific American, 1991, 264 (4): 193-246.

[231] Qi, G., Zou, H., Xie, X. Governmental inspection and green innovation: Examining the role of environmental capability and institutional development [J]. Corporate Social Responsibility and Environmental Management, 2020, 27 (4): 1774-1785.

[232] Qiu, L., Hu, D., Wang, Y. How do firms achieve sustainability through green innovation under external pressures of environmental regulation and market turbulence? [J]. Business Strategy and the Environment, 2020, 29 (6): 2695-2714.

[233] Ram, N., Prahalad, C. K., Rangaswami, M. R. Why sustainability is now the key driver of innovation [J]. IEEE Engineering Managemant Review. Reprint Journal for the Engineering Manager, 2015, 43 (2): 85-91.

[234] Ren, C. R., Guo, C. Middle Managers' Strategic Role in the Corporate Entrepreneurial Process: Attention-Based Effects [J]. Journal of Management, 2011, 37 (6): 1586-1610.

[235] Rennings, K., Ziegler, A., Ankele, K., et al. The influence of different characteristics of the EU environmental management and auditing scheme on technical environmental innovations and economic performance [J]. Ecological Economics, 2006, 57 (1): 45-59.

[236] Rennings, K., Zwick, T. Employment Impact of Cleaner Production on the

Firm Level: Empirical Evidence from A Survey in Five European Countries [J]. International Journal of Innovation Management, 2002, 6 (3): 319-342.

[237] Rhee, L., Leonardi, P. M. Which pathway to good ideas? An attention-based view of innovation in social networks [J]. Strategic Management Journal, 2018, 39 (4): 1188-1215.

[238] Roychowdhury, S. Earnings management through real activities manipulation [J]. Journal of Accounting and Economics, 2006, 42 (3): 335-370.

[239] Schiederig, T., Tietze, F., Herstatt, C. Green innovation in technology and innovation management—An exploratory literature review [J]. R&D Management, 2012, 42 (2): 180-192.

[240] Senge, P. The Fifth Discipline: The art and practice of the learning organization [M]. New York: Doupleday Currence, 1990.

[241] Sharfman, M. P, Wolf, G., Chase, R. B., et al. Antecedents of Organizational Slack [J]. Academy of Management Review, 1988, 13 (4): 601-614.

[242] Sharma, S., Vredenburg, H. Proactive corporate environmental strategy and the development of competitively valuable organizational capabilities [J]. Strategic Management Journal, 1998, 19 (8): 729-753.

[243] Shrivastava, P. A Typology of Organizational Learning Systems [J]. Journal of Management Studies, 1983, 20 (1): 7-28.

[244] Smith, J. B., Sims, W. A. The Impact of Pollution Charges on Productivity Growth in Canadian Brewing [J]. The Rand Journal of Economics, 1985, 16 (3): 410-423.

[245] Stevens, R., Moray, N., Bruneel, J., et al. Attention allocation to multiple goals: The case of for-profit social enterprises [J]. Strategic Management Journal, 2014, 36 (7): 1006-1016.

[246] Tan, J., Peng, M. W. Organizational slack and firm performance during economic transitions: Two studies from an emerging economy [J]. Strategic

Management Journal, 2003, 24 (13): 1249-1263.

[247] Tang, K., Qiu, Y., Zhou, D. Does command-and-control regulation promote green innovation performance? Evidence from China's industrial enterprises [J]. Science of The Total Environment, 2020, 712: 136362.

[248] Teece, D. J. Profiting from technological innovation: Implications for integration, collaboration, licensing and public policy [J]. Research Policy, 1986, 15.

[249] Triguero, A., Moreno-Mondéjar, L., Davia, M. A. Drivers of different types of eco-innovation in European SMEs [J]. Ecological Economics, 2013, 92: 25-33.

[250] Ueda, M. Banks versus Venture Capital: Project Evaluation, Screening, and Expropriation [J]. Journal of Finance, 2010, 59 (2): 601-621.

[251] Wagner, M. On the relationship between environmental management, environmental innovation and patenting: Evidence from German manufacturing firms [J]. Research Policy, 2007, 36 (10): 1587-1602.

[252] Wang, H., Chen, M. How the Chinese System of Charges and Subsidies Affects Pollution Control Efforts by China's Top Industrial Polluters [M]. The World Bank, 1999.

[253] Wang, H., Qian, C. Corporate philanthropy and corporate financial performance: the roles of stakeholder response and political access [J]. Academy of Management Journal, 2011, 54 (6): 1159-1181.

[254] Wang, H., Wheeler, D. Financial incentives and endogenous enforcement in China's pollution levy system [J]. Journal of Environmental Economics and Management, 2005, 49 (1): 174-196.

[255] Wang, J., Xue, Y., Yang, J. Boundary-spanning search and firms' green innovation: The moderating role of resource orchestration capability [J]. Business Strategy and the Environment, 2020, 29 (2): 361-374.

[256] Wernerfelt, B. A Resource View of the Firm [J]. Strategic Management Journal, 1984, 5 (2): 171-180.

［257］ Winter, S. C. , May, P. J. Motivation for Compliance with Environmental Regulations ［J］. Journal of Policy Analysis and Management, 2001, 20 (4): 675-698.

［258］ Wissema, W. , Dellink, R. AGE analysis of the impact of a carbon energy tax on the Irish economy ［J］. Ecological Economics, 2007, 61 (4): 671-683.

［259］ Wong, S. K. S. Environmental Requirements, Knowledge Sharing and Green Innovation: Empirical Evidence from the Electronics Industry in China ［J］. Business Strategy and the Environment, 2013, 22 (5): 321-338.

［260］ Xie, X. , Zhu, Q. , Wang, R. Turning green subsidies into sustainability: How green process innovation improves firms' green image ［J］. Business Strategy and the Environment, 2019, 28 (7): 1416-1433.

［261］ Xu, X. D. , Zeng, S. X. , Zou, H. L. , et al. The Impact of Corporate Environmental Violation on Shareholders' Wealth: A Perspective Taken from Media Coverage ［J］. Business Strategy and the Environment, 2016, 25 (2): 73-91.

［262］ Yen, Y. X. , Yen, S. Y. Top-management's role in adopting green purchasing standards in high-tech industrial firms ［J］. Journal of Business Research, 2012, 65 (7): 951-959.

［263］ Yi, J. , Murphree, M. , Meng, S. , et al. The More the Merrier? Chinese Government R&D Subsidies, Dependence and Firm Innovation Performance ［J］. Journal of Product Innovation Management, 2021.

［264］ Zhang, F. , Zhu, L. Enhancing corporate sustainable development: Stakeholder pressures, organizational learning, and green innovation ［J］. Business Strategy and the Environment, 2019, 28 (6): 1012-1026.